中经金课会计专业精品课程

新时代高等教育"互联网+"创新型教材

财务会计

Financial Accounting

主　编　尚玉霞　侯建云　罗雅兰
副主编　裴　雯　杨　尚　杨　智

中国经济出版社
CHINA ECONOMIC PUBLISHING HOUSE

图书在版编目（CIP）数据

财务会计 / 尚玉霞，侯建云，罗雅兰主编． -- 北京：中国经济出版社，2022.8
中经金课会计专业精品课程
ISBN 978-7-5136-5632-0

Ⅰ．①财… Ⅱ．①尚… ②侯… ③罗… Ⅲ．①财务会计－高等学校－教材 Ⅳ．① F234.4

中国版本图书馆CIP数据核字（2022）第153058号

选题策划　雷　生
责任编辑　李　强
责任印制　马小宾
封面设计　牧野春晖

出版发行	中国经济出版社
印 刷 者	北京富泰印刷有限责任公司
经 销 者	各地新华书店
开　　本	889mm×1194mm　1/16
印　　张	15
字　　数	426千字
版　　次	2022年8月第1版
印　　次	2022年8月第1次
定　　价	59.00元

广告经营许可证　京西工商广字第8179号

中国经济出版社　网址 www.economyph.com　社址 北京市东城区安定门外大街58号　邮编 100011
本版图书如存在印装质量问题，请与本社销售中心联系调换（联系电话：010-57512564）

版权所有　盗版必究（举报电话：010-57512600）
国家版权局反盗版举报中心（举报电话：12390）　　服务热线：010-57512564

EDITORIAL BOARD 编委会

主　任　唐大鹏（东北财经大学教授）
成　员　陈　婧　　郭　娟　　侯建云
　　　　　　胡　迪　　姜新阳　　焦建秋
　　　　　　刘春苗　　罗雅兰　　李　敏
　　　　　　李　锐　　李　琦　　李建民
　　　　　　吕杨杨　　欧泇彤　　裴　雯
　　　　　　潘宗玲　　孙艺馨　　尚玉霞
　　　　　　佟　玲　　吴养学　　王彩丽
　　　　　　许素青　　杨　尚　　杨　智
　　　　　　张晓毅　　张　静　　张思檬
　　　　　　张　毅　　张玉梅　　周嫔婷

（以姓名拼音排序）

PREFACE 前言

本书主要讲授如何运用会计核算的专门方法对企业的经济业务进行确认、计量和报告,以培养高素质、技能型人才为目标,在夯实理论的基础上,突出岗位职业技能训练。

1. 编写理念

本教材根据高校应用型人才培养理念,重点打造实操实务技能,做到"所学即所用",提高专业水平和应用技能,在就业和职业选择上,让学生更有竞争力。

2. 编写内容

本教材根据最新修订的《企业会计准则》和"营改增"相关法律法规编写,同时在教材中阐述了会计研究的前沿成果,便于学生掌握最新的会计理论和技能。本教材丢弃了传统教材的陈旧票据,应用最新政策下的准则和标准,让学员所学内容贴近实际,更能和企业所需接轨。全书由浅入深,层层展开,环环相扣,体现了较强的内在逻辑关系。全书内容深浅适宜,便于组织教学。同时在教材理论知识中穿插常用原始凭证,与案例业务相结合,化繁为简。

3. 编写形式

本教材的编写采用项目、任务导向式,力求克服专业教材僵硬枯燥的传统形式,将教材内容要点化、步骤化、图表化和案例化,增强启发性。在体例上设计了"知识目标""技能目标""案例导入""本章导语"等环节,在书中穿插"提示""注意""提问""思考"等内容,指导读者阅读学习,力求结合实际,增强学生的感性认知,以达到便于理解、快速掌握的目的。

本教材由多位一线教师和众多会计从业人员合作编写而成,是全体编写人员集体智慧的结晶。尽管在教材特色建设方面做出了许多努力,但由于编者经验和水平有限,书中难免存在疏漏之处,恳请相关院校师生和广大读者批评指正,以便进一步修订和完善。

CONTENTS 目录

前言 ················ V

项目 1 总论 ················ 1
- 任务 1.1 财务会计概述 ··············· 2
- 任务 1.2 会计要素及其确认与计量 ······ 5
- 任务 1.3 财务会计报告 ··············· 10
- 项目小结 ··············· 11
- 思考与练习 ··············· 12

项目 2 货币资产 ················ 14
- 任务 2.1 货币资金概述 ··············· 15
- 任务 2.2 现金的核算 ··············· 17
- 任务 2.3 银行存款的核算 ··············· 20
- 任务 2.4 其他货币资金 ··············· 24
- 项目小结 ··············· 26
- 思考与练习 ··············· 26

项目 3 存货 ················ 28
- 任务 3.1 存货概述 ··············· 29
- 任务 3.2 存货的初始计量 ··············· 30
- 任务 3.3 原材料 ··············· 33
- 任务 3.4 周转材料 ··············· 39
- 任务 3.5 委托加工物资 ··············· 41
- 任务 3.6 库存商品 ··············· 43
- 任务 3.7 存货的期末计量 ··············· 43
- 项目小结 ··············· 46
- 思考与练习 ··············· 46

项目 4 长期股权投资 ················ 48
- 任务 4.1 长期股权投资概述 ··············· 49
- 任务 4.2 长期股权投资的初始计量 ······ 49
- 任务 4.3 长期股权投资的后续计量 ······ 52
- 任务 4.4 长期股权投资核算方法的转换 55
- 任务 4.5 特殊情况的账务处理 ··············· 58
- 任务 4.6 长期股权投资的处置 ··············· 60
- 项目小结 ··············· 60
- 思考与练习 ··············· 61

项目 5 投资性房地产 ········· 63
- 任务 5.1 投资性房地产概述 ········ 64
- 任务 5.2 投资性房地产的计量 ······ 65
- 任务 5.3 投资性房地产的后续计量 ··· 68
- 任务 5.4 投资性房地产的转换 ······ 69
- 任务 5.5 投资性房地产的处置 ······ 72
- 项目小结 ······················ 73
- 思考与练习 ····················· 73

项目 6 固定资产 ··············· 76
- 任务 6.1 固定资产概述 ············ 77
- 任务 6.2 固定资产的初始计量 ······ 79
- 任务 6.3 固定资产的后续计量 ······ 85
- 任务 6.4 固定资产的处置 ·········· 89
- 项目小结 ······················ 91
- 思考与练习 ····················· 91

项目 7 无形资产 ··············· 93
- 任务 7.1 无形资产概述 ············ 94
- 任务 7.2 无形资产的初始计量 ······ 96
- 任务 7.3 无形资产的后续计量 ····· 100
- 任务 7.4 无形资产的处置 ········· 102
- 项目小结 ····················· 103
- 思考与练习 ···················· 103

项目 8 非货币性资产交换 ······ 105
- 任务 8.1 非货币性资产交换概述 ··· 106
- 任务 8.2 非货币性资产交换的确认和计量 ···················· 106
- 项目小结 ····················· 110
- 思考与练习 ···················· 111

项目 9 职工薪酬 ················ 113

任务 9.1　职工薪酬概述 ············ 114
任务 9.2　短期薪酬的确认与计量 ····· 115
任务 9.3　离职后福利的确认与计量 ··· 117
任务 9.4　辞退福利的确认与计量 ····· 121
任务 9.5　其他长期职工福利的确认与计量
　　　　 ································ 123
项目小结 ····························· 124
思考与练习 ··························· 124

项目 10 借款费用 ··············· 126

任务 10.1　借款费用的概念及范畴 ··· 127
任务 10.2　借款费用的确认和计量 ··· 127
项目小结 ····························· 131
思考与练习 ··························· 131

项目 11 金融资产和金融负债 ······ 134

任务 11.1　金融资产和金融负债的分类
　　　　　 ·························· 135
任务 11.2　金融资产和金融负债的确认和
　　　　　 终止确认 ················ 139
任务 11.3　金融资产和金融负债的计量
　　　　　 ·························· 140
项目小结 ····························· 146
思考与练习 ··························· 146

项目 12 收入 ··················· 148

任务 12.1　收入概述 ················ 149
任务 12.2　收入的确认 ·············· 150
任务 12.3　合同成本 ················ 164
任务 12.4　关于特定交易的会计处理
　　　　　 ·························· 166
项目小结 ····························· 173
思考与练习 ··························· 173

项目 13 所有者权益 ·········· 175
- 任务 13.1 所有者权益概述 ········ 176
- 任务 13.2 实收资本（股本） ······· 177
- 任务 13.3 资本公积和其他综合收益 ········ 179
- 任务 13.4 留存收益 ············ 181
- 项目小结 ················· 184
- 思考与练习 ················ 184

项目 14 会计政策、会计估计变更和差错更正 ·········· 186
- 任务 14.1 会计政策及其变更 ······· 187
- 任务 14.2 会计估计及其变更 ······· 194
- 任务 14.3 前期差错及其更正 ······· 197
- 项目小结 ················· 199
- 思考与练习 ················ 200

项目 15 资产负债表日后事项 ······· 202
- 任务 15.1 资产负债表日后事项概述 ········ 203
- 任务 15.2 资产负债表日后调整事项 ········ 204
- 任务 15.3 资产负债表日后非调整事项 ········ 209
- 项目小结 ················· 211
- 思考与练习 ················ 211

项目 16 财务报告 ············ 214
- 任务 16.1 财务报告概述 ········ 215
- 任务 16.2 资产负债表列报 ······· 217
- 任务 16.3 利润表列报 ·········· 220
- 任务 16.4 所有者权益变动表列报 ··· 223
- 任务 16.5 附注 ············· 224
- 项目小结 ················· 226
- 思考与练习 ················ 226

参考文献 ················ 228

项目 1　总论

知识目标

◎ 掌握财务会计的概念；
◎ 掌握会计要素类别及其确认与计量；
◎ 掌握财务会计报告的概念及构成。

技能目标

◎ 掌握会计基本假设；
◎ 掌握会计计量属性；
◎ 了解财务会计报告的目标及使用者。

案例导入

《企业会计准则》对会计信息质量提出了哪些要求？

案例评析

根据项目知识进行分析。

本章导语

项目1阐述了财务会计的基本概念与基本理论。通过对项目1的学习，掌握财务会计的目的和财务会计的目标，了解《企业会计准则》产生与发展的基本背景，掌握财务会计的基本前提、基本要素、会计信息的质量要求。

任务 1.1 财务会计概述

1.1.1 财务会计的概念

现代会计管理有三大分支：财务会计、管理会计和税务会计。财务会计又称对外报告会计，是通过对会计要素的确认、计量和报告，向会计信息使用者提供会计信息的一项管理活动。它同管理会计和税务会计一起服务于市场经济条件下的现代企业。

财务会计的目的是通过向外部会计信息使用者提供有用的信息，帮助使用者作出相关决策。承担这一信息载体功能的便是企业编制的财务报告，它是财务会计确认和计量的最终成果，是沟通企业管理层与外部信息使用者的桥梁和纽带。

1.1.2 会计基本假设

会计基本假设是企业会计确认、计量、记录和报告的前提，是对会计核算所处时间、空间环境等的合理设定。会计基本假设包括会计主体、持续经营、会计分期和货币计量四项。

1. 会计主体

会计主体即"为谁做账"，规范了会计工作的空间范围。会计主体又称会计实体，划定了会计活动的空间范围和会计人员的职权范围。会计主体应是一个独立经营、自负盈亏、责权利结合的经济单位，典型的会计主体是企业。

会计主体假设是为了明确核算的空间范围，明确经济权利和责任的归属主体。

会计主体与法律主体不是对等的概念。一般情况下，法律主体必然是一个会计主体。但是，会计主体不一定是法律主体。

2. 持续经营

持续经营是指会计主体在可预见的未来，会按照当前的规模和状态继续经营下去，不会破产，也不会大规模削减业务。如果判断企业不再有持续经营下去的能力，就应当改变会计确认、计量和报告的原则和方法，并在企业财务报告中作相应披露。

3. 会计分期

会计分期是指将企业持续经营的生产活动划分为若干连续的、长短相同的期间。在会计分期假设下，会计核算应划分会计期间，分期结算账目和编制财务报告。会计期间分为年度、半年度、季度和月度。我国会计准则规定，企业的会计期间分为年度和中期。中期是指短于一个完整的会计年度的报告期间。

会计分期可以与会计主体、持续经营结合为：会计要为特定的会计主体在不会面临破产清算的情况下分期进行会计核算。

4. 货币计量

货币计量是指企业在会计核算中要以货币为主要的计量单位，记录和反映企业生产经营状况和经营成果。

企业资产、负债和所有者权益，尤其是资产可以采取不同的计量属性，如数量计量（个、张、根）等和人工计量工时等货币计量。而会计是对企业财务状况和经营成果进行全面系统地反映，为此，需要货币这样一个统一的量度。

1.1.3 会计信息质量要求

会计信息质量要求是对企业财务报告中关于高质量会计信息的基本规范，是向信息使用者提供有利于决策的会计信息应具备的基本特征，它主要包括可靠性、相关性、可理解性、可比性、实质重于形式、重要性、谨慎性和及时性等。

1. 可靠性

可靠性要求企业应当以实际发生的交易或者事项为依据进行确认、计量和报告，如实反映符合确认和计量要求的会计要素及其他相关信息，保证会计信息真实可靠、内容完整。

会计信息要有用，必须以可靠为基础，如果财务报告所提供的会计信息是不可靠的，投资者等信息使用者进行决策时就会被误导。为了贯彻可靠性要求，企业应当做到：

（1）以实际发生的交易或者事项为依据进行确认、计量，将符合会计要素定义及确认条件的资产、负债、所有者权益、收入、费用和利润等如实反映在财务报表中。

（2）在遵循重要性和成本效益原则的前提下，保证会计信息的完整性，包括编制的会计报表及其附注内容等都应当全面完整，不能遗漏或者随意减少应披露的信息。

（3）财务报告中的会计信息应当是中立的、无偏的。如果企业为了达到事先设定的结果或效果，通过选择或列示有关会计信息以影响信息使用者决策和判断，这样的会计信息就不是中立的。

2. 相关性

相关性要求企业提供的会计信息应当与投资者等财务报告使用者的经营决策需要相关，有助于投资者等财务报告使用者对企业过去、现在或未来的经营情况作出评价或者预测。

会计信息是否有用，是否具有价值，关键看其与使用者的决策需要是否相关，是否有助于其进行决策或者提高其决策能力。相关的会计信息应当有助于使用者评价企业过去的经营情况，证实或者修正曾经作出的经营决策，因而具有反馈价值。相关的会计信息还应当具有预测价值，使用者可根据财务报告所提供的会计信息预测企业未来的财务状况、经营成果和现金流量。例如，区分收入和利得、费用和损失，区分流动资产和非流动资产、流动负债和非流动负债，适度引入公允价值等，都可以提高会计信息的预测价值，进而提升会计信息的相关性。

会计信息的相关性要求企业在确认、计量和报告会计信息的过程中，充分考虑使用者的决策模式和对信息的需求。但是，相关性是以可靠性为基础的，两者之间并不矛盾，不应将两者对立起来。也就是说，会计信息在确保可靠性的基础上，积极提高相关性，以满足投资者等财务报告使用者的决策需要。

3. 可理解性

可理解性要求会计信息清晰明了，便于投资者等财务报告使用者理解和使用。

企业编制财务报告、提供会计信息的目的在于使用，而要想让会计信息得到有效利用，就应当让使用者了解会计信息的内涵，弄懂会计信息的内容，这就要求财务报告所提供的会计信息清晰明了，易于理解。只有这样，才能提高会计信息的效用，实现财务报告的目标，满足投资者等财务报告使用者对会计信息的要求。

会计信息是一种专业性较强的信息，会计信息的可理解性的前提是，使用者具有一定的有关企业经营活动和会计方面的知识，并且愿意付出努力去研究这些信息。

4. 可比性

可比性即要求企业提供的会计信息应当具有可比性，主要包括两层含义：

（1）同一企业不同时期可比

为了便于投资者等财务报告使用者了解企业财务状况、经营成果和现金流量的变化趋势，比较企业在不同时期的财务报告信息，全面、客观地评价过去、预测未来，从而作出决策，要求同一企业不同时期发生的相同或者相似的交易或者事项，应当采用一致的会计政策，不得随意变更。

但是，满足会计信息可比性要求，并非企业绝对不得变更会计政策，如果按照规定需要变更或者在会计政策变更后可以提供更可靠、更详细的会计信息，可以变更会计政策。有关会计政策变更的情况，应当在财务报告附注中予以说明。

（2）不同企业相同会计期间可比

为了便于投资者等财务报告使用者评价不同企业的财务状况、经营成果和现金流量等变动情况，会计信息质量的可比性要求不同企业同一会计期间发生的相同或者相似的交易或者事项，应当采用规定的相同的会计政策，确保会计信息口径一致、相互可比，要求不同企业按照一致的确认、计量和报告要求提供有关会计信息。

5. 实质重于形式

实质重于形式要求企业应当按照交易或者经济事项的实质进行会计确认、计量和报告，而不仅仅以交易或者事项的法律形式为依据。

企业发生的交易或者事项在多数情况下，其经济实质和法律形式是一致的。但在有些情况下，会出现不一致。例如，商品已经售出，但企业为确保到期收回货款而暂时保留商品的所有权时，该权利通常不会对客户取得对该商品的控制权构成障碍，在满足收入确认的其他条件时，企业确认相应的收入。

如果企业的会计核算仅按照交易或事项的法律形式进行，在这些形式不能反映其经济实质和经济现实的情况下，其最终结果不仅不会有利于会计信息使用者的决策，而且还会误导决策。

6. 重要性

重要性要求企业提供的会计信息应当反映与企业财务状况、经营成果和现金流量有关的所有重要交易或者事项。

如果某会计信息的省略或者错报会影响投资者等财务报告使用者的决策，该信息就具有重要性。重要性的应用需要依赖职业判断，企业应当根据其所处环境和实际情况，从项目的性质和金额大小两方面加以判断。

7. 谨慎性

谨慎性要求企业对交易或者事项进行确认、计量和报告时应当保持谨慎。不应高估资产或者收益，低估负债或者费用。

在市场经济环境下，企业的生产经营活动面临许多风险和不确定性，如应收款项的可收回性、固定资产的使用寿命、无形资产的使用寿命、售出商品可能发生的退货或者返修等。根据会计信息质量的谨慎性要求，企业在面对不确定性因素作出职业判断时，应当保持应有的谨慎，充分估计各种风险和损失，既不高估资产或者收益，也不低估负债或者费用。如要求企业对可能发生的资产损失计提资产减值准备等，就体现了会计信息的谨慎性。

8. 及时性

及时性要求企业对已经发生的交易或者事项，应当及时进行确认、计量和报告。不得提前或延后。

会计信息的价值在于帮助使用者作出经济决策，具有时效性。即使是可靠、相关的会计信息，如果不及时提供，也会失去时效性，对使用者的效用就大大降低，甚至不再具有实际意义。在会计确认、计量和报告过程中贯彻及时性要求：一是及时收集会计信息，即在经济交易或者事项发生后，及时收集整理各种原始单据或者凭证；二是及时处理会计信息，即按照会计准则的规定，及时对经济交易或者事项进行确认或者计量，并编制财务报告；三是及时传递会计信息，即按照国家规定的时限，及时地将编制的财务报告传递给财务报告使用者，便于其及时使用和决策。

任务1.2 会计要素及其确认与计量

会计要素是对根据交易或者事项的经济特征确定的财务会计对象的基本分类。会计要素按照其性质分为资产、负债、所有者权益、收入、费用和利润,其中,资产、负债和所有者权益侧重于反映企业的财务状况,收入、费用和利润侧重于反映企业的经营成果。会计要素的界定和分类可以使财务会计系统更加科学严密,为投资者等财务报告使用者提供更加有用的信息。

1.2.1 会计要素定义及其确认条件

1. 资产的定义及其确认条件

(1) 资产的定义

资产是企业过去的交易或者事项形成的、由企业拥有或者控制的、预期会给企业带来经济利益的资源。根据定义,资产具有以下几个方面的特征:

①资产预期会给企业带来经济利益。这是指资产具有直接或者间接导致现金或现金等价物流入企业的潜力。这种潜力可以来自企业日常的生产经营活动,也可以来自非日常的活动;带来的经济利益可以是现金或者现金等价物,或是可以转化为现金或者现金等价物,或是可以减少现金或者现金等价物流出。

资产预期能否为企业带来经济利益是判断资产的重要特征。例如,企业采购的原材料、购置的固定资产等可以用于生产经营,制造出商品对外出售,收回的货款即为企业所获得的经济利益。如果某一项目预期不能给企业带来经济利益,那么就不能将其确认为企业的资产。前期已经确认为资产的项目,如果不能再为企业带来经济利益,也不能再确认为企业的资产。

②资产应为企业拥有或者控制的资源。资产作为一项资源,应当由企业拥有或者控制,即企业享有某项资源的所有权,或者虽然不享有某项资源的所有权,但该资源能被企业所控制。

企业享有资产的所有权,通常表明企业能够排他性地从资产中获取经济利益。在判断资产是否属于企业时,所有权是考虑的首要因素。在有些情况下,资产虽然不为企业所拥有,即企业并不享有其所有权,但企业控制了这些资产,能够从资产中获取经济利益,这符合会计上对资产的定义。如果企业既不拥有也不控制资产所能带来的经济利益,就不能将其作为企业的资产予以确认。

③资产是由企业过去的交易或者事项形成的。资产应当由企业过去的交易或者事项形成,过去的交易或者事项包括购买、生产、建造行为或者其他交易事项。换句话说,只有过去的交易或者事项才能产生资产。企业预期在未来发生的交易或者事项不形成资产。例如,企业有购买某存货的意愿或者计划,但是购买行为尚未发生,不能因此而确认存货资产。

(2) 资产的确认条件

将一项资源确认为资产,除了需要符合资产的定义,还应满足以下两个条件:

①与该资源有关的经济利益很可能流入企业。从资产的定义可以看到,能否带来经济利益是资产的一个基本特征,但在现实生活中,由于经济环境瞬息万变,与资源有关的经济利益能否流入企业或者能够流入多少带有不确定性。因此,资产的确认还应与对经济利益流入的不确定性程度的判断结合起来,如果根据编制财务报表时所取得的信息判断,与资源有关的经济利益很可能流入企业,那么就应当将其作为资产予以确认;反之,不能确认为资产。例如,某企业赊销一批商品给客户,因满足收入确认等相关条件从而形成

了对该客户的应收账款，由于企业最终收到款项与销售实现之间有时间差，而且收款又在未来期间，因此带有一定的不确定性。如果企业在销售时判断未来很可能收到款项或者能够确定收到款项，企业就应当将该应收账款确认为一项资产；如果企业判断很可能部分或者全部款项无法收回，表明该部分或者全部应收账款已经不符合资产的确认条件。

②该资源的成本或者价值能够可靠地计量。财务会计系统是一个确认、计量和报告的系统。其中计量起着枢纽作用，可计量性是所有会计要素确认的重要前提，资产也是如此。只有当有关资源的成本或者价值能够被可靠地计量时，资产才能予以确认。在实务中，企业取得的许多资产都是产生了实际成本的，例如，企业购买的原材料或者生产的商品、购置的厂房或者设备等，只要实际发生的成本或者生产成本能够可靠计量，就视为符合了资产确认的可计量条件。在某些情况下，企业取得的资产没有发生实际成本或者发生的实际成本很小，例如，企业持有的某些衍生金融工具形成的资产，尽管它们没有实际成本或者发生的实际成本很小，但是如果其公允价值能够可靠计量，也被认为符合了资产可计量性确认的条件。

2. 负债的定义及其确认条件

（1）负债的定义

负债是企业过去的交易或者事项形成的、预期会导致经济利益流出企业的现时义务。根据定义，负债具有以下几个方面的特征：

①负债是企业承担的现时义务。负债必须是企业承担的现时义务，这是负债的一个基本特征。现时义务是指企业在现行条件下已承担的义务。由未来发生的交易或者事项形成的义务，不属于现时义务，不应当确认为负债。

这里所指的义务可以是法定义务，也可以是推定义务。其中，法定义务是指具有约束力的合同或者法律法规规定的义务，通常在法律意义上需要强制执行。例如，企业购买原材料形成应付账款，向银行贷入款项形成借款，按照税法规定应当交纳的税款等，均属于企业承担的法定义务，需要依法予以偿还。推定义务是指企业多年来的习惯做法、公开的承诺或者公开宣布的政策导致企业将承担的责任，这些责任也使有关各方形成了企业将履行义务解脱责任的合理预期。例如，某企业制定了一项销售政策，对于售出商品提供一定期限内的售后保修服务，预期将为售出商品提供的保修服务就属于推定义务，应当将其确认为一项负债。

②负债预期会导致经济利益流出企业。预期会导致经济利益流出企业也是负债的一个基本特征，只有企业在履行义务时会导致经济利益流出，才符合负债的定义。在履行现时义务清偿负债时，经济利益流出企业的形式多种多样，例如，用现金偿还或以实物资产形式偿还；以提供劳务形式偿还；部分转移资产，部分提供劳务偿还；将负债转为资本等。

③负债是由企业过去的交易或者事项形成的。换句话说，只有过去的交易或者事项才形成负债，企业将在未来做出的承诺、签订的合同等交易或者事项，不形成负债。

（2）负债的确认条件

将一项现时义务确认为负债，在符合负债定义的同时，还需要满足以下两个条件：

①与该义务有关的经济利益很可能流出企业。从负债的定义可以看到，预期会导致经济利益流出企业是负债的一个基本特征。在实务中，履行义务所需付出的经济利益带有不确定性，尤其是与推定义务相关的经济利益通常依赖于大量的估计。因此负债的确认应当与对经济利益流出的不确定性程度的判断结合起来，如果有确凿证据表明与现时义务有关的经济利益很可能流出企业，就应当将该义务作为负债予以确认；反之，如果企业承担了现时义务，但是会导致企业经济利益流出的可能性很小，就不符合负债的确认条件，不应将该义务作为负债予以确认。

②未来流出的经济利益能够可靠地计量。负债的确认在考虑经济利益流出企业的同时，未来流出的经济利益的金额应当能够可靠计量。对于

与法定义务有关的经济利益流出，通常可以根据合同或者法律规定的金额予以确定，考虑到经济利益的流出通常发生在未来，或许时间较长，有关金额的计量需要考虑货币时间价值等因素；对于与推定义务有关的经济利益流出金额，企业应当根据履行相关义务所需支出进行估计，并综合考虑货币时间价值、风险等因素。

3. 所有者权益的定义及其确认条件

（1）所有者权益的定义

所有者权益指企业资产扣除负债后，由所有者享有的剩余权益。公司的所有者权益又称股东权益。所有者权益是所有者对企业资产的剩余索取权，是企业资产中扣除债权人权益后应由所有者享有的部分，既可反映所有者投入资本的保值增值情况，又体现了保护债权人权益的理念。

（2）所有者权益的来源构成

所有者权益的来源包括所有者投入的资本、直接计入所有者权益的利得和损失（其他综合收益）、留存收益等，通常由股本（或实收资本）、资本公积（含股本溢价或资本溢价、其他资本公积）、盈余公积和未分配利润构成。商业银行等金融企业在税后利润中提取的一般风险准备金，也属于所有者权益。

所有者投入的资本是指所有者投入企业的所有资本，它既包括构成企业注册资本或者股本部分的金额，也包括投入资本超过注册资本或者股本部分的金额，即资本溢价或者股本溢价，这部分投入资本在我国企业会计准则体系中被计入了资本公积，并在资产负债表中的资本公积项目下反映。

直接计入所有者权益的利得和损失，是指不应计入当期损益、会导致所有者权益发生增减变动的、与所有者投入资本或者向所有者分配利润无关的利得或者损失。其中利得是指由企业非日常活动所形成的、会导致所有者权益增加的、与所有者投入资本无关的经济利益的流入。损失是指由企业非日常活动所发生的、会导致所有者权益减少的、与向所有者分配利润无关的经济利益的流出。直接计入所有者权益的利得和损失主要包括其他权益工具投资的公允价值变动额、现金流量套期中套期工具公允价值变动额（有效套期部分）等。

留存收益是企业历年实现的净利润留存于企业的部分，主要包括累计计提的盈余公积和未分配利润。

（3）所有者权益的确认条件

所有者权益体现的是所有者在企业中的剩余权益，因此，所有者权益的确认主要依赖于其他会计要素，尤其是资产和负债的确认；所有者权益金额的确定也主要取决于资产和负债的计量。例如，企业接受投资者投入的资产，在该资产符合企业资产确认条件时，就相应地符合了所有者权益的确认条件；当该资产的价值能够可靠计量时，所有者权益的金额也就可以确定了。

4. 收入的定义及其确认条件

（1）收入的定义

收入指企业在日常活动中形成的、会导致所有者权益增加的、与所有者投入资本无关的经济利益的总流入。根据定义，收入具有以下几方面的特征：

①收入是企业在日常经营活动中形成的。日常活动指企业为完成其经营目标所从事的经常性活动以及与之相关的活动。例如，工业企业制造并销售产品、商业企业销售商品、保险公司签发保单、咨询公司提供咨询服务、软件企业为客户开发软件、安装公司提供安装服务、商业银行对外贷款、租赁公司出租资产等，均属于企业的日常活动。明确界定日常经营活动是为了将收入与利得相区分，因为企业非日常活动所形成的经济利益的流入不能确认为收入，而应当计入利得。

②收入是与所有者投入资本无关的经济利益的总流入。收入会导致经济利益的流入，从而导致资产的增加。例如，企业销售商品，应当收到现金或者在未来有权收到现金，才表明该交易符合收入的定义。但是在实务中，经济利益的流入有时是所有者投入资本的增加所导致的，所有者投入资本的增加不应当确认为收入，应当将其直接确认为所有者权益。

③收入会导致所有者权益的增加。与收入相关的经济利益的流入会导致所有者权益的增加，不会导致所有者权益增加的经济利益的流入不符合收入的定义，不应确认为收入。例如，企业向银行借入款项，尽管也导致了经济利益的流入，但该流入并不导致所有者权益增加，反而使企业承担了一项现时义务。对于因借入款项所导致的经济利益的增加，企业不应将其确认为收入，应当确认为一项负债。

（2）收入的确认条件

企业应当在履行了合同中的义务，即在客户取得相关商品或服务控制权时确认收入。取得相关商品控制权，指能够主导该商品的使用并从中获得几乎全部的经济利益。

5. 费用的定义及其确认条件

（1）费用的定义

费用指企业在日常活动中发生的，会导致所有者权益减少的、与向所有者分配利润无关的经济利益的总流出。根据定义，费用具有以下几方面的特征：

①费用是企业在日常经营活动中形成的。费用必须是企业在其日常经营活动中所形成的，这些日常经营活动的界定与收入定义中涉及的日常经营活动相一致。因日常经营活动所产生的费用通常包括销售成本（营业成本）、职工薪酬、折旧费、无形资产摊销费等。将费用界定为日常经营活动所形成的，目的是将其与损失相区分，企业非日常活动所形成的经济利益的流出不能确认为费用，而应当计入损失。

②费用是与向所有者分配利润无关的经济利益的总流出。费用的发生会导致经济利益的流出，从而导致资产的减少或者负债的增加（最终也会导致资产的减少）。其表现形式包括现金或者现金等价物的流出，存货、固定资产和无形资产等的流出或者消耗等。鉴于企业向所有者分配利润也会导致经济利益的流出，而该经济利益的流出显然是属于所有者权益的抵减项目，不应确认为费用，应当将其排除在费用之外。

③费用会导致所有者权益减少。与费用相关的经济利益的流出会导致所有者权益的减少，不会导致所有者权益减少的经济利益的流出不符合费用的定义，不应确认为费用。

（2）费用的确认条件

费用的确认除了应当符合定义，也应当满足严格的条件，即费用只有在经济利益很可能流出企业从而导致企业资产减少或者负债增加，且经济利益的流出额能够可靠计量时才能予以确认。因此，费用的确认至少应当符合以下条件：一是与费用相关的经济利益应当很可能流出企业；二是经济利益流出企业的结果会导致资产的减少或者负债的增加；三是经济利益的流出额能够可靠计量。

6. 利润的定义及其确认条件

（1）利润的定义

利润指企业在一定会计期间的经营成果。通常情况下，如果企业实现了利润，就表明企业的所有者权益将增加，业绩得到了提升；反之，如果企业发生了亏损（即利润为负数），就表明企业的所有者权益将减少，业绩下滑了。因此，利润往往是评价企业管理层业绩的一项重要指标，也是投资者等财务报告使用者进行决策时的重要参考。

（2）利润的来源构成

利润包括收入减去费用后的净额、直接计入当期利润的利得和损失等。其中，收入减去费用后的净额反映的是企业日常经营活动的业绩，直接计入当期利润的利得和损失反映的是企业非日常活动的业绩。直接计入当期利润的利得和损失，指应当计入当期损益、最终会引起所有者权益发生增减变动的、与所有者投入资本或者向所有者分配利润无关的利得或者损失。企业应当严格区分收入和利得、费用和损失，以更加全面地反映企业的经营业绩。

（3）利润的确认条件

利润反映的是收入减去费用、利得减去损失后的净额，因此，利润的确认主要依赖于收入和费用以及利得和损失的确认，其金额的确定也主要取决于收入和费用、利得和损失金额的计量。

1.2.2 会计计量属性

1. 历史成本

历史成本又称实际成本，是指企业取得或生产制造某项财产物资时所实际支付的现金或者其他等价物。在历史成本计量下，资产按照其购置时支付的现金或现金等价物的金额，或按照购置资产时所付出的对价的公允价值计量；负债按照因其承担现时义务而实际收到的款项或资产的金额，或者承担现时义务的合同金额，或者日常经营活动中的偿还负债与其需要支付的现金或现金等价物的金额计量。

2. 重置成本

重置成本又称现行成本，指按照当前市场条件，重新取得同样一项资产所需支付的现金或现金等价物金额。在重置成本下，资产按照当前购买相同或者相似资产所需支付的现金或者现金等价物的金额计量。

3. 可变现净值

可变现净值，指在生产经营过程中，以预计售价减去进一步加工成本和销售所必需的预计税金、费用后的净值。在可变现净值计量下，资产按照其正常对外销售所能收到的现金或者现金等价物的金额扣减该资产至完工时估计将要发生的成本、销售费用以及相关税金后的金额计量。

4. 现值

现值，指对未来现金流量以恰当的折现率折现后的价值，是考虑货币时间价值的一种计量属性。在现值计量下，资产按照预计从其持续使用和最终处置中所产生的未来现金流入量的折现金额计量。负债按照预计期限内需要偿还的未来净现金流出量的折现金额计量。

5. 公允价值

公允价值，指市场参与者在计量日发生的有序交易中，出售一项资产所能收到或者转移一项负债所需支付的价格，即脱手价格。企业以公允价值计量相关资产或负债，应当假定市场参与者在计量日出售资产或者转移负债的交易，是在当前市场条件下的有序交易，并应当假定出售资产或者转移负债的有序交易在该资产或负债的主要市场进行；对于不存在主要市场的，应当假定该交易是在该资产或负债的最有利市场进行的。企业以公允价值计量相关资产或负债，应当采用市场参与者在对该资产或负债定价时为实现其经济利益最大化所使用的假设，包括有关风险的假设。企业应当根据交易性质和相关资产或负债的特征等，判断初始确认时的公允价值是否与其交易价值相等。企业以公允价值计量相关资产或负债时，应当使用在当前情况下适用并且有足够可利用数据和其他信息支持的估值技术。企业应当根据估值技术中所使用的输入值确定公允价值计量结果所属的层次。

企业在对会计要素进行计量时，一般应当采用历史成本、重置成本、可变现净值、现值、公允价值计量的，应当保证所确定的会计要素金额能够取得并可靠计量。

任务1.3 财务会计报告

1.3.1 财务会计报告的概念

财务会计报告是企业对外提供的反映企业某一特定日期的财务状况和某一会计期间的经营成果、现金流量等会计信息的文件。

根据定义,财务会计报告具有以下几层含义:一是财务会计报告应当是对外报告,其服务对象主要是投资者、债权人等外部使用者,内部管理需要的、具有特定目的的报告不属于财务会计报告的范畴;二是财务会计报告应当综合反映企业的生产经营状况,包括某一时点的财务状况和某一时期的经营成果与现金流量等信息,以勾画出企业财务的整体和全貌;三是财务会计报告必须形成一个完整的文件,不应是零星的或者不完整的信息。

财务会计报告是企业财务会计确认与计量最终结果的体现,投资者等使用者主要是通过财务会计报告了解企业当前的财务状况、经营成果和现金流量等情况,从而预测未来的发展趋势。因此,财务会计报告是向投资者等财务会计报告使用者提供决策所需信息的媒介和渠道,是投资者、债权人等使用者与企业管理层之间信息沟通的桥梁和纽带。

随着我国改革开放的深入和市场经济体制的完善,财务会计报告的作用日益突出,我国《会计法》《公司法》《证券法》等出于保护投资者、债权人等利益的需要,也规定企业应当定期编报财务会计报告。

1.3.2 财务会计报告的目标及使用者

企业财务会计的目的是向企业外部会计信息使用者提供有用的信息,帮助使用者作出相关决策。承担这一信息载体和功能的是企业编制的财务会计报告,它是财务会计确认和计量的最终结果,是企业管理层与外部信息使用者之间沟通的桥梁和纽带。财务会计报告的目标定位决定着财务会计报告应当向谁提供有用的会计信息,应当保护谁的经济利益,这是编制企业财务会计报告的出发点;财务会计报告的目标定位决定着财务会计报告所要求的会计信息的质量特征,决定着会计要素的确认和计量原则,是财务会计系统的核心与灵魂。

关于财务会计报告目标,通常有两种观点,即受托责任观和决策有用观。在受托责任观下,财务会计报告的目标是反映受托责任的履行情况,会计信息更多地强调可靠性。会计计量主要采用历史成本。在决策有用观下,财务会计报告的目标是提供对经济决策有用的信息,会计信息更多地强调相关性,如果采用其他计量属性能够提供更加相关的信息,会较多地采用除历史成本之外的其他计量属性。

我国企业财务会计报告的目标是向财务会计报告使用者提供与企业财务会计状况、经营成果和现金流量等有关的会计信息,反映企业管理层受托责任履行情况,有助于财务会计报告使用者作出经济决策。

财务会计报告外部使用者主要包括投资者、债权人、政府及有关部门和社会公众等。根据投资者决策有用目标,财务会计报告所提供的信息应当如实反映企业所拥有或者控制的经济资源、对经济资源的要求权以及经济资源及其要求权的变化情况;如实反映企业的各项收入、费用、利润和损失的金额及其变动情况;如实反映企业各项经营活动、投资活动和筹资活动等所形成的现金流入和现金流出情况等,从而有助于现在的或者潜在的投资者正确、合理地评价企业的资产质量、偿债能力、盈利能力和营运效率等；有助于投资者根据相关会计信息作出理性的投资决策；有助于投资者评估与投资有关的未来现金流量的金额、时间和风险等。除了投资者，企业财务会计报告的外部使用者还包括债权人、政府及有关部门和社会公众等。由于投资者是企业资本的主要提供者，如果财务会计报告能够满足这一群体的会计信息需求，通常情况下也可以满足其他使用者的大部分信息需求。

1.3.3 财务会计报告的构成

财务会计报告包括财务报表和其他应当在财务会计报告中披露的相关信息和资料。其中，财务报表由报表及其附注两部分构成，附注是财务报表的有机组成部分，而报表至少应当包括资产负债表、利润表和现金流量表等。考虑到小企业规模较小，外部信息需求相对较低，小企业编制的报表可以不包括现金流量表。全面执行企业会计准则体系的企业所编制的财务报表，还应当包括所有者权益（股东权益）变动表。

1. 资产负债表是反映企业在某一特定日期的财务状况的会计报表。企业编制资产负债表的目的是如实反映企业的资产、负债和所有者权益金额及其结构，从而有助于使用者评估企业资产的质量以及短期偿债能力、长期偿债能力和利润分配能力等。

2. 利润表是反映企业在一定会计期间的经营成果的会计报表。企业编制利润表的目的是如实反映企业实现的收入、发生的费用、应当计入当期利润的利得和损失以及其他综合收益等金额及其结构，从而有助于使用者分析评价企业的盈利能力、构成与质量。

3. 现金流量表是反映企业在一定会计期间的现金和现金等价物流入和流出的会计报表。企业编制现金流量表的目的是如实反映企业各项活动的现金流入、流出情况，从而有助于使用者评价企业的现金流和资金周转情况。

4. 附注是对在会计报表中列示的项目所作的进一步说明，以及对未能在这些报表中列示的项目的说明等。企业编制附注的目的是对财务报表作补充说明，更加全面、系统地反映企业财务状况、经营成果和现金流量的全貌，从而向使用者提供更为有用的信息，帮助使用者作出更加科学合理的决策。

财务报表是财务会计报告的核心内容，但是除了财务报表，财务会计报告还应当包括其他相关信息，具体可以根据有关法律法规和外部使用者的信息需求而定。如企业可以在财务会计报告中披露其承担的社会责任、对社区的贡献、可持续发展能力等信息，这些信息与使用者的决策也是相关的，尽管属于非财务信息，无法包括在财务报表中，但是在有规定或者使用者有需求的情况下，企业应当在财务会计报告中予以披露，有时企业也可以自愿在财务会计报告中披露相关信息。

项目小结

本项目概述了财务会计、会计要素及其确认与计量和财务会计报告3个内容。财务会计概述中主要介绍了财务会计的概念、会计基本假设、会计信息质量要求；会计要素及其确认与计量中主要介绍了会计要素的定义及其确认条件和会计计量属性；财务会计报告中主要介绍了财务会计报告的概念、目标及使用者和财务会计报告的构成。

思考与练习

一、单项选择题

1. 下列选项中，不属于财务会计报告的外部使用者的是（ ）
   A. 投资者　　　　B. 企业职工
   C. 债权人　　　　D. 社会公众

2. 关于货币计量假设，下列说法中不正确的是（ ）
   A. 货币计量假设并不表示货币是会计核算中唯一的计量单位
   B. 货币计量假设假定货币的币值是基本稳定的
   C. 存在多种货币的情况下，我国境内的企业均要求以人民币作为记账本位币
   D. 货币计量假设为历史成本计量奠定了基础

3. 企业将融资租入固定资产按自有固定资产的折旧方法计提折旧，遵循的要求是（ ）
   A. 谨慎性　　　　B. 实质重于形式
   C. 可比性　　　　D. 重要性

4. 资产按照预计从其持续使用和最终处置中所产生的未来净现金流入量的折现金额计量，其会计计量属性是（ ）
   A. 历史成本　　　B. 可变现净值
   C. 现值　　　　　D. 公允价值

5. 下列属于财务会计报告特点的是（ ）
   A. 主要是对外报告
   B. 主要反映企业某一时点的财务状况
   C. 会计报表只由资产负债表、利润表、现金流量表、所有者权益变动表组成
   D. 财务会计报告就是财务报表

二、多项选择题

1. 下列选项中属于财务会计报告的内部使用者的有（ ）
   A. 企业内部管理者　B. 企业职工
   C. 社会公众　　　　D. 税务部门

2. 下列组织可以作为一个会计主体进行核算的有（ ）
   A. 合伙企业
   B. 分公司
   C. 股份有限公司
   D. 母公司及其子公司组成的企业集团

3. 下列各项中，体现会计核算的谨慎性要求的有（ ）
   A. 或有应付金额符合或有事项确认预计负债条件的，应将其确认为预计负债
   B. 采用双倍余额递减法对固定资产计提折旧
   C. 对固定资产计提减值准备
   D. 对交易性金融资产期末采用公允价值计量

4. 下列有关收入和利得的表述中，正确的有（ ）
   A. 收入源于日常经营活动，利得源于非日常活动
   B. 收入会影响利润，利得不一定会影响利润
   C. 收入会导致经济利益的流入，利得也会导致经济利益的流入
   D. 收入会导致所有者权益的增加，利得不一定会导致所有者权益的增加

5. 下列关于财务会计报告的表述中，正确的有（ ）
   A. 财务会计报告除了包括财务报表，还包括其他应当在财务会计报告中披露的相关信息与资料
   B. 财务会计报告应当反映企业整体的财务状况、经营成果和现金流量，向使用者提供决策有用的信息
   C. 财务会计报告反映会计要素确认与计量的

最终结果，是企业管理层和信息使用者之间沟通的桥梁与纽带

D. 财务会计报告除了应当由单位负责人签字，还应当由注册会计师签字

三、判断题

1. 无论何种情况下，企业都应按照持续经营的基本假设选择会计核算的原则和方法。（　）
2. 如果某项资产不能再为企业带来经济利益，即使是由企业拥有或者控制的，也不能作为企业的资产在资产负债表中列示。（　）
3. 企业在一定期间发生亏损，则企业在这一会计期间的所有者权益总额一定减少。（　）
4. 企业在对会计要素进行计量时，一般既可采用历史成本计量属性，也可采用其他计量属性。（　）
5. 财务会计报告包括财务报表和其他应当在财务会计报告中披露的相关信息和资料。（　）

四、简答题

1. 如何理解可比性原则？
2. 简述资产的特征及确认条件。

项目 2 货币资金

知识目标

◎ 掌握各种存款账户的用途；
◎ 掌握关于现金、银行等的账务处理方法；
◎ 掌握银行汇票、银行本票等相关知识。

技能目标

◎ 能正确编制库存现金盘点表，账存实存对比表；
◎ 能正确编制银行存款余额调节表。

案例导入

北京市惠达股份有限公司对现金进行清查，账面余额为 2 150 元，实际盘点为 2 200 元，溢余 50 元。现金溢余原因不明，经批准计入营业外收入。

案例评析

编制发生现金溢余时的会计分录。
编制上述现金溢余无法查明原因，经批准后的会计分录。

本章导语

货币资金是在企业生产经营过程中处于货币形态的那部分资金，按其形态和用途可分为库存现金、银行存款和其他货币资金。它是企业中最活跃的资金，流动性强，是企业的重要支付手段和流通手段，因而是流动资产的审查重点。

任务 2.1 货币资金概述

2.1.1 货币资金的概念

货币资金指在企业生产经营过程中处于货币形态的那部分资金，按其形态和用途可分为库存现金、银行存款和其他货币资金。

1. 库存现金

库存现金是单位为了满足经营过程中零星支付需要而保留的现金，包括库存的人民币和外币。

> **提示**
> 库存现金是企业流动性最强的资产。

2. 银行存款

银行存款指企业存放在银行和其他金融机构处的款项。企业开立的账户按照用途可以分为基本存款账户、一般存款账户、临时存款账户、专用存款账户等。

> **提示**
> 按照国家有关规定，凡是独立核算的单位都必须在当地银行开设账户。企业在银行开设账户以后，除按照规定范围内可以现金收支外，其余都必须以银行存款进行结算，企业超过限额的现金也必须存入银行。

（1）基本存款账户

基本存款账户是存款人因办理日常转账结算和现金收付需要开立的银行结算账户。企业发放工资、奖金等需要支取现金的业务，只能通过基本存款账户办理。

> **提示**
> 企业只能选择一家银行的一个营业机构开立一个基本存款账户。

（2）一般存款账户

一般存款账户是存款人因借款或其他结算需要，在基本存款账户开户银行以外的银行机构开立的银行结算账户。一般存款账户不得办理现金支取业务。

> **提示**
> 企业可以在其他银行的一个营业机构开立一般存款账户。

（3）临时存款账户

临时存款账户是存款人因临时经营活动需要开立的账户，如企业异地产品展销、临时性采购等。企业可以通过临时存款账户办理转账结算和根据国家现金管理规定办理现金收付。

（4）专用存款账户

专用存款账户是存款人按照法律、行政法规和规章，对其特定用途资金进行专项管理和使用而开立的银行结算账户，由存款人向开户银行出具相应的证明即可开立账户。

3. 其他货币资金

其他货币资金是企业除库存现金、银行存款以外的其他各种货币资金。其他货币资金包括外埠存款、银行汇票存款、银行本票存款、信用卡存款、存出投资款等。

（1）外埠存款

外埠存款指企业到外地进行临时或零星采购时，汇往采购地银行开立采购专户的款项。

（2）银行汇票存款

银行汇票存款指企业为了取得银行汇票，按照规定存入银行的款项。银行汇票是出票银行签发的，银行在见票时按照实际结算金额无条件支付给收款人或者持票人的票据。

> **提示**
>
> 银行汇票可以背书转让，可以在同城和异地使用；既可以办理货款结算，也可以异地支取现金。银行汇票的付款期为自出票日起1个月。

（3）银行本票存款

银行本票存款指企业为了取得银行本票，按照规定存入银行的款项。银行本票是由银行签发并承诺在见票时无条件支付确定金额给收款人或者持票人的票据。

> **提示**
>
> 银行本票适用于同城范围内的商品交易、劳务供应及其他款项的结算。银行本票的付款期为自出票之日起2个月。

（4）信用卡存款

信用卡存款指企业为了取得信用卡，按照规定存入银行的款项。

（5）存出投资款

存出投资款指企业已存入证券公司但是尚未进行交易的款项。

2.1.2　货币资金的管理

1. 货币资金管理的原则

（1）严格职责分工

不相容职务相分离原则是一项严密的企业内部牵制制度，即将涉及货币资金的职责分由不同的人员担任，以减少和降低在货币资金管理上舞弊的可能性。

（2）实行交易分开

为防止将现金收入直接用于现金支出的坐支行为，必须遵循交易分开原则，即将现金支出业务与现金收入业务分开处理。

（3）实施内部稽核

内部稽核制度也是会计内部控制制度的重要一环，即设置内部稽核单位和人员，建立内部稽核制度，以加强对货币资金的管理和监督，及时发现在货币资金管理中存在的问题，并予以改进。

（4）实施定期轮岗制度

定期轮岗制度指对涉及货币资金管理和控制的业务人员定期轮换岗位，以减少货币资金管理与控制中舞弊的可能性，及时发现有关人员的舞弊行为。

2. 现金的管理制度

（1）现金的使用范围

开户单位可以在下列情况中使用现金：

①职工工资、津贴；

②个人劳务报酬；

③根据国家规定颁发给个人的科学技术、文化艺术、体育等各种奖金；

④各种劳保、福利费以及国家规定的对个人的其他支出；

⑤向个人收购农副产品和其他物资的价款；

⑥出差人员必须随身携带的差旅费；

⑦结算起点（1 000元）以下的零星支出；

⑧中国人民银行确定的需要支付现金的其他支出。

结算起点的调整，由中国人民银行确定，报国务院备案。

除⑤、⑥项外，开户单位支付给个人的款项，超过使用现金限额的部分，应当以支票或者银行本票的方式支付；确需全额支付现金的，经开户银行审核后，予以支付现金。

（2）现金的限额

开户银行应当根据实际需要，核定开户单位三天至五天的日常零星开支所需的库存现金限额。

边远地区和交通不便地区的开户单位的库存现金限额，可以多于五天，但不得超过十五天的日常零星开支。

（3）现金收支的规定

开户单位现金收支应当依照下列规定办理：

①开户单位现金收入应当于当日送存开户银行。当日送存确有困难的，由开户银行确定送存时间。

②开户单位支付现金，可以从本单位库存现金中支付或者从开户银行提取，不得使用本单位的现金收入直接支付（即坐支）。

③开户单位从开户银行提取现金，应当写明用途，由本单位财会部门负责人签字盖章，经开户银行审核后，予以支付现金。

④因采购地点不固定、交通不便、生产或者市场急需、抢险救灾以及其他特殊情况必须使用现金的，开户单位应当向开户银行提出申请，由本单位财会部门负责人签字盖章，经开户银行审核后，予以支付现金。

任务 2.2 现金的核算

为了总括地反映企业库存现金的收入、支出和结存情况，企业应当设置"库存现金"账户。该账户借方登记现金的收入，贷方登记现金的支出，余额在借方，表示企业期末实际库存的现金。

开户单位应当建立健全现金账目，逐笔记录现金收支。账目应当日清月结，账款相符。

2.2.1 现金收入的账务处理

企业收到现金时，借记"库存现金"账户，贷记"银行存款""主营业务收入""其他业务收入"等有关账户。

【情景2-1】北京市惠达股份有限公司签发现金支票一张，从银行提取现金3 000元备用。编制会计分录如下：

借：库存现金　　　　　　　　3 000
　贷：银行存款　　　　　　　　3 000

【情景2-2】北京市惠达股份有限公司零售商品一批，货款800元，增值税销项税额104元，收取现金904元。编制会计分录如下：

借：库存现金　　　　　　　　904
　贷：主营业务收入　　　　　　800
　　　应交税费——应交增值税（销项税额）
　　　　　　　　　　　　　　　104

【情景2-3】北京市惠达股份有限公司管理部门职工王洋出差借款2 700元，报销2 322元，剩余现金378元交回。编制会计分录如下：

借：库存现金　　　　　　　　378
　　管理费用　　　　　　　　2 322
　贷：其他应收款——王洋　　　2 700

2.2.2 现金支出的财务处理

企业支付现金时，贷记"库存现金"账户，借记"银行存款""其他应收款""管理费用""销售费用"等有关账户。

【情景2-4】 北京市惠达股份有限公司以现金支付购买办公用品的款项900元。编制会计分录如下：

借：管理费用　　　　　　　　　900
　　贷：库存现金　　　　　　　　　900

【情景2-5】 北京市惠达股份有限公司管理部门王洋出差预借差旅费6 000元，以现金付讫。编制会计分录如下：

借：其他应收款——王洋　　　6 000
　　贷：库存现金　　　　　　　6 000

【情景2-6】 北京市惠达股份有限公司以现金支付职工工资30 000元。编制会计分录如下：

借：应付职工薪酬　　　　　30 000
　　贷：库存现金　　　　　　30 000

2.2.3 现金清查的账务处理

库存现金是企业流动性最强的资产，企业应当按规定定期或不定期地对库存现金进行清查，一般采用实地盘点法。盘点时，出纳人员必须在场，以明确经济责任。盘点完毕，对于清查的结果应当编制现金盘点报告单。

清查库存现金后，如发现溢余或短缺，应通过"待处理财产损溢——待处理流动资产损溢"账户进行核算。

1. 库存现金溢余业务核算

盘点时，根据"库存现金盘点表""库存现金账存实存对比表"（见图2-1、表2-1），借记"库存现金"，贷记"待处理财产损溢——待处理流动资产损溢"。待查明原因后，属于应支付给有关人员或单位的，借记"待处理财产损溢——待处理流动资产损溢"，贷记"其他应付款"；属于无法查明原因的，贷记"营业外收入"。

【情景2-7】 北京市惠达股份有限公司对现金进行清查，账面余额为2 150元，实际盘点为2 200元，溢余50元。现金溢余原因不明，经批准计入营业外收入。

①发生现金溢余时，会计分录如下：

借：库存现金　　　　　　　　　50
　　贷：待处理财产损溢
　　　　——待处理流动资产损溢　　50

②若上述现金溢余无法查明原因，经批准后，会计分录如下：

借：待处理财产损溢
　　——待处理流动资产损溢　　　50
　　贷：营业外收入　　　　　　　　50

库存现金盘点表

单位：北京市惠达股份有限公司　　2022年3月31日　　　　单位：元

面额	张数	金额	面额	张数	金额
壹佰元	10	1 000.00	伍元	25	125.00
伍拾元	15	750.00	壹元	25	25.00
贰拾元	10	200.00	伍角		
拾元	10	100.00	壹角		
合计		2 050.00	合计		150.00

财务主管 李京　　记账 朱莉莉　　出纳 冯晓晓　　盘点人 詹停

第二联 会计记账

图2-1　库存现金盘点表

表 2-1 库存现金账存实存对比表

单位：财务部　　　　　　　　　　2022 年 3 月 31 日　　　　　　　　　　单位：元

实际金额	账面金额	差额	原因	备注
2200.00	2150.00	50.00		
审批意见	计入营业外收入		签字	×××

2. 库存现金短缺业务核算

盘点时，根据"库存现金盘点表""库存现金账存实存对比表"（见图 2-2、表 2-2），借记"待处理财产损溢——待处理流动资产损溢"，贷记"库存现金"。待查明原因后，属于相关责任人赔偿的，应该记入"其他应收款"账户；如果短缺的原因无法查明，根据管理权限批准后记入"管理费用"账户。

【情景 2-8】北京市惠达股份有限公司对现金进行清查，账面余额为 2 210 元，实际盘点为 2 100 元，短缺 110 元，原始凭证如图 2-2 所示。

①发生现金短缺时的会计分录如下：

借：待处理财产损溢
　　——待处理流动资产损溢　　110
　贷：库存现金　　　　　　　　　110

②若上述短缺现金原因不明，可做如下会计分录：

借：管理费用　　　　　　　　　110
　贷：待处理财产损溢
　　——待处理流动资产损溢　　110

③若上述现金短缺原因为责任人赔偿，可做如下分录：

借：其他应收款　　　　　　　　110
　贷：待处理财产损溢
　　——待处理流动资产损溢　　110

库存现金盘点表

单位：北京市惠达股份有限公司　　2022 年 3 月 31 日　　单位：元

面额	张数	金额	面额	张数	金额
壹佰元	8	800.00	伍元		
伍拾元	20	1 000.00	壹元		
贰拾元	10	200.00	伍角		
拾元	10	100.00	壹角		
合计		2 100.00	合计		

第二联 会计记账

财务主管 李京　　记账 朱莉莉　　出纳 冯晓晓　　盘点人 詹停

图 2-2 库存现金盘点表

表 2-2 库存现金账存实存对比表

单位：财务部　　　　　　　　　　2022 年 3 月 31 日　　　　　　　　　　单位：元

实际金额	账面金额	差额	原因	备注
2100.00	2210.00	110.00		
审批意见	计入管理费用		签字	×××

任务 2.3 银行存款的核算

2.3.1 银行结算方式

根据《支付结算办法》的规定，企业可以采用的支付结算办法如下。

1. 银行本票

银行本票适用于同城范围内的商品交易、劳务供应及其他款项的结算。银行本票分为定额本票和不定额本票两种。定额本票的面额分别为 1 000 元、5 000 元、10 000 元、50 000 元。银行本票的付款期限为 2 个月。银行本票一律记名，也可以背书转让。

银行本票的流转程序如图 2-3 所示。

图 2-3　银行本票流转程序

2. 银行汇票

银行汇票可以背书转让，可以在同城和异地使用。既可以办理货款结算，也可以异地支取现金。银行汇票的付款期限为 1 个月，在有效期内可分次支付或转汇，也可背书转让。

银行汇票的流转程序如图 2-4 所示。

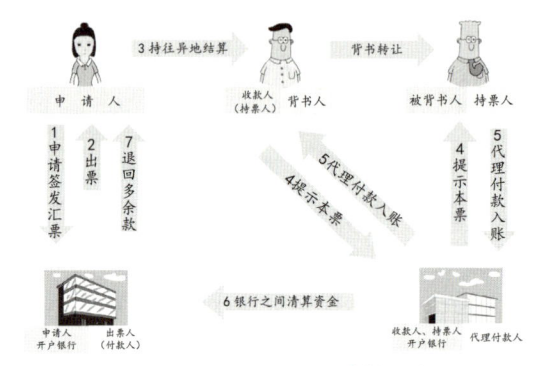

图 2-4　银行汇票的流转程序

3. 支票

支票结算是由付款单位签发支票，通知银行从其存款中支付款项的一种结算方式。它适用于同城间的商品交易、劳务供应和其他款项的结算。

支票分为现金支票、转账支票和普通支票。现金支票上印有"现金"字样，只能提现而不能转账。转账支票印有"转账"字样，只可转账而不能提现。普通支票既可以用于支取现金，也可以用于转账。支票的付款有效期限为 10 天。支票一律记名，在经过批准的地区可以背书转让。对企业签发的空头支票或印鉴不符的支票，银行除退票以外，还要给予相应的经济处罚。支票的流转程序如图 2-5 所示。

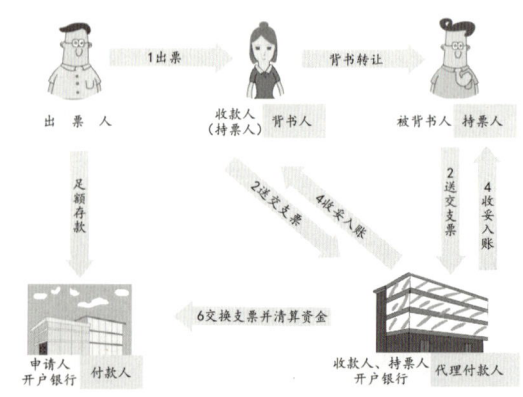

图 2-5　支票的流转程序

4. 商业汇票

商业汇票结算是由收款人或付款人签发商业汇票，由承兑人承兑，并于到期日向收款人或被背书人支付票据款项的一种结算方式。

商业汇票按其承兑人的不同，分为商业承兑汇票和银行承兑汇票两种。商业承兑汇票是由收款人签发，经付款人承兑，或由付款人签发并承兑的票据。若票据到期，付款人账户存款不足以支付时，银行会将票据退回收款人，由双方协商解决。银行承兑汇票是由在承兑银行开立存款账户的存款人签发的，向开户银行申请，经银行同意承兑的票据，承兑申请人要向银行支付一定金额的手续费。若票据到期，承兑申请人未能足额交存票款时，承兑银行除无条件支付票款外，还应对承兑申请人执行扣款，并加收罚息。

对于在银行开立存款账户的法人以及其他组织，不论同城还是异地，只要具有真实的交易或债权债务关系，均可使用商业汇票结算方式。商业汇票一律记名，可以背书转让。汇票承兑期限由交易双方商定，但最长不能超过6个月。

商业承兑汇票的流转程序如图2-6所示。银行承兑汇票的流转程序如图2-7所示。

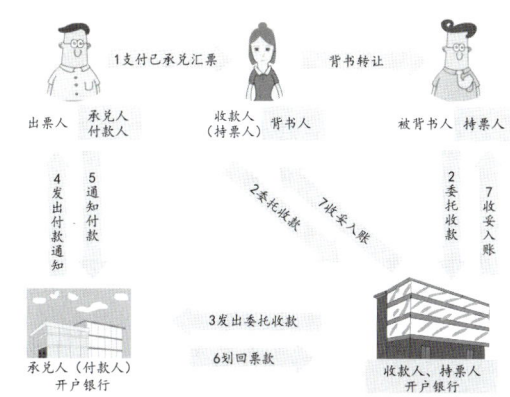

图2-6 商业承兑汇票的流转程序

图2-7 银行承兑汇票的流转程序

2.3.2 银行存款的账务处理

1. 银行存款增加业务的核算

当银行存款增加时，会计分录如下：

借：银行存款
　　贷：主营业务收入
　　　　应交税费——应交增值税（销项税额）

【情景2-9】北京市惠达股份有限公司向北京市清风家具公司销售衣柜300组，单价2 000元，增值税专用发票注明价款600 000元，增值税额78 000元，收到北京市清风家具公司交来的银行汇票一张。会计分录如下：

借：银行存款　　　　　　　　　　678 000
　　贷：主营业务收入——衣柜　　　600 000
　　　　应交税费——应交增值税（销项税额）
　　　　　　　　　　　　　　　　　　78 000

2. 银行存款减少业务的核算

当银行存款减少时，会计分录如下：

借：原材料等
　　应交税费——应交增值税（进项税额）
　　贷：银行存款

【情景2-10】北京市惠达股份有限公司采购部采购员陈平持购买原材料采购发票、入库单等来财会部门申领转账支票一张。已知购买高密度板1 500张，单价200元，总计金额300 000元，增值税39 000元，价税合计339 000元。会计分录如下：

借：原材料——高密度板　　　　　300 000
　　应交税费——应交增值税（进项税额）
　　　　　　　　　　　　　　　　　39 000
　　贷：银行存款　　　　　　　　　339 000

3. 银行存款的清查

银行存款的清查指将企业银行存款日记账的账面余额与其开户银行转来的对账单的余额进行核对。双方余额不一致的原因除记账错误外，还可能存在未达账项。未达账项指由于企业与银行取得有关凭证的时间不同，而发生的一方已经取得凭证登记入账，另一方由于未取得凭证尚未入账的款项。未达账项的形成有以下四种情况：

一是银行已经收款入账，企业因尚未收到银行的收款通知而未收款入账的款项；

二是银行已经付款入账，企业因尚未收到银行的付款通知而未付款入账的款项；

三是企业已经收款入账，银行尚未办理完转账手续而未收款入账的款项；

四是企业已经付款入账，银行尚未办理完转账手续而未付款入账的款项。

出现第一种和第四种情况时，会使开户单位银行存款日记账账面余额小于银行对账单的存款余额；出现第二种和第三种情况时，结果则相反。未达账项应通过编制"银行存款余额调节表"进行检查核对，使双方余额相等。

银行存款余额调节表的编制方法是：在银行与企业的存款账面余额的基础上，加上各自的未收款减去各自的未付款，然后再计算出各自的余额。经调节后，双方余额如果相等，说明双方记账没有错误，该余额就是企业银行存款的实有数；双方余额如果不相等，表明记账有差错，应当立即查明错误原因。

【情景2-11】北京市惠达股份有限公司2022年4月份的银行存款日记账如图2-8所示，银行对账单如图2-9所示。根据以上资料查找出未达账项并编制"银行存款余额调节表"。

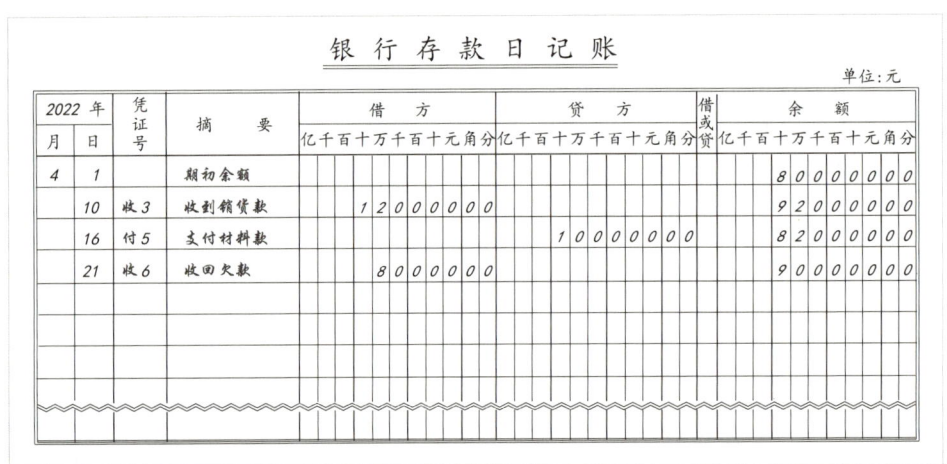

图2-8 银行存款日记账

银行对账单

账号：911562355012454658
单位：北京市惠达股份有限公司　　2022 年 4 月 30 日　　　　单位：元

交易日期	交易摘要	票号	借方（支出）	贷方（收入）	余额
2022-04-01	期初余额				800 000.00
2022-04-10	收到销货款	2326015		120 000.00	920 000.00
2022-04-16	支付材料款	2345672	100 000.00		820 000.00
2022-04-22	委托收款	6231890		100 000.00	920 000.00
2022-04-26	支付水电费	6634557	3 000.00		917 000.00
2022-04-30	结转下期				917 000.00

图2-9 银行对账单

经逐笔核对,发现以下未达账项,具体如图2-10、图2-11所示。

(1) 4月21日,企业开出转账支票900 000元,持票人尚未到银行办理转账,银行尚未入账。

(2) 4月26日,企业委托银行代收款项100 000元,银行已收到入账,但企业未接到银行收款通知,因而未登记入账。

(3) 4月21日,企业送存购货单位签发的转账支票800 000元,企业已登账,银行尚未登记入账。

(4) 4月26日,银行代企业支付水电费3 000元,企业尚未接到银行付款通知,故未登记入账。

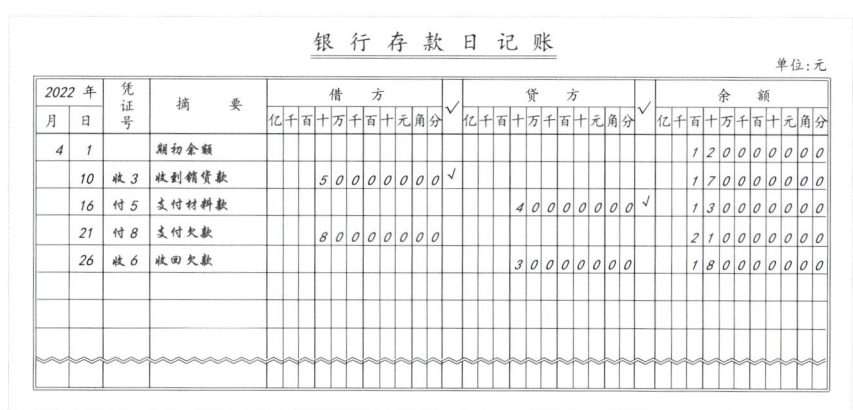

图2-10 核对银行存款日记账

银行对账单

账号:911562355012454658
单位:北京市惠达股份有限公司   2022年4月31日   单位:元

交易日期	交易摘要	票号	借方(支出)	贷方(收入)	余额
2022年4月1日	期初余额				600 000.00
2022年4月10日	收到销货款	2325015		√500 000.00	1 100 000.00
2022年4月16日	支付材料款	2345673	√400 000.00		700 000.00
2022年4月21日	委托收款	6221860		900 000.00	1 600 000.00
2022年4月26日	支付水电费	6634564	100 000.00		1 500 000.00

图2-11 核对银行对账单

编制银行存款余额调节表如图2-12所示。

银行存款余额调节表

编制单位:北京市惠达股份有限公司   2022年4月31日   单位:元

项目	金额	项目	金额
企业方银行存款账面余额	1500000	银行方对账单余额	1800000
加:银行已收款记账、企业尚未记账的款项	900000	加:企业已收款记账、银行尚未记账的款项	800000
减:银行已付款记账、企业尚未记账的款项	100000	减:企业已付款记账、银行尚未记账的款项	300000
调节后的存款余额	2300000	调节后的存款余额	2300000

图2-12 银行存款余额调节表

任务 2.4 其他货币资金

其他货币资金是企业除库存现金和银行存款外的各种货币资金，主要包括银行汇票存款、银行本票存款、信用卡存款、信用证保证金存款、外埠存款等。

为了核算其他货币资金，企业应设立"其他货币资金"账户。该账户借方登记其他货币资金的增加数，贷方登记其他货币资金的减少数，期末借方余额表示其他货币资金的结余数。

其核算应设置"银行汇票存款""银行本票存款""信用卡存款""信用证保证金存款"和"存出投资款""外埠存款"等明细科目。

2.4.1 银行汇票存款

1. 企业将款项交存银行，取得银行汇票后，根据有关凭证，编制会计分录如下：

借：其他货币资金——银行汇票
  贷：银行存款

2. 企业使用银行汇票支付经济业务款项后，根据有关凭证，编制会计分录如下：

借：在途物资
  应交税费——应交增值税（进项税额）
  贷：其他货币资金——银行汇票

3. 企业将多余的款项收回，根据银行转来的银行汇票附联，编制会计分录如下：

借：银行存款
  贷：其他货币资金——银行汇票

【情景 2-12】北京市惠达股份有限公司向银行提交"银行汇票申请书"，将款项 318 000 元交存银行，要求银行办理银行汇票，取得汇票后，编制会计分录如下：

借：其他货币资金——银行汇票 318 000
  贷：银行存款 318 000

【情景 2-13】公司使用银行汇票采购材料一批，增值税发票上注明价款 270 000 元，增值税 35 100 元，编制会计分录如下：

借：在途物资 270 000
  应交税费——应交增值税（进项税额）
    35 100
  贷：其他货币资金——银行汇票 305 100

【情景 2-14】公司收到银行退回的多余款项 12 900 元时，编制会计分录如下：

借：银行存款 12 900
  贷：其他货币资金——银行汇票 12 900

2.4.2 银行本票存款

1. 企业将款项交存银行，取得银行本票后，根据有关凭证，编制会计分录如下：

借：其他货币资金——银行本票
  贷：银行存款

2. 企业使用银行本票支付经济业务款项后，根据有关凭证，编制会计分录如下：

借：在途物资
  应交税费——应交增值税（进项税额）
  贷：其他货币资金——银行本票

3. 因本票超过付款期等原因而要求退款时，编制会计分录如下：

借：银行存款
  贷：其他货币资金——银行本票

2.4.3 信用卡存款

1. 企业将款项交给发卡银行后，根据银行盖章退回的进账单，编制会计分录如下：

借：其他货币资金——信用卡存款
　　贷：银行存款

2. 企业收到开户银行转来的信用卡存款的付款凭证及所附发票，编制会计分录如下：

借：管理费用
　　贷：其他货币资金——信用卡存款

2.4.4 信用证保证金存款

1. 企业向银行交纳保证金时，根据退回的进账单，编制会计分录如下：

借：其他货币资金——信用证保证金
　　贷：银行存款

2. 用信用证办理经济业务，根据有关凭证，编制会计分录如下：

借：在途物资
　　应交税费——应交增值税（进项税额）
　　贷：其他货币资金——信用证保证金

3. 企业收到未用完的信用证存款余额，编制会计分录如下：

借：银行存款
　　贷：其他货币资金——信用证保证金

2.4.5 存出投资款

1. 向证券公司划出资金时：

借：其他货币资金——存出投资款
　　贷：银行存款

2. 购买股票、债券等时：

借：交易性金融资产
　　贷：其他货币资金——存出投资款

2.4.6 外埠存款

1. 企业将款项委托当地银行汇往采购地开立采购专用账户时，根据有关凭证，编制会计分录如下：

借：其他货币资金——外埠存款
　　贷：银行存款

2. 收到采购员交来发票等报销凭证时，编制会计分录如下：

借：在途物资
　　应交税费——应交增值税（进项税额）
　　贷：其他货币资金——外埠存款

3. 将多余的外埠存款转回当地银行时，编制会计分录如下：

借：银行存款
　　贷：其他货币资金——外埠存款

【情景2-15】北京市惠达股份有限公司委托当地开户银行汇给采购地银行60 000元，开立采购账户。编制会计分录如下：

借：其他货币资金——外埠存款　　60 000
　　贷：银行存款　　　　　　　　60 000

项目小结

本项目主要讲述了货币资金、现金的核算、银行存款的核算和其他货币资金。货币资金概述主要包括货币资金的概念、货币资金的管理；现金的核算主要包括现金收入的账务处理、现金支出的账务处理、现金清查的账务处理；银行存款的核算主要包括银行结算方式、银行存款的账务处理；其他货币资金主要包括银行汇票存款、银行本票存款、信用卡存款、信用证保证金存款等。

思考与练习

一、单项选择题

1. 下列各项中，不属于货币资金的是（　）
   A. 银行存款　　　　B. 库存现金
   C. 银行汇票存款　　D. 银行承兑汇票

2. 下列经济业务中，不能用现金支付的是（　）
   A. 支付职工奖金 5 000 元
   B. 支付零星办公用品购置费 800 元
   C. 支付某企业物资采购货款 1 200 元
   D. 支付职工差旅费 2 000 元

3. 下列各项中，关于银行存款业务的表述正确的是（　）
   A. 企业单位信用卡存款账户可以存取现金
   B. 企业信用证保证金存款余额不可以转存其开户行结算户存款
   C. 企业银行汇票存款的收款人不得将其收到的银行汇票背书转让
   D. 企业外埠存款除采购人员可从中提取少量现金外，一律采用转账结算

4. 下列各项中，不通过"其他货币资金"科目核算的是（　）
   A. 存出投资款　　B. 商业承兑汇票
   C. 信用卡存款　　D. 银行本票存款

5. 企业将款项汇往外地开立采购专用账户时，应借记的会计科目是（　）
   A. 材料采购　　B. 在途物资
   C. 预付账款　　D. 其他货币资金

二、多项选择题

1. 下列属于货币资金管理内容的有（　）
   A. 严格职责分工　　B. 实行交易分开
   C. 实施内部稽核　　D. 实施定期轮岗制度

2. 货币资金按其形态和用途不同可分为（　）
   A. 库存现金　　B. 银行存款
   C. 其他货币资金　D. 应收票据

3. 下列各项中，符合《现金管理暂行条例》规定，可以用现金结算的有（　）
A. 向个人收购农副产品支付的价款
B. 支付给职工个人的劳务报酬
C. 出差人员随身携带的差旅费
D. 根据国家规定颁发给个人的科学技术、文化技术、体育等各种奖金

4. 下列各项中，属于未达账项的有（　）
A. 企业已开出，但银行尚未兑付的支票
B. 企业已收款入账，但银行尚未收款入账
C. 银行收到委托款项，但尚未通知企业
D. 银行划付电话费，但未将其通知单送达企业

5. 下列各项中，应确认为企业其他货币资金的有（　）
A. 企业持有的3个月内到期的债券投资
B. 企业为购买股票向证券公司划出的资金
C. 企业汇往外地建立临时采购专户的资金
D. 企业向银行申请银行本票时拨付的资金

三、判断题

1. 货币资金指在企业生产经营过程中处于货币形态的那部分资金，按其形态和用途可分为库存现金、银行存款和其他货币资金。（　）

2. 在现金清查中，如有白条，可以抵充现金，以便账实相符。（　）

3. 银行承兑汇票简称为银行汇票，通过"应收票据"科目核算。（　）

4. 对于银行已经入账而企业尚未入账的未达账项，企业应当根据"银行存款余额调节表"编制凭证予以入账。（　）

5. 企业用信用证保证金存款结算货款后，结余款可退回企业开户银行。（　）

四、简答题

1. 什么是未达账项？

2. 根据《现金管理暂行条例》，企业可以在哪些情况下使用现金？

项目3 存货

知识目标

◎ 掌握存货的概念；
◎ 掌握存货的初始计量；
◎ 掌握原材料的账务处理方法。

技能目标

◎ 掌握存货初始成本的构成；
◎ 掌握发出存货的计价方法；
◎ 掌握包装物的账务处理方法。

案例导入

莫纳斯首先设法获得了位于（美）俄亥俄州某市的一家药店，在随后的十年中他又收购了另外299家药店，从而组建了全国连锁的法尔莫公司。

其主要实施的策略就是他所谓的"强力购买"，即通过提供大比例折扣来销售商品。莫纳斯首先做的就是把实际上并不盈利且未经审计的药店报表拿来，用自己的笔为其加上并不存在的存货和利润。然后凭着自己空谈的天分及一套夸大了的报表，在一年之内骗得了足够的投资并用以收购了8家药店，奠定了他的小型药品帝国的基础。这个帝国后来发展到了拥有300家连锁店的规模。一时间，莫纳斯成为金融领域的风云人物，他的公司则在俄亥俄州某市取得了令人瞩目的地位。

案例评析

是什么使他在短短十年里成为拥有300家连锁药店的老板呢？

本章导语

存货是企业在正常生产经营过程中持有的以备出售的产成品或商品，或者为了出售仍然处于生产过程中的在产品，或者将在生产过程或提供劳务过程中耗用的材料、物料。因此，对生产和销售企业以及服务业来讲，存货是企业生存和发展的基本元素，是企业重要的流动资产。

任务 3.1 存货概述

3.1.1 存货的概念和内容

存货指企业在日常活动中持有的以备出售的产成品或商品、处在生产过程中的在产品、在生产过程或提供劳务过程中耗用的材料和物料等。

企业的存货通常包括以下内容：

（1）原材料，指企业在生产过程中经加工改变其形态或性质，并构成产品实体的各种原料及主要材料、辅助材料、外购半成品（外购件）、修理用备件（备品、备件）、包装材料、燃料等。为建造固定资产等工程而储备的各种材料，虽然同属于材料，但是，用于建造固定资产等工程的材料不符合存货的定义，因此不能作为企业的存货进行核算。

（2）在产品，指企业正在制造且尚未完工的产品，包括正在各个生产工序中加工的产品和已加工完毕但尚未检验或已检验但尚未办理入库手续的产品。

（3）半成品，指经过一定生产过程并已检验合格交付半成品仓库保管，但尚未制造完工成为产成品，仍需进一步加工的中间产品。

（4）产成品，指工业企业已经完成全部生产过程并验收入库，可以按照合同规定的条件送交订货单位，或者可以直接作为商品对外销售的产品。企业接受外来原材料加工制造的代制品和为外单位加工修理的代修品制造和修理完成验收入库后，应视同企业的产成品。

（5）商品，指商品流通企业外购或委托加工完成，验收入库用于销售的各种商品。

（6）周转材料，指企业能够多次使用，但不符合固定资产定义的材料，如为了包装本企业商品而储备的各种包装物，各种工具、管理用具、玻璃器皿、劳动保护用品以及在经营过程中周转使用的容器等低值易耗品和来自建造承包商的钢模板、木模板、脚手架等其他周转材料。但是，周转材料符合固定资产定义的，应当作为固定资产处理。

3.1.2 存货的分类

1. 存货按经济用途

存货按经济用途可以分为以下三类：

（1）在日常生产经营过程中持有并以备出售的存货。如工业企业的库存产成品，商品流通企业的库存商品等。

（2）最终为了出售但目前尚处于生产过程中的存货。如工业企业的在产品、自制半成品、委托加工材料等。

（3）为了生产供销售的商品或为了提供服务以备消耗的存货。如企业原材料、燃料、包装物、低值易耗品等。

2. 存货按存放地点

存货按存放地点可以分为以下四类：

（1）库存存货，指已运达企业，并已验收入库的各种存货。

（2）在途存货，指正在运输途中的存货，包括运入在途和运出在途。运入在途是指已经支付货款正在运入途中或已经运到但尚未验收入库的存货；运出在途是指按合同已经发出但尚未完成转让所有权、也未确认销售收入的存货。

（3）加工中存货，指企业自行生产加工及委托外单位加工但尚未完成的各种存货。

（4）委托代销存货，指委托外单位代销，尚未办理代销货款结算的存货。

3.1.3　存货的确认条件

确认一项货物是否属于企业存货，主要是看企业是否对其拥有法人财产权。凡在盘点日法定产权属于企业的物品，不论其存放在何处或处于何种状态，都应确认为企业的存货；反之，凡是法定产权不属于企业的物品，即使存放于企业，也不应确认为企业的存货。同时满足下列条件的存货，才能予以确认：

（1）与该存货有关的经济利益很可能流入企业；

（2）该存货的成本能够可靠地计量。

下列各项货物都属于企业存货：已经确认为购进（如已付款）而尚未到达或入库的在途货物；已收到货物但尚未收到销售方结算发票等的货物；货物虽已发出，但所有权尚未转移给购货方的货物；委托其他单位代销或加工的货物。

对于按销售合同、协议规定已确认销售（如已收到货款等），而尚未发运给购货方的货物，不应作为本企业的存货。对于接受其他单位委托代销的货物，其所有权属于委托方，应作为委托方的存货处理。

任务 3.2　存货的初始计量

3.2.1　存货初始成本的构成

1. 存货的采购成本

原材料、商品、低值易耗品等通过购买而取得的存货的初始成本由采购成本构成。存货的采购成本包括购买价款、相关税费、运输费、装卸费、保险费以及其他可归属于存货采购成本的费用。

（1）购买价款，指企业购入材料或商品的发票账单上列明的价款，但不包括按规定可以抵扣的增值税进项税额。

（2）相关税费，指企业购买、自制或委托加工存货所发生的消费税、资源税和不能从增值税销项税额中抵扣的进项税额等。

（3）其他可归属于存货采购成本的费用，即上述各项以外的可归属于存货采购成本的费用，如在存货采购过程中发生的仓储费、包装费，运输途中的合理损耗，入库前的挑选整理费用等。

这些费用能分清负担对象的，应直接计入存货的采购成本；不能分清负担对象的，应选择合理的分配方法。分配计入有关存货的采购成本，通常按所购存货的重量或采购价格的比例进行分配。

2. 加工取得的存货的成本

根据《企业会计准则》，存货的加工成本包括直接人工以及按照一定方法分配的制造费用。直接人工指在企业生产过程中，直接从事产品生产的工人的薪酬。制造费用，指企业为生产产品和提供劳务而发生的各项间接费用。企业应当根据制造费用的性质，合理地选择制造费用的分配方法。

3. 其他方式取得的存货的成本

存货的其他成本指除采购成本、加工成本以

外的，使存货达到目前场所和相应状态所发生的其他支出，如为特定客户设计产品所发生的设计费用等。

4. 不计入存货成本的相关费用

在确定存货成本的过程中，应当注意，下列费用应当在发生时确认为当期损益，不计入存货成本：

（1）非正常消耗的直接材料、直接人工和制造费用。

（2）仓储费用（不包括在生产过程中为达到下一个生产阶段所必需的仓储费用）。

（3）不归属于使存货达到目前场所和相应状态的其他支出。

（4）企业采购用于广告营销活动的特定商品（销售费用）。

3.2.2 发出存货的计价方法

1. 个别计价法

个别计价法亦称个别认定法、具体辨认法、分批实际法，这一方法是假设存货的实物流转与成本流转相一致，按照各种存货逐一辨认各批发出存货和期末存货所属的购进批别或生产批别，分别按其购入或生产时所确定的单位成本计算各批发出存货和期末存货成本的方法。这种方法是把每一种存货的实际成本作为计算发出存货成本和期末存货成本的基础。

2. 先进先出法

先进先出法指以先购入的存货应先发出（销售或耗用）这样一种存货实物流动假设为前提，对发出存货进行计价的一种方法。

【情景3-1】北京市惠达股份有限公司2022年8月材料期初结存、本期收入、本期发出和期末结存的资料，如表3-1所示。

北京市惠达股份有限公司采用先进先出法进行存货计价。本月发出和期末结存材料成本计算结果如下：

8月10日发出材料成本 =2 000×5.6=11 200（元）

8月15日发出材料成本 =3 000×6=18 000（元）

8月22日发出材料成本 =1 500×6=9 000（元）

期末结存材料成本 =1 500×6＋1 000×5.8=14 800（元）

表3-1 原材料明细账

存货类别：松木　　　　　　　　计量单位：千克　　　　　　　　存放地点：材料库

2022年		凭证字号	摘要	收入			发出			结存		
月	日			数量	单价	金额	数量	单价	金额	数量	单价	金额
8	1		期初结存							1 000	5	5 000
	5		购入	4 000	5.6	22 400				5 000		
	10		发出				2 000			3 000		
	14		购入	3 000	6	18 000				6 000		
	15		发出				3 000			3 000		
	22		发出				1 500			1 500		
	27		购入	1 000	5.8	5 800				2 500		
8	31		期末结存	8 000		40400	6 500			2 500		14 800

先进先出法可以随时结转存货发出成本，但较繁琐；如果存货收发业务较多且存货单价不稳定，其工作量就较大。在物价持续上升时，期末存货成本接近于市价，而期间发出成本偏低，会高估企业当期利润和库存存货价值；反之，会低估企业存货价值和当期利润。

3. 月末一次加权平均法

月末一次加权平均法是指以本月全部进货数量加上月初存货数量作为权数，本月全部进货成本加上月初存货成本，计算出存货的加权平均单位成本，以此为基础计算本月发出存货的成本和期末存货的成本的一种方法。计算公式如下：

存货单位成本 ＝ [月初存货的实际成本 ＋ Σ（本月各批进货的实际单位成本 × 本月各批进货的数量）] ／（月初存货数量 ＋ 本月各批进货数量之和）

本月发出存货成本 ＝ 本月发出存货的数量 × 存货单位成本

本月月末存货成本 ＝ 月末存货的数量 × 存货单位成本

或本月月末存货成本 ＝ 月初存货的实际成本 ＋ 本月收入存货的实际成本 － 本月发出存货的实际成本

【情景3-2】根据【情景3-1】的资料，采用月末一次加权平均法计算8月份发出材料和期末结存材料的成本。计算结果如下：

加权平均单价
＝（5 000 ＋ 22 400 ＋ 18 000 ＋ 5 800）÷（1 000 ＋ 4 000 ＋ 3 000 ＋ 1 000）≈ 5.70（元）

本期（月）发出存货成本 ＝ 6 500 × 5.70 ＝ 37 050（元）

期（月）末结存存货成本 ＝ 2 500 × 5.70 ＝ 14 250（元）

采用加权平均法只在月末一次计算加权平均单价，比较简单，有利于简化成本计算工作，但由于平时无法从账上得到发出和结存存货的单价及金额，因此不利于存货成本的日常管理与控制。

4. 移动加权平均法

移动加权平均法指以每次进货的成本加上原有存货的成本，除以每次进货的数量加上原有存货的数量，计算加权平均单位成本，作为在下次进货前计算各次发出存货成本依据的一种方法。计算公式如下：

存货单位成本 ＝（原有存货的实际成本 ＋ 本次进货的实际成本）／（原有存货数量 ＋ 本次进货数量）

本次发出存货的成本 ＝ 本次发出存货数量 × 本次发货前存货的单位成本

本月月末存货成本 ＝ 月末存货的数量 × 本月月末存货单位成本

【情景3-3】根据【情景3-1】的资料，采用移动加权平均法计算8月份发出材料和期末结存材料的成本。计算结果如下：

8月5日购入后移动加权平均单价 ＝（5 000 ＋ 22 400）÷（1 000 ＋ 4 000）＝ 5.48（元）

8月10日结存松木成本 ＝ 3 000 × 5.48 ＝ 16 440（元）

8月10日发出松木成本 ＝ 2 000 × 5.48 ＝ 10 960（元）

8月14日购进后移动加权平均单价 ＝（16 440 ＋ 18 000）÷（3 000 ＋ 3 000）＝ 5.74（元）

8月15日结存松木成本 ＝ 3 000 × 5.74 ＝ 17 220（元）

8月15日发出松木成本 ＝ 3 000 × 5.74 ＝ 17 220（元）

8月22日发出松木成本 ＝ 1 500 × 5.74 ＝ 8 610（元）

8月22日结存松木成本 ＝ 1 500 × 5.74 ＝ 8 610（元）

8月27日购入后移动加权平均单价 ＝（8 610 ＋ 5 800）÷（1 000 ＋ 1 500）≈ 5.76（元）

期末结存松木成本 ＝ 2 500 × 5.76 ＝ 14 400（元）

采用移动加权平均法能够使企业管理者及时了解存货的结存情况，计算的平均单位成本以及发出和结存的存货成本比较客观。但由于每次收货都要计算一次平均单价，计算工作量较大，对收发货较频繁的企业不适用。

任务 3.3 原材料

3.3.1 采用实际成本核算

1. 原材料应设置的会计科目

"原材料"账户。本账户用于核算库存各种材料的收发与结存情况。在原材料按实际成本核算时，本账户的借方登记入库材料的实际成本，贷方登记发出材料的实际成本，期末余额在借方，反映企业库存材料的实际成本。

"在途物资"账户。本账户用于核算企业采用实际成本（进价）进行材料、商品等物资的日常核算，货款已付但尚未验收入库的各种物资（即在途物资）的采购成本，本账户应按供应单位和物资品种进行明细核算。本账户的借方登记企业购入的在途物资的实际成本，贷方登记验收入库的在途物资的实际成本，期末余额在借方，反映企业在途物资的采购成本。

2. 原材料账务处理

（1）购入材料

由于支付方式不同，原材料入库的时间与付款的时间可能一致，也可能不一致，在会计处理上也有所不同。

①单货同到

货款已经支付或开出承兑商业汇票，同时材料已验收入库，这种情况下，企业可以在收到结算凭证并且材料验收入库后，借记"原材料""应交税费——应交增值税（进项税额）"等账户，贷记"银行存款"或"应付账款""应付票据"等账户。

【情景 3-4】北京市惠达股份有限公司购入榆木一批，增值税专用发票上记载的货款为 120 000 元，增值税额 15 600 元，另对方代垫包装费 1 000 元，全部款项已用转账支票付讫，材料已验收入库。

借：原材料——榆木　　　　　　121 000
　　应交税费
　　　——应交增值税（进项税额）　15 600
　　贷：银行存款　　　　　　　　136 600

【情景 3-5】北京市惠达股份有限公司持银行汇票 1 950 000 元购入松木一批，增值税专用发票上记载的货款为 1 550 000 元，增值税额 201 500 元，对方代垫包装费 1 000 元，材料已验收入库。

借：原材料——松木　　　　　1 551 000
　　应交税费
　　　——应交增值税（进项税额）　201 500
　　贷：其他货币资金
　　　——银行汇票　　　　　1 752 500

②单到货未到

货款已经支付或已开出承兑商业汇票，材料尚未到达或尚未验收入库。企业根据收到的结算凭证、发票账单等凭证上注明的材料价款和增值税款，借记"在途物资""应交税费——应交增值税（进项税额）"等账户，贷记"银行存款"或"应付账款""应付票据"等账户。等到企业收到材料并验收入库时，根据实际成本，借记"原材料"账户，贷记"在途物资"账户。

【情景 3-6】北京市惠达股份有限公司采用汇兑结算方式购入红木一批，发票及账单已收到，增值税专用发票上记载的货款为 16 500 元，增值税额 2 145 元。支付保险费 450 元，材料尚未到达。

借：在途物资——红木　　　　　16 950
　　应交税费
　　　——应交增值税（进项税额）　2 145
　　贷：银行存款　　　　　　　　19 095

【情景 3-7】根据【情景 3-6】的资料，上述购入的红木已收到，并验收入库。

借：原材料——红木　　　　　　　　16 950
　　贷：在途物资——红木　　　　　　　16 950

③货到单未到

企业购入的材料已到达并已验收入库，但发票账单等结算凭证尚未收到。如果企业在月末尚未收到结算凭证，一般需要按材料的暂估价值，借记"原材料"账户，贷记"应付账款——暂估应付款"账户。下月初用红字作同样的分录或作相反分录冲回，以便下月付款或开出承兑商业汇票后，按正常程序，借记"原材料""应交税费——应交增值税（进项税额）"等账户，贷记"银行存款"或"应付票据"等账户。

【情景3-8】北京市惠达股份有限公司采用委托收款结算方式购入实木一批，材料已验收入库，月末发票账单尚未收到也无法确定其实际成本，暂估价值为55 000元。

借：原材料——实木　　　　　　　　55 000
　　贷：应付账款——暂估应付款　　　 55 000

下月初作相反的会计分录予以冲回：

借：应付账款——暂估应付款　　　　 55 000
　　贷：原材料——实木　　　　　　　　55 000

【情景3-9】根据【情景3-8】的资料，上述购入的实木于次月收到发票账单，增值税专用发票上记载的货款为45 000元，增值税额5 850元，对方代垫保险费1 000元，已用银行存款付讫。

借：原材料——实木　　　　　　　　46 000
　　应交税费
　　　——应交增值税（进项税额）　　5 850
　　贷：银行存款　　　　　　　　　　 51 850

④货款已经预付，材料尚未验收入库

企业采用预付货款的方式采购材料，应在预付材料价款时，按照实际预付金额，借记"预付账款"账户，贷记"银行存款"账户；已经预付货款的材料验收入库时，根据发票账单等结算凭证确定的材料的实际成本，借记"原材料""应交税费——应交增值税（进项税额）"账户，贷记"预付账款"账户；按补付金额，借记"预付账款"账户，贷记"银行存款"账户；退回多付的款项，借记"银行存款"账户，贷记"预付账款"账户。

【情景3-10】根据与木材厂的购销合同规定，北京市惠达股份有限公司为购买松木向该木料场预付120 000元货款的70%，计84 000元，已通过汇兑方式汇出。

借：预付账款　　　　　　　　　　　 84 000
　　贷：银行存款　　　　　　　　　　 84 000

【情景3-11】根据【情景3-10】的资料，北京市惠达股份有限公司收到该木料场发运来的松木，已验收入库。

根据发票账单记载，该批货物的货款为120 000元，增值税额为15 600元，对方代垫包装费2 200元，所欠款项以银行存款付讫。

材料入库时：

借：原材料——松木　　　　　　　　122 200
　　应交税费
　　　——应交增值税（进项税额）　　15 600
　　贷：预付账款　　　　　　　　　　137 800

补付货款时：

借：预付账款　　　　　　　　　　　 53 800
　　贷：银行存款　　　　　　　　　　 53 800

（2）发出材料

企业生产领用原材料时，按发出材料的实际成本借记"生产成本""制造费用""管理费用""销售费用"等账户，贷记"原材料"账户。发出存货实际成本的计价方法可在前述的个别计价法、先进先出法和加权平均法中进行选取，一旦选定不得随意更改。如需变更，应在财务报表附注中予以说明。

【情景3-12】北京市惠达股份有限公司为增值税一般纳税人，原材料按实际成本核算。2022年6月材料领用情况如表3-2所示。

表3-2　材料领用情况表　　　　　　　　　　　　　　　　　　　　　　　　　　　　　　　　　　单位：元

用途	A材料	B材料	C材料	合计
生产产品	80 000	65 000	32 000	177 000
车间一般耗用	15 000	4 500	2 300	21 800
销售部门	7 500	4 000	—	11 500
合计	102 500	73 500	34 300	210 300

该企业据此编制会计分录如下：
借：生产成本　　　　　　　　　177 000
　　制造费用　　　　　　　　　 21 800
　　销售费用　　　　　　　　　 11 500
　　贷：原材料——A材料　　　　　　102 500
　　　　　　——B材料　　　　　　 73 500
　　　　　　——C材料　　　　　　 34 300

3.3.2　采用计划成本核算

采用计划成本核算时，材料的收发及结存，无论总分类核算还是明细分类核算，均按照计划成本计价。材料实际成本与计划成本的差异，通过"材料成本差异"账户核算。月末，计算本月发出材料应负担的成本差异并进行分摊，从而将发出材料的计划成本调整为实际成本。

1. 原材料应设置的会计科目

（1）"材料采购"账户。"材料采购"账户借方大于贷方表示超支，从本账户贷方转入"材料成本差异"账户的借方；贷方大于借方表示节约，从本账户借方转入"材料成本差异"账户的贷方，材料采购账户登记采购材料的实际成本，贷方登记入库材料的计划成本，期末余额在借方，反映企业在途材料的采购成本。

（2）"材料成本差异"账户。"材料成本差异"账户反映企业已入库各种材料的实际成本与计划成本的差异，材料成本差异账户借方登记入库材料的超支差异，贷方登记节约差异及发出材料应负担的差异（超支差异用蓝字，节约差异用红字），反映企业库存材料的实际成本小于计划成本的差异（即节约差异），期末余额在借方，反映企业库存材料的实际成本大于计划成本的差异（即超支差异）。

2. 原材料账务处理

在计划成本法下，购入的材料先要通过"材料采购"账户进行核算，企业支付材料价款和运杂费等构成存货实际成本的，记入"材料采购"账户，材料验收入库后，再转入"原材料"账户。

借：原材料（按照验收入库材料的计划成本）
　　贷：材料采购（按照验收入库材料的实际成本）

借贷方的差异为材料实际成本与计划成本之间的差异，计入"材料成本差异"账户。

3. 货款已经支付，同时材料验收入库

【情景3-13】2022年3月7日，北京市惠达股份有限公司由北京市钢铁材料有限公司购入废钢100吨，单价为2 500元，增值税专用发票列明价款250 000元，增值税为32 500元。材料未验收入库，发票账单已到，货款已通过银行支付，该批材料的计划成本为252 600元。

（1）付款时，原始凭证如图3-1、图3-2所示：
借：材料采购——废钢　　　　　　250 000
　　应交税费
　　　——应交增值税（进项税额） 32 500
　　贷：银行存款　　　　　　　　　　282 500

税总函〔2019〕311号北京印钞有限公司

1100456521　　**北京增值税专用发票**　　№03184478　1100456521 03184478

发 票 联

机器编号：652458907765　　　　开票日期：2021年06月11日

购买方	名　　称：北京市惠达股份有限公司 纳税人识别号：911562355012454658 地 址、电 话：北京市昌平区流村镇镇北复路118号　010-56265892 开户行及账号：北京市工商银行昌平区支行　1100623065895860005	密码区	7-*+*/3-6*30<**-4*554-0*0> 899*/211+6+141-524-0+*+882 1*<//721</699*40<5+14036*/ 3>121/9*/29+36+526*8-2/0-6

货物或应税劳务、服务名称	规格型号	单位	数量	单价	金额	税率	税额
废钢		吨	100	2500	250000.00	13%	32500.00
合　　计					¥250000.00		¥32500.00
价税合计（大写）	⊗ 贰拾捌万贰仟伍佰圆整				（小写）¥282500.00		

销售方	名　　称：北京市钢铁材料有限公司 纳税人识别号：911345120930405258 地 址、电 话：北京市密云区穆家峪镇980号　010-69002018 开户行及账号：中国工商银行密云开发区支行　1100622575880156928	备注	北京市钢铁材料有限公司 911345120930405258 发票专用章

收款人：冯晓晓　　复核：葛然　　开票人：王强　　销售方：（章）

第三联：发票联　购买方记账凭证

图 3-1 增值税专用发票

北京市石钞证券印制有限责任公司．2022年印制

中国工商银行
转账支票存根

10233042
23785461

附加信息

出票日期 2022年3月7日

付款人：北京市惠达股份有限公司

金　额：¥282 500.00

用　途：材料款

单位主管 李京　会计 朱莉莉

图 3-2 转账支票存根

（2）材料入库时，原始凭证如图 3-3 所示：

借：原材料——废钢　　252 600

　贷：材料采购——废钢　　252 600

借：材料采购——废钢　　2 600

　贷：材料成本差异　　2 600

收　料　单

供应单位：北京市惠达股份有限公司　　　　编号：01

材料类别：废钢　　2022年3月7日　　收料仓库：1号仓库

材料编号	材料名称	规格	计量单位	应收	实收	实际价格				计划价格	
						单价	发票金额	运杂费	合计	单价	金额
	废钢		吨	100	100	2 500	250 000.00		250 000.00		252 600.00
备注：	废钢检验完毕，验收入库										

部门经理 李京　会计 朱莉莉　仓库 霍婷　经办人 王强

第二联 会计记账

图 3-3 货款已经支付，材料尚未验收入库

【情景3-14】2022年3月9日，北京市惠达股份有限公司从容和建筑有限公司购进废钢50吨，单价为2 500元，增值税专用发票上记载货款为125 000元，增值税款16 250，全部款项141 250元已经通过银行付款，材料已入库。材料计划成本为125 800元。

  借：材料采购——废钢   125 000
    应交税费
     ——应交增值税（进项税额） 16 250
    贷：银行存款   141 250

验收入库时：
  借：原材料——废钢   125 800
    贷：材料采购——废钢   125 800
  借：材料采购——废钢   800
    贷：材料成本差异   800

4. 发票账单未到，材料已经验收入库

当未收到发票账单时，月末应按计划成本暂估入账，分录如下：
  借：原材料
    贷：应付账款——暂估应付账款

下月初做相反分录或红字分录予以冲回：
  借：应付账款——暂估应付账款
    贷：原材料

待实际收到发票账单后，按照账单和材料同时到的情况进行账务处理。

【情景3-15】2022年3月10日，验收入库废钢50吨，单价为2 500元，月末尚未收到发票账单，货款未付，计划成本为124 800元，应作会计处理如下：

验收入库时，根据计划成本入账，会计分录为：
  借：原材料——废钢（暂估款） 124 800
    贷：应付账款——暂估款 124 800

下月初红字冲销：
  借：原材料——废钢   124 800（红字）
    贷：应付账款——暂估款 124 800（红字）

2022年4月11日，收到上述购入材料发票账单，专用发票列明材料价款为125 000元，增值税额为16 250元，货款以银行存款支付，会计分录如下：

  借：材料采购——废钢   125 000
    应交税费
     ——应交增值税（进项税额） 16 250
    贷：银行存款   141 250
  借：原材料——废钢   124 800
    贷：材料采购——废钢   124 800
  借：材料成本差异   200
    贷：材料采购——废钢   200

5. 验收入库时发现材料短缺或者损耗

验收时如果发现材料短缺或者损耗，应该及时查明原因。

如果为合理损耗，验收入库时：
  借：原材料（实际验收材料的计划成本，即实际验收的数量×计划单价）
    贷：材料采购（材料的实际成本且不扣除合理损耗）

两者之间的差额记入"材料成本差异"账户，也就是说合理损耗部分最终形成了材料成本差异。

如果为不合理损耗，账务处理时分两步：
① 将未损耗部分入库：
  借：原材料（未损耗部分的计划成本）
    贷：材料采购（未损耗部分的实际成本）

将两者之间的差异记入"材料成本差异"账户。

② 将不合理损耗部分的实际成本从"材料采购"账户中转出，同时结转该部分材料应该负担的进项税，记入"其他应收款""营业外支出""待处理财产损溢"等账户。

【情景3-16】2022年12月10日北京市惠达股份有限公司从泰和建筑有限公司购入铁钉3 000盒，单价为30元，实际成本为90 000元，增值税额为11 700元，货款已付，材料验收入库时，实收为2 990盒，计划单位成本为28元，其中短缺10盒。

收到发票时：
  借：材料采购——铁钉   90 000
    应交税费
     ——应交增值税（进项税额） 11 700
    贷：银行存款   101 700

假设短缺10盒为合理损耗，则应编制如下

分录：

借：原材料——铁钉　　　　　　　83 720
　　材料成本差异　　　　　　　　 6 280
　　贷：材料采购——铁钉　　　　　90 000

假设短缺10盒为非合理损耗，原因待查，则应编制如下分录：

借：原材料——铁钉　　　　　　　83 720
　　材料成本差异　　　　　　　　 6 000
　　贷：材料采购——铁钉　　　　　89 720
借：待处理财产损溢
　　　　——待处理流动财产损溢　　319
　　贷：材料采购——铁钉　　　　　　280
　　　　应交税费
　　　　——应交增值税（进项税转出）39

处理时经批准转入营业外支出

借：营业外支出　　　　　　　　　　319
　　贷：待处理财产损溢
　　　　——待处理流动财产损溢　　319

月末，企业根据领料单等编制"发料凭证汇总表"，结转发出材料的计划成本，应当根据所发出材料的用途，按计划成本作如下分录：

借：生产成本
　　制造费用
　　销售费用
　　管理费用
　　贷：原材料

根据《企业会计准则第1号——存货》的规定，企业日常采用计划成本核算的，发出的材料成本应由计划成本调整为实际成本，通过"材料成本差异"账户进行结转，按照所发出材料的用途，分别记入"生产成本""制造费用""销售费用""管理费用"等账户。发出材料应负担的成本差异应当按期（月）分摊，不得在季末或年末一次性计算。

本月存货成本差异率=（期初结存存货的成本差异+本期入库存货的成本差异）×100%÷（期初结存存货的计划成本+本期入库存货的计划成本）

发出存货应负担的成本差异=发出存货的计划成本×存货成本差异率

发出存货的实际成本=发出存货的计划成本±发出存货应负担的成本差异

提示

超支差用正数表示，节约差用负数表示。

【情景3-17】2022年3月，北京市惠达股份有限公司本月领用的材料为：废钢基本生产车间领用750 000元，若月终计算的材料成本差异率为-5%。编制会计分录如下：

发出材料：

借：生产成本——基本生产成本　　750 000
　　贷：原材料——废钢　　　　　　750 000

结转发出材料分摊的成本差异：

借：材料成本差异　　　　　　　　 37 500
　　贷：生产成本——基本生产成本　 37 500

提示

如果为节约差，也从"材料成本差异"账户的贷方结转，用红字表示。

综合以上核算内容，我们可以得知，企业存货在按照计划成本进行日常核算时，具有以下特点：

①将各批采购存货的实际成本与计划成本进行比较，用以考核评价采购部门的工作业绩；

②对存货的核算，平时着重数量处理，不仅简化了仓库的核算，而且使凭证的填制和传递简单迅速，记账手续大大简化；

③在价格变动较频繁、变动幅度较大的情况下，容易使成本数据失去准确性，加大修订计划成本的工作量。

任务 3.4 周转材料

3.4.1 包装物的内容

包装物指在生产流通过程中，为包装本企业的产品或商品并随同一起出售，或者出租、出借给购货单位的各种包装容器，如桶、箱、罐、瓶、坛、袋等。包装物按具体用途可以分为：

（1）生产流通过程中用于包装产品或商品并作为其组成部分的包装物，如酒瓶、油桶等；
（2）随同产品出售而不单独计价的包装物；
（3）随同产品出售而单独计价的包装物；
（4）出租或出借给购买单位使用的包装物。

作为单独列出的包装物存货，有其自身的特点。企业各种一次性使用的包装材料，如纸、绳、铁皮、铁丝等不属于包装物，应在"原材料"账户核算；企业用于储存、保管产品或商品等存货而不对外销售、出租或出借的包装物，应按其价值大小和使用期限，应在"固定资产"账户核算，或在"周转材料——低值易耗品"账户核算；单独列为企业产品或商品存货的自制包装物应在"库存商品"账户核算。

3.4.2 包装物的账务处理

1. 生产领用包装物

对在销售过程中领用并随同产品一起出售，但不单独计价的包装物，在其发出时，将其实际成本作为产品销售费用。

借：销售费用
　　贷：周转材料——包装物

2. 随同商品出售包装物

对在销售过程中领用并随同产品一同出售，但单独计价的包装物，应视为企业其他业务，按原材料销售处理。销售时所获得的收入作为其他业务收入，相应地其成本亦作为其他业务成本，以与其收入相匹配。

3. 出租或出借包装物

出租包装物是企业的一项非生产性经营业务，指企业因销售产品或商品而将包装物以出租的形式借给购货单位暂时使用，应按其他业务处理。

（1）收取租金时：
借：库存现金、银行存款
　　贷：其他业务收入

（2）收取押金时：
借：库存现金、银行存款
　　贷：其他应付款

企业出租和出借的包装物在周转使用过程中其实物形态保持不变，因此，其价值也应按损耗程度，逐渐地转移到有关的成本费用中去。由于周转使用包装物的性质与低值易耗品类似，故低值易耗品的摊销方法也同样适用于包装物。

包装物在出借期间，其价值损耗和其他有关支出，都是为推销产品而发生的，因此，应作为销售费用处理。

（3）企业第一次领用新包装物出借给购货单位时：
借：销售费用
　　贷：包装物

【情景 3-18】2022 年 3 月 12 日，北京市惠达股份有限公司销售产品时，领用单独计价的包装物，其实际成本为 900 元。包装物单价为 45 元，数量 20 件，原始凭证如图 3-4 所示。

借：其他业务成本　　　　　　　　　　900

贷：周转材料——包装物　　　　　900

领料单

领用部门：加工车间　　　　　2022年3月12日　　　　　字1号
产品项目：包装物

编号	名称及规格	单位	数量 请领	数量 实领	单价	总值	分页	用途
	包装物	件	20	20	45.00	900.00		二交财务部门记账
	合计							

财务部门主管：李京　记账：朱莉莉　保管部门主管：杨佳　发料：张颖　领料部门主管：霍婷　领料：王安

图 3-4 领料单

3.4.3 低值易耗品

1. 低值易耗品的内容

低值易耗品指那些单位价值低于固定资产的最低限额，或者使用期限在1年以内，不能列作固定资产的物品。企业低值易耗品一般可划分为以下六大类：

（1）一般工具。指生产各种不同产品时能共同使用的工具，如刀具、量具、夹具、模具等。

（2）专用工具。它是指专用于制造某种产品，或在某一工序上使用的工具，如专用模具等。

（3）替换设备。替换设备指容易磨损或为制造不同产品需要替换使用的机器装备和零件，如浇注钢锭用的钢锭模等；

（4）管理用具。管理用具指用于管理工作的家具和办公用品，如桌、椅、柜、仪器等。

（5）劳动保护用品。劳动保护用品指用于保障职工安全生产的各种用品，如工作服、工作鞋等。

（6）其他。包括不属于上述各类的低值易耗品。

2. 低值易耗品的账务处理

低值易耗品被领用后即进入生产或销售过程，这时就要求采用一定的方法将低值易耗品的价值摊销计入成本、费用。低值易耗品的摊销方法应按照其价值的大小、使用期限的长短以及每月领用的数量的均衡性等情况采用一次摊销法或五五摊销法进行摊销。

（1）一次摊销法。一次摊销法指在领用低值易耗品时，就将其全部账面价值一次性计入有关成本和费用的方法。

在一次摊销法下，领用低值易耗品时：

借：制造费用、管理费用
　　贷：周转材料——低值易耗品

低值易耗品报废时回收的残料，应作为当期周转材料摊销额的减少，直接冲减相关成本费用。

借：原材料、银行存款
　　贷：制造费用、管理费用

【情景3-19】2022年5月8日，北京市惠达股份有限公司生产车间领用包装物一批，用于包装所生产的产品，领用数量为35件，单价55元，实际成本为1 925元。

借：生产成本　　　　　　　　　1 925

　　　　贷：周转材料——包装物　　　　1 925

【情景3-20】2022年5月10日北京市惠达股份有限公司销售产品，领用不单独计价的包装物，实际成本为2 500元。

　　借：销售费用　　　　　　　　　2 500
　　　　贷：周转材料——包装物　　　　2 500

【情景3-21】2022年12月15日，北京市惠达股份有限公司生产车间领用螺丝150千克，单价10元，实际成本为1 500元，低值易耗品采用一次摊销法核算。

　　借：制造费用　　　　　　　　　1 500
　　　　贷：周转材料——螺丝　　　　　1 500

一次摊销法核算简便，但不利于实物管理，而且价值一次性结转也影响成本费用的均衡性。所以，这种方法适用于单位价值较低或容易损耗，而且一次领用数量不多的管理工具、工卡量具和玻璃器皿等低值易耗品。

（2）五五摊销法。五五摊销法指在领用低值易耗品时，先摊销其账面价值的一半，报废时再摊销其账面价值另一半的方法，即低值易耗品分两次各按50%进行摊销。这种方法既适用于价值较低、使用期限较短的低值易耗品，也适用于每期领用数量和报废数量大致相同的物品。采用五五摊销法时，"周转材料——低值易耗品"账户下应设置"在库""在用""摊销"三个明细账户。

【情景3-22】2022年5月8日，北京市惠达股份有限公司采用五五摊销法进行低值易耗品核算。本月生产车间领用打孔机10个，单价300元，实际成本为3 000元。

领用时：
　　借：周转材料
　　　　　——低值易耗品（在用）　　3 000
　　　　贷：周转材料
　　　　　　——低值易耗品（在库）　　3 000

当月摊销成本的50%：
　　借：管理费用　　　　　　　　　1 500
　　　　贷：周转材料
　　　　　　——低值易耗品（摊销）　　1 500

一年后，该批低值易耗品报废，残料变现50元。

　　借：管理费用　　　　　　　　　1 450
　　　　库存现金　　　　　　　　　　50
　　　　贷：周转材料
　　　　　　——低值易耗品（摊销）　　1 500
　　借：周转材料
　　　　　——低值易耗品（摊销）　　3 000
　　　　贷：周转材料
　　　　　　——低值易耗品（在用）　　3 000

任务 3.5　委托加工物资

3.5.1　委托加工物资的概念

委托加工物资指企业委托外单位加工的各种材料、商品等物资。如将木板委托外单位加工成木箱，将烟叶委托外单位加工成烟丝等均属于企业的委托加工业务。

3.5.2 委托加工物资的账务处理

委托加工物资核算的步骤主要有三步：

(1) 向外单位发出加工物资，发出时：

借：委托加工物资（按照实际成本）
　　贷：原材料、库存商品

按照计划成本核算的企业，还应该结转材料成本差异。

(2) 支付运杂费和加工费用，应计入委托加工物资的成本，根据发票账单，分录如下：

借：委托加工物资
　　应交税费——应交增值税（进项税）（按照取得的增值税专用发票）
　　贷：银行存款（按照支付的全部款项）

(3) 加工完成的物资和剩余材料物资收回入库时：

借：原材料、包装物、低值易耗品等（按照加工收回物资的实际成本）
　　贷：委托加工物资

采用计划成本核算的企业，分录如下：

借：原材料、包装物、低值易耗品等（按照计划成本）
　　贷：委托加工物资（按照实际成本）

计划成本与实际成本之间的差异记入"材料成本差异"账户。

【情景3-23】2022年6月7日，北京市惠达股份有限公司委托宏程科技有限公司加工材料一批。原材料成本为360 000元，支付的加工费为90 000元（不含增值税），消费税税率为10%，材料加工完成并已验收入库，加工费用及税金等已经支付。双方适用的增值税税率为13%，按实际成本核算原材料，有关账务处理如下：

① 发出废钢120吨单价3 000元。

借：委托加工物资——废钢　　　360 000
　　贷：原材料——废钢　　　　　360 000

② 支付加工费用及增值税：

消费税组成计税价格=（360 000 +90 000）÷（1-10%）=500 000（元）

③ 受托方代收代缴消费税：

公司收回后直接用于对外销售，由受托方代收代缴的消费税计入委托加工物资的成本，会计分录如下：

借：委托加工物资　　　　　　　410 000
　　应交税费
　　　——应交增值税（进项税额）58 500
　　贷：银行存款　　　　　　　　468 500

公司收回后用于连续生产应税消费品，由受托方代收代缴的消费税先计入"应交税费——应交消费税"的借方，会计分录如下：

借：委托加工物资　　　　　　　360 000
　　应交税费
　　　——应交增值税（进项税额）46 800
　　　——应交消费税　　　　　　50 000
　　贷：银行存款　　　　　　　　456 800

④ 加工完成，收回委托加工材料：

公司收回后直接用于对外销售：

借：原材料——废钢　　　　　　500 000
　　贷：委托加工物资　　　　　　500 000

公司收回后用于连续生产应税消费品：

借：原材料——废钢　　　　　　410 000
　　贷：委托加工物资　　　　　　410 000

任务 3.6 库存商品

3.6.1 库存商品的内容

库存商品指企业已完成全部生产过程并已验收入库、合乎标准规格和技术条件，可以按照合同规定的条件送交订货单位，或可以作为商品对外销售的产品以及外购或委托加工完成验收入库用于销售的各种商品。库存商品具体包括库存产成品、外购商品、存放在门市部准备出售的商品、发出展览的商品、寄存在外的商品、接受来料加工制造的代制品和为外单位加工修理的代修品等。已完成销售手续、但购买单位在月末未提取的产品，不应作为企业的库存商品，而应作为代管商品处理，单独设置代管商品备查簿进行登记。

1. 验收入库商品

借：库存商品
　　贷：生产成本

【情景 3-24】北京市惠达股份有限公司"商品入库汇总表"记载，某月已验收入库单人床 1 200 张，实际单位成本为 5 000 元，共计 6 000 000 元；衣柜 2 200 组，实际单位成本为 1 000 元，共计 2 200 000 元。北京市惠达股份有限公司应编制如下会计分录：

借：库存商品——单人床　　6 000 000
　　　　　　——衣柜　　　2 200 000
　　贷：生产成本——基本生产成本
　　　　　　　　——单人床 6 000 000
　　　　　　　　——衣柜　 2 200 000

2. 发出商品

（1）毛利率法
（2）售价金额核算法

任务 3.7 存货的期末计量

3.7.1 可变现净值的确定

1. 可变现净值的概念和特征

"可变现净值"指在日常活动中，以存货估计售价减去至完工时估计将要发生的成本、估计的销售费用以及相关税费后的金额。

企业持有存货的目的不同，存货可变现净值的确定方法就不同。

（1）直接用于出售的存货，在正常生产经营过程中，应当以该存货的估计售价减去估计的销售费用和相关税费后的金额，确定其可变现净值。

可变现净值＝存货估计售价－估计销售费用

及税金

（2）用于继续生产的在产品存货，在正常生产经营过程中，应当以所生产的产成品的估计售价减去至完工时估计将要发生的成本、估计的销售费用和相关税费后的金额，确定其可变现净值。

可变现净值 ＝ 产成品估计售价 － 至完工时估计要发生的成本 － 估计销售费用及税金

（3）为生产而持有的材料，可变现净值根据材料所生产的产成品确定。

若产成品的可变现净值＞产成品成本，材料应当按其成本计量；

若产成品的可变现净值＜产成品成本，材料按可变现净值计量。

资产负债表日，同一项存货中一部分有合同价格约定，其他部分不存在合同价格约定的，企业应分别确定其可变现净值，并与其相对应的成本进行比较，以分别确定存货跌价准备的计提或转回金额。

2. 确定存货的可变现净值时应考虑的因素

企业确定存货的可变现净值，应当以取得的确凿证据为基础，并且考虑持有存货的目的、资产负债表日后事项的影响等因素。

（1）存货可变现净值的确凿证据

存货可变现净值的确凿证据，指对确定存货的可变现净值有直接影响的客观证明。存货的采购成本、加工成本和其他成本及以其他方式取得的存货的成本，应当以取得的外来原始凭证、生产成本资料、生产成本账簿记录等作为确凿证据；还应考虑产成品或商品的市场销售价格、与产成品或商品相同或类似商品的市场销售价格、销售方提供的有关资料等。

（2）持有存货的目的

由于企业持有存货的目的不同，确定存货可变现净值的计算方法也不同。如用于出售的存货和用于继续加工的存货，其可变现净值的计算就不相同。

（3）资产负债表日后事项等的影响

在确定资产负债表日存货的可变现净值时，不仅要考虑资产负债表日与该存货相关的价格与成本波动，而且应考虑未来的相关事项。也就是说，不仅要考虑财务报告批准报出日之前发生的相关价格与成本波动，还要考虑以后期间发生的相关事项。

3. 通常表明存货的可变现净值低于成本的情形

（1）产成品、商品等直接用于出售的存货，没有销售合同约定的，其可变现净值应当为在正常生产经营过程中，产成品或商品的一般销售价格（即市场销售价格）减去估计的销售费用和相关税费等后的金额。

（2）用于出售的材料等，应当以其市场销售价格减去估计的销售费用和相关税费后的金额作为其可变现净值。

（3）需要经过加工的材料存货，如原材料、在产品、委托加工材料等，由于该材料是用于生产产成品，而不是出售，该材料的价值将体现在其生产的产成品上。因此，在确定需要经过加工的材料存货的可变现净值时，以其生产的产成品的可变现净值与该产成品的成本进行比较，如果该产成品的可变现净值高于其成本，则该材料应当按照其成本计量。

（4）为执行销售合同或者劳务合同而持有的存货，其可变现净值应当以合同价格而不是估计售价，减去估计的销售费用和相关税费后的金额确定。

3.7.2 存货清查

1. 存货盘盈的账务处理

为了反映企业在财产清查中查明的各种存货的盘盈、盘亏和毁损情况，企业应当设置"待处理财产损溢"账户，借方登记存货的盘亏、毁损金额及盘盈的转销金额，贷方登记存货的盘盈金额及盘亏的转销金额。企业清查的各种存货损益，应在期末结账前处理完毕，期末处理后，本账户应无余额。

（1）发现盘盈：

借：原材料/库存商品
　　贷：待处理财产损溢——待处理流动资产损溢

（2）批准后：

借：待处理财产损溢——待处理流动资产损溢
　　贷：管理费用（收发计量或核算上的误差）

【情景3-25】 北京市惠达股份有限公司在财产清查中盘盈木板120块，实际单位成本100元，经查属于材料收发计量方面的错误。应做如下处理：

批准处理前：

借：原材料——木板　　　　　　　　12 000
　　贷：待处理财产损溢
　　　　——待处理流动资产损溢　　12 000

批准处理后：

借：待处理财产损溢
　　——待处理流动资产损溢　　　　12 000
　　贷：管理费用　　　　　　　　　12 000

2. 存货盘亏或毁损的账务处理

（1）发现盘亏或毁损：

借：待处理财产损溢——待处理流动资产损溢
　　贷：原材料/库存商品

（2）批准后：

借：其他应收款（由责任人赔偿）
　　管理费用（自然损耗产生的定额内损耗）
　　原材料（残料）
　　营业外支出（自然灾害或意外事故等非常损失）
　　贷：待处理财产损溢——待处理流动资产损溢
　　　　应交税费
　　　　——应交增值税（进项税额转出）

【情景3-26】 北京市惠达股份有限公司年末清查时发现盘亏榉木1 500元。经查，盘亏的榉木属于霉烂变质损失，保险公司同意赔偿800元，榉木适用的增值税率为13%。根据存货清查结果，编制会计分录如下：

借：待处理财产损溢
　　——待处理流动资产损溢　　　　1 695
　　贷：原材料——榉木　　　　　　1 500
　　　　应交税费
　　　　——应交增值税（进项税额）　195

批准后，盘亏的榉木根据不同原因编制会计分录如下：

借：营业外支出　　　　　　　　　　895
　　其他应收款——保险公司　　　　800
　　贷：待处理财产损溢
　　　　——待处理流动资产损溢　　1 695

3.7.3 存货减值

1. 存货跌价准备的计提和转回

（1）存货跌价准备计提。

存货跌价准备通常应当按单个存货项目计提。但是对于数量繁多、单价较低的存货，可以按照存货类别计提存货跌价准备。与在同一地区生产和销售的产品系列相关、具有相同或类似最终用途或目的，且难以与其他项目分开计量的存货，可以合并计提存货跌价准备。

期末对存货进行计量时，如果同一类存货，其中一部分是有合同价格约定的，而另一部分不存在合同价格，在这种情况下，企业应区分有合同价格约定的和没有合同价格约定的存货，分别确定其期末可变现净值，并与其相对应的成本进行比较，从而分别确定是否需计提存货跌价准备。

【情景3-27】 北京市惠达股份有限公司2021年末，门把锁的账面成本为65 000元，由于当年门把锁的市场价格持续下跌，根据资产负债表日确定的门把锁的可变现净值为63 000元，"存货跌价准备"期初余额为零，应计提的存货跌价准备为1 000元。其相关账务处理如下：

借：资产减值损失
　　——计提的存货跌价准备　　1 000
　　贷：存货跌价准备　　　　　　　　1 000

（2）存货跌价准备转回业务核算。

当以前减记存货价值的影响因素已经消失，减记的金额应当予以恢复，并在原已计提的存货跌价准备金额内转回，转回的金额计入当期损益。

2. 存货跌价准备的账务处理

在核算存货跌价准备的转回时，转回的存货跌价准备与计提该准备的存货项目或类别应当有直接对应关系。在原已计提的存货跌价准备金额内转回，意味着转回的金额以将存货跌价准备的余额冲减至零为限。

【情景3-28】2019年12月31日，北京市惠达股份有限公司甲商品的账面余额（成本）为120 000元，已计提存货跌价准备金额6 000元。由于市场价格有所上升，使得甲商品的预计可变现净值为140 000元，应转回的存货跌价准备为6 000元[（140 000－114 000）－6 000=20 000＞6 000]。

应编制如下会计分录：

借：存货跌价准备　　　　　　　　6 000
　　贷：资产减值损失
　　　　——计提的存货跌价准备　　6 000

项目小结

本项目主要讲述了存货、存货的初始计量、原材料、周转材料、委托加工物资、库存商品和存货的期末计量。存货概述主要包括存货的概念和内容、存货的分类和存货的确认条件；存货的初始计量主要包括存货初始成本的构成和发出存货的计价方法；原材料核算主要包括实际成本核算和计划成本核算；周转材料主要包括包装物的内容、包装物的账务处理和低值易耗品；委托加工物资主要包括委托加工物资的概念和委托加工物资的账务处理；库存商品主要包括库存商品的内容；存货的期末计量主要包括可变现净值的确定、存货清查和存货减值。

思考与练习

一、单项选择题

1. 下列选项中，不计入外购存货成本的是（　　）
   A. 购货价款　　　　　B. 购货运费
   C. 取得现金折扣收入　D. 在途保险费

2. 下列选项中，不属于企业存货范围的有（　　）
   A. 在途材料
   B. 产成品

C. 在产品
D. 已开提货单但尚未提货的已售商品

3. 在存货价格持续上涨的情况下，使期末存货账面余额最大的存货计价方法是（　）
   A. 先进先出法　　　　B. 个别计价法
   C. 月末一次加权平均法　D. 移动加权平均法

4. 出租包装物收取的租金应确认为（　）
   A. 主营业务收入　　　B. 其他业务收入
   C. 营业外收入　　　　D. 投资收益

5. 由于自然灾害造成的存货毁损，应将其损失计入当期（　）
   A. 制造费用　　　　　B. 管理费用
   C. 其他业务成本　　　D. 营业外支出

二、多项选择题

1. 我国现行《企业会计准则》中允许采用的发出存货计价方法有（　）
   A. 个别计价法　　　　B. 先进先出法
   C. 月末一次加权平均法　D. 移动加权平均法

2. 材料按实际成本核算时，材料购进需要设置的核算账户是（　）
   A. 在途物资　　　　　B. 材料采购
   C. 原材料　　　　　　D. 材料成本差异

3. 下列各项存货中，属于周转材料的是（　）
   A. 委托加工物资　　　B. 包装物
   C. 低值易耗品　　　　D. 委托代销商品

4. 计算存货可变现净值时，下列各项中，应从预计售价中扣除的是（　）
   A. 销售过程中发生的税金
   B. 存货的账面价值
   C. 销售过程中发生的销售费用
   D. 出售前进一步加工的加工费用

5. 购进材料一批，已验收入库，但结算凭证未到，货款尚未支付，正确的处理方法是（　）
   A. 月末按暂估入账
   B. 材料验收入库时，暂不入账
   C. 下月初用红字冲回
   D. 月末暂不入账，等结算凭证到后入账

三、判断题

1. 采用计划成本进行材料日常核算的，结转入库材料的材料成本差异时，无论是节约差异还是超支差异，均计入"材料成本差异"科目的借方。（　）

2. 无论企业对存货采用实际成本核算，还是采用计划成本核算，在编制资产负债表时，资产负债表上的存货项目反映的都是存货的实际成本。（　）

3. 期末，如果某项存货的成本低于其可变现净值，则企业应对该项存货计提存货跌价准备。（　）

4. 存货，指企业在日常活动中持有的以备出售的产成品或商品、处在生产过程中的在产品、在生产过程或提供劳务过程中耗用的材料、物料等。（　）

5. 随同商品出售但不单独计价的包装物，其成本应计入当期销售费用。（　）

四、简答题

1. 什么是存货？

2. 简述存货的确认条件。

项目 4 长期股权投资

知识目标

◎ 掌握长期股权投资的基本概念；
◎ 掌握长期股权投资的账户设置相关知识；
◎ 掌握长期股权投资初始计量、后续计量等相关知识。

技能目标

◎ 能正确使用长期股权投资的相关账户；
◎ 能做出长期股权投资相关内容的账务处置。

案例导入

甲公司于 2022 年 2 月 10 日，自公开市场中买入乙公司 20% 的股份，实际支付价款 8 000 万元。甲公司在购买过程中支付手续费等相关费用 200 万元。甲公司取得该部分股权后，能够对乙公司的生产经营决策施加重大影响。

案例评析

甲公司应当将实际支付的购买价款和相关费用作为取得长期股权投资的成本，做账务处理。

本章导语

通过本项目的学习，掌握长期股权投资的基本概念、内容、账户设置相关知识；掌握长期股权投资的初始计量和后续计量的方法；掌握长期股权投资核算方法的转换及处置方法。

任务 4.1 长期股权投资概述

4.1.1 长期股权投资的概念

长期股权投资指投资方对被投资单位实施控制、重大影响的权益性投资，以及对其合营企业的权益性投资。

4.1.2 长期股权投资的内容

长期股权投资包括以下内容：

1. 投资方能够对被投资单位实施控制的权益性投资，即对子公司投资。

控制，指投资方拥有对被投资单位的权力，通过参与被投资单位的相关活动而享有可变回报，并且有能力运用对被投资单位的权力影响其回报金额。

2. 投资方对被投资单位具有重大影响的权益性投资，即对联营企业投资。

3. 投资企业与其他合营方一同对被投资单位实施共同控制的权益性投资，即对合营企业投资。

4.1.3 长期股权投资的账户设置

为了反映和监督长期股权投资的取得、持有和处置等情况，企业应设置"长期股权投资""其他综合收益""投资收益"等账户。

长期股权投资借方登记长期股权投资取得时的成本以及采用权益法核算时按被投资单位实现的净损益、其他综合收益和其他权益变动等计算的应享有的份额；贷方登记处置长期股权投资的账面余额或采用权益法核算时被投资单位宣告发放的现金股利或取得利润时企业按持股比例计算应享有的份额，以及按被投资单位发生净亏损其他综合收益和其他权益变动等计算的应分担的份额；期末借方余额，反映企业持有的长期股权投资的价值。

本账户应按被投资单位进行明细核算。采用权益法核算时，还应当设置"投资成本""损益调整""其他综合收益""其他权益变动"等进行明细核算。

任务 4.2 长期股权投资的初始计量

4.2.1 企业合并形成的长期股权投资

1. 同一控制下的企业合并

对于同一控制下的企业合并，从能够对参与

合并各方中在合并前及合并后均实施最终控制的一方来看，最终控制方在企业合并前及合并后能够控制的资产并没有发生变化。合并方对被合并方的长期股权投资，其成本代表的是在被合并方账面所有者权益中享有的份额。

（1）合并方以支付现金、转让非现金资产或承担债务方式作为合并对价的，应当在合并日将取得的被合并方所有者权益账面价值的份额作为长期股权投资的初始投资成本。对于长期股权投资初始投资成本与支付的现金、转让的非现金资产以及所承担债务账面价值之间的差额，合并方应当调整资本公积；资本公积不足冲减的，合并方应调整留存收益。

进行会计处理时，合并方在合并日按取得被合并方所有者权益账面价值的份额，借记"长期股权投资"科目；按应享有的被投资单位已宣告但尚未发放的现金股利或利润，借记"应收股利"科目；按支付的合并对价的账面价值，贷记有关资产或借记有关负债科目；按借贷差额，贷记"资本公积——资本溢价或股本溢价"科目；如为借方差额，应借记"资本公积——资本溢价或股本溢价"科目，资本公积（资本溢价或股本溢价）不足冲减的，借记"盈余公积""利润分配——未分配利润"科目。

（2）合并方以发行权益性证券作为合并对价的，应将发行权益性证券的面值总额作为股本，而对于长期股权投资初始投资成本与所发行权益性证券面值之间的差额，应当调整资本公积；资本公积不足冲减的，调整留存收益。

《企业会计准则讲解》对此补充说明，按照合并日应享有被合并方账面所有者权益的份额确定长期股权投资的初始投资成本的前提是：合并前合并方与被合并方采用的会计政策应当一致。合并前，合并方与被合并方采用的会计政策不同的，合并方在以被合并方账面所有者权益为基础确定形成的长期股权投资成本时，首先应基于重要性原则，统一合并方与被合并方的会计政策。然后，合并方在按照合并方的会计政策对被合并方资产、负债的账面价值进行调整的基础上，计算确定形成长期股权投资的初始投资成本。

> **提示**
>
> 被合并方账面所有者权益是指被合并方的所有者权益相对于最终控制方而言的账面价值，即同一控制下的企业合并形成的长期股权投资，其初始成本是合并日按照持股比例与被合并方所有者权益在最终控制方合并财务报表上的账面价值中享有的份额计算的结果。

【情景4-1】2022年6月30日，P公司向同一集团内S公司的原股东定向增发2 000万股普通股（每股面值为1元，市价为13.02元），取得S公司100%的股权，并于当日起能够对S公司实施控制。合并后，S公司仍维持其独立法人资格继续经营。两公司在企业合并前采用的会计政策相同。合并日，S公司的账面所有者权益的总额为6 600万元。

S公司在合并后维持其法人资格继续经营。合并日，P公司在其账簿及个别财务报表中应确认对S公司的长期股权投资，账务处理如下：

借：长期股权投资　　　　　　66 000 000
　　贷：股本　　　　　　　　　20 000 000
　　　　资本公积——股本溢价　46 000 000

（3）通过多次交换交易，分步取得股权并最终形成控股合并的，在个别财务报表中，合并方应当以持股比例计算的合并日应享有被合并方账面所有者权益份额，作为该项投资的初始投资成本。长期股权投资初始投资成本与其账面价值加上合并日为取得新的股份所支付对价的公允价值之和的差额，合并方应调整资本公积（资本溢价或股本溢价）；资本公积不足以冲减的，合并方应冲减留存收益。

2. 非同一控制下的企业合并

非同一控制下的企业合并，购买方在购买日应当将按照《企业会计准则第20号——企业合并》有关规定确定的合并成本作为长期股权投资的初始投资成本。合并方或购买方因企业合并而产生的审计、法律服务、评估咨询等中介费用以及其他相关管理费用，应当于合并发生时计入当期损益。

企业合并成本包括购买方付出的资产、发生

或承担的负债、发行的权益性证券的公允价值。具体进行会计处理时，对于非同一控制下企业合并形成的长期股权投资，合并方应在购买日按企业合并成本（不含应自被投资单位收取的现金股利或利润），借记"长期股权投资"科目；按享有被投资单位已宣告但尚未发放的现金股利或利润，借记"应收股利"科目；按支付合并对价的账面价值，贷记有关资产或借记有关负债科目；按发生的直接相关费用，贷记"银行存款"等科目；按借贷方差额，贷记"营业外收入"或借记"营业外支出"等科目。非同一控制下的企业合并以库存商品等作为合并对价的，应按库存商品的公允价值，贷记"主营业务收入"科目，并同时结转相关的成本。

【情景4-2】北京市惠达股份有限公司以每股3.2元的价格购入阳明股份有限公司每股面值为1元的股票40 000股，从而拥有阳明股份有限公司70%的股份，准备长期持有，支付的价款中包括已宣告发放但尚未支取的现金股利5 000元。另外购入股票时发生审计等管理费1 500元。阳明股份有限公司与北京市惠达股份有限公司合并前不在同一集团内部购入时，北京市惠达股份公司应进行的账务处理为：

借：长期股权投资
　　——阳明股份有限公司　128 000
　　管理费用　1 500
　　应收股利　5 000
　贷：其他货币资金——存出投资款
　　　134 500

4.2.2　企业合并以外其他方式取得的长期股权投资

1. 以支付现金取得的长期股权投资，应当按照实际支付的购买价款作为初始投资成本。

初始投资成本包括与取得长期股权投资直接相关的费用、税金及其他必要支出。但所支付价款中包含的被投资单位已宣告但尚未发放的现金股利或利润应作为应收项目核算，不构成长期股权投资的成本。

【情景4-3】甲公司于2022年2月10日，自公开市场中买入乙公司20%的股份，实际支付价款为8 000万元。另外，甲公司在购买过程中支付手续费等相关费用为200万元。甲公司取得该部分股权后，能够对乙公司的生产经营决策施加重大影响。

甲公司应当将实际支付的购买价款和相关费用作为取得长期股权投资的成本，其账务处理如下：

借：长期股权投资　82 000 000
　贷：银行存款　82 000 000

2. 对于以发行权益性证券取得的长期股权投资，企业应当以发行权益性证券的公允价值作为初始投资成本，为发行权益性证券支付给有关证券承销机构的手续费、佣金等与权益性证券发行直接相关的费用，不构成取得长期股权投资的成本，该部分费用应自权益性证券的溢价发行收入中扣除，权益性证券的溢价收入不足以冲减的，应冲减盈余公积和未分配利润。

【情景4-4】2022年3月5日，A公司通过增发9 000万股本公司普通股（每股面值1元）取得B公司20%的股权。该9 000万股股份的公允价值为15 600万元。为增发该部分股份，A公司向证券承销机构等支付了600万元的佣金和手续费。假定A公司取得该部分股权后，能够对B公司的财务和生产经营决策施加重大影响。

A公司应当以所发行股份的公允价值作为取得长期股权投资的成本，账务处理如下：

借：长期股权投资　156 000 000
　贷：股本　90 000 000
　　　资本公积——股本溢价　66 000 000

发行权益性证券过程中支付的佣金和手续费，应冲减权益性证券的溢价发行收入，账务处理如下：

借：资本公积——股本溢价　6 000 000
　贷：银行存款　6 000 000

任务 4.3 长期股权投资的后续计量

企业取得的长期股权投资，在持续持有期间，根据对被投资单位的影响程度的不同，应分别采用成本法及权益法进行核算。对子公司的长期股权投资应当按成本法核算，而合营企业、联营企业的长期股权投资应当按权益法核算。

4.3.1 成本法

投资方持有的对子公司投资应当采用成本法核算，投资方为投资性主体且子公司不纳入其合并财务报表的除外。在判断投资方对被投资单位是否拥有控制权时，应综合考虑投资方直接持有的股权和通过子公司间接持有的股权。在个别财务报表中，投资方进行成本法核算时，应仅考虑直接持有的股权份额。

采用成本法核算的长期股权投资，应当按照初始投资成本计价。追加或收回投资应当调整长期投资的成本。在追加投资时，按照追加投资支付的成本的公允价值及发生的相关交易费用增加长期股权投资的账面价值。

被投资单位宣告分派现金股利或利润的，投资方根据应享有的部分确认当期投资收益。投资企业在确认自被投资单位应分得的现金股利或利润后，应当考虑长期股权投资是否发生了减值。在判断该类长期股权投资是否存在减值迹象时，应当关注长期股权投资的账面价值是否大于享有的被投资单位净资产（包括相关商誉）账面价值的份额等情况。

【情景 4-5】甲公司于 2021 年 4 月 10 日自非关联方处取得乙公司 60% 股权，成本为 10 000 000 元，相关手续于当日完成，并能够对乙公司实施控制。2022 年 2 月 6 日，乙公司宣告分派现金股利，甲公司按照持股比例可取得 100 000 元。乙公司于 2022 年 2 月 12 日实际分派现金股利。不考虑相关税费等其他因素的影响。

甲公司应进行的账务处理为：

（1）2021 年 4 月 10 日取得乙公司股权时

借：长期股权投资——乙公司　　10 000 000
　　贷：银行存款　　　　　　　　　10 000 000

（2）2022 年 2 月 6 日，乙公司宣告分派现金股利时

借：应收股利　　　　　　　　　　100 000
　　贷：投资收益　　　　　　　　　　100 000

（3）乙公司于 2022 年 2 月 12 日实际分派现金股利时

借：银行存款　　　　　　　　　　100 000
　　贷：应收股利　　　　　　　　　　100 000

进行上述处理后，若相关长期股权投资存在减值迹象的，应当进行减值测试。

子公司将未分配利润或盈余公积直接转增股本（实收资本），且未给予投资方等值现金股利或利润的选择权时，母公司并没有获得收取现金股利或者利润的权力，这通常属于子公司自身权益结构的重分类，母公司不应确认相关的投资收益。

4.3.2 权益法

1. 权益法的适用范围

投资企业对被投资单位进行具有共同控制或重大影响的长期股权投资时，应当采用权益法核算。需要注意的是，投资方对联营企业的权益性

投资，如果其中一部分是通过风险投资机构、共同基金、信托公司或包括投连险基金在内的类似主体间接持有的，那么无论以上主体是否对这部分投资具有重大影响，投资方都可以对间接持有的该部分投资选择以公允价值计量且其变动计入损益，并对其余部分采用权益法核算。

2. 权益法的核算

（1）初始投资成本的调整

①长期股权投资的初始投资成本大于投资时，投资企业应享有被投资单位可辨认净资产公允价值份额的，该部分差额实质上是投资企业在取得投资过程中通过购买价格体现出的与所取得股权份额相对应的商誉及被投资单位不符合确认条件的资产价值，不调整长期股权投资的初始投资成本。

②长期股权投资的初始投资成本小于投资时，投资企业应享有被投资单位可辨认净资产公允价值份额的，两者之间的差额体现为双方在交易作价过程中的让步，该部分经济利益流入应当计入当期损益，同时调整长期股权投资的成本。

被投资单位可辨认净资产的公允价值，应当比照《企业会计准则第20号——企业合并》的有关规定确定。

（2）投资收益的确认

①投资收益确认原则根据《企业会计准则第2号——长期股权投资》，投资企业在取得长期股权投资后，应当按照应享有或应分担的被投资单位实现的净损益的份额，确认投资损益并调整长期股权投资的账面价值。投资企业按照被投资单位宣告分派的利润或现金股利计算应分得的部分，相应减少长期股权投资的账面价值。

②确认投资收益时被投资单位净损益的调整。

根据《企业会计准则讲解》，对于采用权益法核算的长期股权投资，在确认应享有或应分担被投资单位的净利润或净亏损时，投资企业应在被投资单位账面净利润的基础上，考虑以下因素的影响并进行适当调整。

A. 被投资单位采用的会计政策及会计期间与投资企业不一致的，应按投资企业的会计政策及会计期间对被投资单位的财务报表进行调整。

权益法下，相应会计处理将投资企业与被投资单位作为一个整体对待，而作为一个整体其所产生的损益，应当在一致的会计政策基础上确定。被投资单位采用的会计政策与投资企业不同的，投资企业应当基于重要性原则，按照本企业的会计政策对被投资单位的损益进行调整。另外，投资企业与被投资单位采用的会计期间不同的，也应进行相关调整。

B. 以取得投资时被投资单位的固定资产、无形资产的公允价值为基础计提的折旧额或摊销额，以及以投资企业取得投资时有关资产的公允价值为基础，计算确定的资产减值准备金额等对被投资单位净利润的影响。

被投资单位个别利润表中的净利润是以其持有的资产、负债账面价值为基础持续计算的，而投资企业在取得投资时，是以被投资单位有关资产、负债的公允价值为基础确定投资成本的，所以取得投资后应确认的投资收益，代表的是被投资单位资产、负债在公允价值计量的情况下在未来期间通过经营产生的损益中归属于投资企业的部分。取得投资时有关资产、负债的公允价值与其账面价值不同的，未来期间，在计算归属于投资企业应享有的净利润或应承担的净亏损时，应考虑对被投资单位计提的折旧额、摊销额以及资产减值准备金额等进行调整。

应予关注的是，在对被投资单位的净利润进行调整时，应考虑重要性原则，不具有重要性的项目可不予调整。符合下列条件之一的，投资企业可以以被投资单位的账面净利润为基础，计算确认投资损益，同时在附注中说明不能按照准则中规定进行核算的原因。

（3）超额亏损的确认

①基本原则《企业会计准则第2号——长期股权投资》对超额亏损的规定如下：

投资企业在确认被投资单位发生的净亏损时，应当以长期股权投资的账面价值以及其他实质上构成对被投资单位净投资的长期权益减记至零为限，投资企业负有承担额外损失义务的除外。

其他实质上构成对被投资单位净投资的长期权益，通常指长期性的应收项目。例如，企业对被投资单位的长期应收款的清偿没有明确的计划且在可预见的未来期间难以收回的，实质上构成长期权益。

投资企业存在其他实质上构成对被投资单位净投资的长期权益项目以及负有承担额外损失义务的情况下，在确认应分担被投资单位发生的亏损时，应当按照以下顺序进行处理。

A. 减记长期股权投资的账面价值。

B. 长期股权投资的账面价值减记至零时，如果存在实质上构成对被投资单位净投资的长期权益，应以该长期权益的账面价值为限减记长期股权投资的账面价值，同时确认投资损失，而长期权益的账面价值不作调整。

C. 长期权益的价值减记至零时，如果按照投资合同或协议约定需要企业承担额外义务，应按预计承担的额外义务的金额确认为投资损失，同时减记长期股权投资的账面价值。被投资单位以后期间实现盈利的，应按以上相反顺序恢复长期股权投资的账面价值，同时确认投资收益。

> **提示**
>
> 在合并财务报表中，子公司发生超额亏损的，其少数股东应当按照持股比例分担超额亏损。在合并财务报表中，子公司少数股东分担的当期亏损超过了少数股东在该子公司期初所有者权益中所享有的份额的，其余额应当冲减少数股东权益。

②具体账务处理：在实务操作过程中，投资企业在发生投资损失时，应借记"投资收益"科目，贷记"长期股权投资——损益调整"科目。在长期股权投资的账面价值减记至零以后，投资企业应考虑其他实质上构成对被投资单位净投资的长期权益，继续确认的投资损失，应借记"投资收益"科目，贷记"长期应收款"等科目；因投资合同或协议约定导致投资企业需要承担额外义务的，按照或有事项准则的规定，对于符合确认条件的义务，应确认为当期损失，同时确认预计负债，借记"投资收益"科目，贷记"预计负债"科目。除上述情况外仍未确认的应分担被投资单位的损失，应在账外备查登记。

在确认了有关的投资损失后，被投资单位于以后期间实现盈利的，投资企业应按以上相反顺序分别减记账外备查登记的金额、已确认的预计负债、恢复其他长期权益及长期股权投资的账面价值，同时确认投资收益。这时应当按顺序分别借记"预计负债""长期应收款""长期股权投资"等科目，贷记"投资收益"科目。

【情景4-6】甲公司持有乙公司40%的股权，能够对乙公司施加重大影响。2021年12月31日，该项长期股权投资的账面价值为20 000 000元。乙公司2022年发生亏损30 000 000元。假定甲公司取得投资时，乙公司各项可辨认资产、负债的公允价值与其账面价值相同，两公司采用的会计政策和会计期间也相同。甲公司2022年应确认的投资损失为12 000 000元。确认上述投资损失后，长期股权投资的账面价值变为8 000 000元。

本例中，如果乙公司2022年的亏损额为65 000 000元，则甲公司按其持股比例确认应分担的损失为26 000 000元，但期初长期股权投资的账面价值仅为20 000 000元，如果没有其他实质上构成对被投资单位净投资的长期权益项目，甲公司应确认的投资损失仅为20 000 000元，超额损失在账外进行备查登记；如果在确认了20 000 000元的投资损失后，甲公司账上仍有应收乙公司的长期应收款8 000 000元（实质上构成对乙公司的净投资），则在长期应收款的账面价值大于6 000 000元的情况下，应进一步确认投资损失6 000 000元。甲公司应进行的账务处理为：

借：投资收益　　　　　　　　　26 000 000
　　贷：长期股权投资
　　　　——乙公司——损益调整　20 000 000
　　　　长期应收款
　　　　——乙公司——超额亏损　　6 000 000

（4）其他综合收益的账务处理

在权益法核算下，被投资单位确认的其他综合收益及其变动，也会影响被投资单位所有者权益总额，进而影响投资企业应享有被投资单位所有者权益的份额。因此，当被投资单位其他综合收益发生变动时，投资企业应当按照归属于本企业的部分，相应调整长期股权投资的账面价值，同时增加或减少其他综合收益。

（5）被投资单位所有者权益其他变动的账务处理

《企业会计准则第2号——长期股权投资》规定，投资方对被投资单位除净损益、其他综合收益和利润分配以外的所有者权益的其他变动，应当按照持股比例与被投资单位所有者权益的其他变动计算的归属于本企业的部分，相应调整长期股权投资的账面价值，并增加或减少其他资本公积。被投资单位除净损益、其他综合收益和利润分配以外的所有者权益的其他变动主要包括：被投资单位接受其他股东的资本性投入、被投资单位发行可分离交易的可转换公司债券中包含的权益成分、以权益结算的股份支付等。

（6）取得现金股利或利润时的账务处理

按照权益法核算长期股权投资，投资企业应使用自被投资单位取得的现金股利或利润，抵减长期股权投资的账面价值。投资企业在被投资单位宣告分派现金股利或利润时，借记"应收股利"科目，贷记"长期股权投资（损益调整）"科目；应将自被投资单位取得的现金股利或利润超过已确认损益调整的部分视同投资成本的收回，冲减长期股权投资的账面价值。

（7）长期股权投资减值

《企业会计准则第2号——长期股权投资》规定，按照成本法核算的、在活跃市场中没有报价、公允价值不能可靠计量的长期股权投资，其减值应当按照《企业会计准则第22号——金融工具确认和计量》处理；其他长期股权投资，其减值应当按照《企业会计准则第8号——资产减值》处理。

任务 4.4 长期股权投资核算方法的转换

4.4.1 长期股权投资核算方法的转换

1. 权益法转公允价值计量

根据《企业会计准则第2号——长期股权投资》，投资企业因减少投资等原因对被投资单位不再具有共同控制或重大影响的，处置后的剩余股权应当改按《企业会计准则第22号——金融工具确认和计量》核算，其在丧失共同控制或重大影响之日的公允价值与账面价值之间的差额应计入当期损益。原股权投资因采用权益法核算而确认的其他综合收益，在终止采用权益法核算时，投资企业应采用与被投资单位直接处置相关资产或负债相同的方法进行会计处理；因被投资单位除净损益、其他综合收益和利润分配以外的其他所有者权益变动而确认的所有者权益，应当在终止采用权益法时，全部转入当期损益。

2. 成本法转公允价值计量

根据《企业会计准则第2号——长期股权投资》，对被投资单位具有控制的长期股权投资，因部分处置等原因导致持股比例下降，不能再对被投资单位实施控制、共同控制或重大影响的，投资方应改按有关金融工具确认和计量准则进行会计处理，并将在丧失控制之日的公允价值与账面价值之间的差额计入当期投资收益。

【情景4-7】甲公司持有乙公司60%的有表决权股份，能够对乙公司实施控制，对该股权投资采用成本法核算。2022年4月，甲公司将该项投资中的80%出售给非关联方。取得价款80 000 000元，相关手续于当日完成。甲公司无法再对乙公司实施控制，也不能再施加共同控制或重大影响，将剩余股权投资作为以公允价值计量且其变动计入当期损益的金融资产、出售时，该项长期股权投资的账面价值为80 000 000元，剩余股权投资的公允价值为20 000 000元。不考虑相关税费等其他因素影响。

甲公司有关账务处理如下：

(1) 确认有关股权投资的处置损益。

借：银行存款　　　　　　　　80 000 000
　　贷：长期股权投资——乙公司　64 000 000
　　　　投资收益　　　　　　　16 000 000

(2) 剩余股权投资转为以公允价值计量且其变动计入当期损益的金融资产，当天公允价值为20 000 000元，账面价值为16 000 000元，两者差异应计入当期投资收益。

借：交易性金融资产　　　　　20 000 000
　　贷：长期股权投资——乙公司　16 000 000
　　　　投资收益　　　　　　　4 000 000

3. 成本法转权益法

根据《企业会计准则第2号——长期股权投资》，因处置投资等原因导致对被投资单位由能够实施控制转为具有重大影响或者与其他投资方一起实施共同控制的，投资企业首先应按处置或收回投资的比例结转应终止确认的长期股权投资成本。然后，投资企业应比较剩余长期股权投资的成本与按照剩余持股比例计算原投资时应享有的被投资单位可辨认净资产公允价值的份额，前者大于后者的，属于投资作价中体现的商誉部分，不调整长期股权投资的账面价值；前者小于后者的，在调整长期股权投资成本的同时，调整留存收益。

对于取得投资后到转变为权益法核算之前被投资单位净损益中的投资方应享有的份额，投资企业应调整长期股权投资的账面价值，同时将原取得投资时至处置投资当期期初被投资单位实现的净损益（扣除已宣告发放的现金股利和利润）中应享有的份额调整为留存收益，将处置当期期初至处置投资之日享有的被投资单位实现的净损益中享有的份额调整为当期损益；在被投资单位其他综合收益变动中应享有的份额，在调整长期股权投资账面价值的同时，应当计入"资本公积（其他资本公积）"科目。在长期股权投资自成本法转为权益法后，投资企业在未来期间应当按照长期股权投资准则规定计算确认应享有被投资单位实现的净损益、其他综合收益和所有者权益其他变动的份额。

在合并财务报表中，剩余股权应当按照其在丧失控制权日的公允价值进行重新计量。处置股权取得的对价与剩余股权公允价值之和，减去按原持股比例计算应享有原有子公司自购买日开始持续计算的净资产的份额之间的差额，计入丧失当期的投资收益。与原有子公司股权投资相关的其他综合收益，应当在丧失控制权时转为当期投资收益。企业应当在附注中披露处置后的剩余股权在丧失控制权日的公允价值和按照公允价值重新计量产生的相关利得或损失的金额。

【情景4-8】2020年1月1日，甲公司支付500万元取得乙公司100%的股权，当时乙公司可辨认净资产的公允价值为400万元，商誉为100万元，2020年1月1日至2021年12月31日，乙公司的净资产增加了75万元，其中，按购买日公允价值计算实现的净利润为50万元，持有的非交易性权益工具投资以公允价值计量且其变动计入其他综合收益的金融资产的公允价值升值25万元。

2022年1月8日，甲公司转让乙公司60%的股权，收取现金380万元存入银行，转让后甲公司对乙公司的持股比例为40%，能对其施加重大影响。2022年1月8日，即甲公司丧失对乙公司的控制权日，乙公司剩余40%股权的公允价值为320万元。假定甲、乙公司提取盈余公积的比例均为10%。假定乙公司未分配现金股利，并不考虑其他因素。甲公司在其个别和合并财务报表中的处理分别如下：

(1) 甲公司个别财务报表的处理

①确认部分股权处置收益：

借：银行存款　　　　　　　　　3 800 000
　　贷：长期股权投资　　　　　　3 000 000
　　　　投资收益　　　　　　　　　800 000
②对剩余股权改按权益法核算：
借：长期股权投资　　　　　　　　260 000
　　贷：盈余公积　　　　　　　　　16 000
　　　　利润分配——未分配利润　　144 000
　　　　其他综合收益　　　　　　　100 000

经上述调整后，在个别财务报表中，剩余股权的账面价值为230万元（5 000 000×40%+300 000）。

（2）甲公司合并财务报表的处理。合并财务报表中应确认的投资收益为125万元[（3 800 000+3 200 000）-5 750 000]。由于个别财务报表中已经确认了80万元的投资收益，在合并财务报表中作如下调整：

①对剩余股权按丧失控制权日的公允价值重新计量的调整：
借：长期股权投资　　　　　　　3 200 000
　　贷：长期股权投资　　　　　　2 300 000
　　　　投资收益　　　　　　　　　900 000
②对个别财务报表中的部分处置收益的归属期间进行调整：
借：投资收益　　　　　　　　　　450 000
　　贷：盈余公积　　　　　　　　　30 000
　　　　利润分配——未分配利润　　270 000
　　　　其他综合收益　　　　　　　150 000
③由于与子公司股权投资相关的其他综合收益为其持有的非交易性权益工具投资的累计公允价值变动，在子公司终止确认时该其他综合收益应转入留存收益：
借：其他综合收益　　　　　　　　250 000
　　贷：盈余公积　　　　　　　　　25 000
　　　　未分配利润　　　　　　　　225 000

4. 公允价值转权益法核算

原持有的对被投资单位的股权投资（不具有控制、共同控制或重大影响的），按照金融工具确认和按照计量准则进行会计处理的，因追加投资等原因导致持股比例上升，能够对被投资单位施加共同控制或重大影响的，在转按权益法核算时，投资方应当按照《企业会计准则第22号——金融工具确认和计量》确定的原股权投资的公允价值加上为取得新增投资而支付对价的公允价值，作为改按权益法核算的初始投资成本。原持有的股权投资分类为可供出售金融资产的，其公允价值与账面价值之间的差额，以及原计入其他综合收益的累积公允价值变动应当转入改按权益法核算的当期收益。

然后，将上述计算所得的初始投资成本，与按照追加投资后全新的持股比例计算确定的应享有被投资单位在追加投资日可辨认净资产公允价值份额相比较，前者大于后者的，不调整长期股权投资的账面价值；前者小于后者的，两者的差额应调整长期股权投资的账面价值，并计入当期营业外收入。

【情景4-9】2021年2月，甲公司以600万元现金自非关联方处取得乙公司10%的股权。甲公司根据《企业会计准则第22号——金融工具确认和计量》将其作为可供出售金融资产。2022年1月4日，甲公司又以1 200万元的现金自另一非关联方处取得乙公司12%的股权，相关手续于当日完成。当日，乙公司可辨认净资产公允价值总额为8 000万元，甲公司对乙公司的投资的账面价值1 000万元，计入其他综合收益的累积公允价值变动为400万元。取得该部分股权后，按照乙公司章程，甲公司能够对乙公司施加重大影响，对该项投资转为采用权益法核算。不考虑相关税费等其他因素。甲公司账务处理如下：

2022年1月4日，甲公司原持有10%股权的公允价值为1 000万元，为取得新增投资而支付对价的公允价值为1 200万元，因此甲公司对乙公司22%的股权的初始投资成本为2 200万元。

甲公司的最终持股比例为22%，应享有乙公司可辨认净资产的公允价值的份额为1 760（8 000×22%）万元。由于初始投资成本（2 200万元）大于应享有乙公司可辨认净资产公允价值的份额（1 760万元），所以甲公司无需调整长期股权投资的成本。

2022年1月4日，甲公司确认对乙公司的长期股权投资，进行的会计处理如下：

借：长期股权投资——投资成本　22 000 000

```
            其他综合收益              4 000 000
        贷：其他权益工具投资         10 000 000
            银行存款                 12 000 000
            投资收益                  4 000 000
```

5. 公允价值计量或权益法核算转为成本法核算

由于投资方原持有的对被投资单位不具有控制、共同控制或重大影响的，按照《企业会计准则第 22 号——金融工具确认和计量》进行会计处理的权益性投资，或者原持有的对联营企业、合营企业的长期股权投资，因追加投资等原因，能够对被投资单位实施控制的，应按《〈企业会计准则第 2 号——长期股权投资〉应用指南》中有关企业合并形成的长期股权投资的指引进行会计处理。

任务 4.5 特殊情况的账务处理

4.5.1 分步实现企业合并

投资方因追加投资等原因能够对非同一控制下的被投资单位实施控制的，在编制个别财务报表时，投资方应当将原持有的股权投资账面价值与新增投资成本之和作为改按成本法核算的初始投资成本。购买日之前持有的股权投资因采用权益法核算而确认的其他综合收益，应当在处置该项投资时采用与被投资单位直接处置相关资产或负债相同的基础进行会计处理。购买日之前持有的股权投资原计入其他综合收益的累计公允价值变动应当在改按成本法核算时转入当期损益。在编制合并财务报表时，企业应当按照《企业会计准则第 33 号——合并财务报表》的有关规定进行会计处理。

《企业会计准则第 2 号——长期股权投资》只针对非同一控制下通过多次交易实现的企业合并做出了规范，并未提及同一控制下多次交易实现的企业合并，因此，追加投资形成的企业合并应该区分同一控制和非同一控制并进行处理。对于同一控制下通过多次交换交易分步取得股权最终形成控股合并的，在个别财务报表中，合并方应当以持股比例计算的合并日应享有被合并方账面所有者权益份额，作为该项投资的初始投资成本。合并方应按照初始投资成本与其原长期股权投资账面价值加上合并日为取得新的股份所支付对价的现金、转让的非现金资产及所承担债务账面价值之和的差额，调整资本公积（资本溢价或股本溢价）；资本公积不足以冲减的，冲减留存收益。

【情景 4-10】A 公司于 2021 年 3 月以 12 000 万元取得 B 公司 30% 的股权，因而能够对 B 公司施加重大影响，所以对所取得的长期股权投资采用权益法核算，于 2022 年确认对 B 公司的投资收益为 450 万元。2022 年 4 月，A 公司又斥资 15 000 万元自 C 公司取得 B 公司另外 30% 的股权。假定 A 公司在取得对 B 公司的长期股权投资后，B 公司并未宣告发放现金股利或利润。A 公司按净利润的 10% 提取盈余公积。A 公司对该项长期股权投资未计提任何减值准备。A 公司与 C 公司不存在任何关联方关系。

本例中，A 公司是通过分步购买最终达到对 B 公司的控制，且不存在任何关联关系，构成非同一控制下的企业合并，由权益法转换为成本法。

企业通过追加投资，使原持有的对联营企业或合营企业的投资转变为对子公司的投资，使长期股权投资的核算方法由权益法转变为成本法，对于原权益法核算的账面价值部分，会计准则及解释并未给出明确规定，当前实务界存在两种不同的会计处理思路：一种是不需要追溯调整，另一种是需要进行追溯调整。

（1）不需追溯调整

在从 C 公司取得 B 公司股权时，A 公司应进行如下账务处理：

借：长期股权投资　　　　　150 000 000
　　贷：银行存款　　　　　150 000 000

A 公司在购买日对 B 公司长期股权投资的账面余额 =12 000+450+15 000=27 450（万元）。

（2）需追溯调整

需要进行追溯调整时，进行如下会计处理：

借：盈余公积　　　　　　　450 000
　　利润分配——未分配利润　4 050 000
　　贷：长期股权投资　　　4 500 000

借：长期股权投资　　　　　150 000 000
　　贷：银行存款　　　　　150 000 000

追溯调整的方式下，A 公司在购买日对 B 公司长期股权投资的账面余额 =（12 450-450）+15 000=27 000（万元）。对比两种处理思路，关键点在于是否追溯调整，即对于原按照权益法核算的长期股权投资的初始投资成本调整及之后确认的投资损益等变动是否应该冲销。

提示

根据规定，重要会计政策变更需要进行追溯调整。会计政策变更是针对相同的交易或事项而言的，而此处讨论的企业追加投资是由对联营或合营企业的投资转为对子公司的投资，由对被投资企业重大影响或共同控制转为控制，对被投资企业的投资相比以前已经发生了本质的变化，并不属于相同的交易或事项，且根据我国现行会计准则的规定，权益法与成本法的适用范围各异，因此，核算方法由权益法改为成本法，并不属于会计政策变更。

4.5.2　投资成本中包含的已宣告但尚未发放现金股利或利润的处理

企业无论以何种方式取得长期股权投资，都应将支付的对价中包含的应享有被投资单位已经宣告但尚未发放的现金股利或利润作为应收项目单独核算，不构成取得长期股权投资的初始投资成本。也就是说，企业在支付对价取得长期股权投资时，实际支付的价款中包含的对方已经宣告但尚未发放的现金股利或利润，应作为应收款，构成企业的一项债权，其与取得的对被投资单位的投资作为两项金融资产。

【情景 4-11】 甲公司于 2022 年 2 月 10 日自公开市场中买入乙公司 20% 的股份，实际支付价款为 16 000 万元。另外，在购买过程中支付手续费等相关费用 400 万元。甲公司取得该部分股权后能够对乙公司的生产经营决策施加重大影响。

甲公司应当将实际支付的购买价款作为取得长期股权投资的成本，其账务处理如下。

借：长期股权投资　　　　　164 000 000
　　贷：银行存款　　　　　164 000 000

假定甲公司取得该项投资时，乙公司有已经宣告但尚未发放的现金股利，甲公司按其持股比例计算确定可分得 60 万元，则甲公司在确认该长期股权投资时，应将包含的现金股利部分单独核算，其账务处理如下：

借：长期股权投资　　　　　163 400 000
　　应收股利　　　　　　　600 000
　　贷：银行存款　　　　　164 000 000

任务 4.6 长期股权投资的处置

企业处置长期股权投资时，长期股权投资的账面价值与实际取得价款之间的差额，应当计入当期损益。在处置采用权益法核算的长期股权投资时，企业应采用与被投资单位直接处置相关资产或负债相同的基础，按相应比例对原计入其他综合收益的部分进行会计处理。

企业处置长期股权投资时，应相应结转与所售股权相对应的长期股权投资的账面价值，出售所得价款与处置长期股权投资账面价值之间的差额，应确认为处置损益。

投资方全部处置权益法核算的长期股权投资时，原权益法核算的相关其他综合收益应当在终止采用权益法核算时采用与被投资单位直接处置相关资产或负债相同的基础进行会计处理，因被投资方除净损益、其他综合收益和利润分配以外的其他所有者权益变动而确认的所有者权益，应当在终止采用权益法核算时全部转入当期投资收益。投资方部分处置权益法核算的长期股权投资，剩余股权仍采用权益法核算的，原权益法核算的相关其他综合收益应当采用与被投资单位直接处置相关资产或负债相同的基础处理并按比例结转；因被投资方除净损益、其他综合收益和利润分配以外的其他所有者权益变动而确认的所有者权益，应当按比例结转转入当期投资收益。

【情景 4-12】A 企业原持有 B 企业 40% 的股权。2022 年 12 月 20 日，A 企业决定出售 10% 的 B 企业股权。出售时，A 企业账面上所记录的 B 企业长期股权投资为：投资成本 1 600 万元，损益调整 480 万元，其他权益变动 300 万元。出售所得价款 705 万元。

（1）A 企业确认处置损益时的账务处理为如下：

借：银行存款　　　　　　　　7 050 000
　　贷：长期股权投资　　　　　　6 450 000
　　　　投资收益　　　　　　　　　600 000

（2）A 企业除应将实际取得价款与出售长期股权投资的账面价值进行结转并确认出售损益以外，还应将原计入资本公积的部分按比例转入当期损益。

借：资本公积——其他资本公积　750 000
　　贷：投资收益　　　　　　　　　750 000

项目小结

本项目主要讲述了长期股权投资、长期股权投资的初始计量、长期股权投资的后续计量、长期股权投资核算方法的转换等。长期股权投资概述中主要讲了长期股权投资的概念、长期股权投资的内容、长期股权投资的账户设置；长期股权投资的初始计量主要包括企业合并形成的长期股权投资、企业合并以外其他方式取得的长期股权投资；长期股权投资的后续计量主要包括成本法、权益法；长期股权投资核算方法的转换主要包括长期股权投资核算方法的转换。

思考与练习

一、单项选择题

1. 下列各项中，应当确认为投资损益的是（　　）
A. 长期股权投资减值损失
B. 长期股权投资处置净损益
C. 期末交易性金融资产公允价值变动的金额
D. 支付与取得长期股权投资直接相关的费用

2. 采用成本法核算长期股权投资的情况下，被投资单位产生盈利时，投资企业应当（　　）
A. 贷记"投资收益"科目
B. 贷记"资本公积"科目
C. 借记"长期股权投资"科目
D. 不作处理

3. 采用权益法核算长期股权投资时，下列各项中，会导致投资企业的投资收益发生增减变动的是（　　）
A. 被投资单位实现净利润
B. 被投资单位提取盈余公积
C. 收到被投资单位分配的现金股利
D. 收到被投资单位分配的股票股利

4. 下列关于长期股权投资的处置说法中，表述正确的有（　　）
A. 企业处置长期股权投资时，应将出售价款与处置长期股权投资账面价值之间的差额计入营业外收入
B. 企业处置长期股权投资时，应将出售价款与处置长期股权投资账面价值之间的差额计入投资收益
C. 采用权益法核算时，原计入资本公积的金额，在处置时不应相应地予以结转
D. 采用权益法核算时，原计入其他综合收益的金额，在处置时应相应地结转计入营业外收入

5. 根据《企业会计准则第2号——长期股权投资》的规定，长期股权投资采用权益法核算时，初始投资成本大于应享有被投资单位可辨认资产公允价值份额之间的差额，正确的会计处理是（　　）
A. 计入投资收益
B. 冲减资本公积
C. 计入营业外支出
D. 不调整初始投资成本

二、多项选择题

1. 长期股权投资的成本法的适用范围是（　　）
A. 投资企业能够对被投资单位实施控制的长期股权投资
B. 投资企业对被投资单位不具有共同控制或重大影响，并且在活跃市场中没有报价，公允价值不能可靠计量的长期股权投资
C. 投资企业对被投资单位具有共同控制的长期股权投资
D. 投资企业对被投资单位具有重大影响的长期股权投资

2. 下列各项中，权益法下会导致长期股权投资账面价值发生增减变动的有（　　）
A. 确认长期股权投资减值损失
B. 投资持有期间被投资单位实现净利润
C. 投资持有期间被投资单位提取盈余公积
D. 投资持有期间被投资单位宣告发放现金股利

3. 在同一控制下的企业合并中，合并方取得的净资产账面价值与支付的合并对价账面价值（或发行股份面值总额）的差额，可能调整（　　）
A. 盈余公积
B. 资本公积
C. 营业外收入
D. 未分配利润

4. 按长期股权投资准则规定，下列事项中，投资企业应采用权益法核算的有（　　）
A. 对子公司投资

B. 对合营企业投资

C. 对联营企业投资

D. 对被投资单位的影响程度在重大影响以下的权益性投资

5. 在非企业合并情况下，下列各项中，应在长期股权投资取得时作为初始成本入账的有（　　）

A. 投资时支付的不含应收股利的价款

B. 为取得长期股权投资而发生的评估、审计、咨询费

C. 为发行权益性证券支付给有关证券承销机构等的手续费、佣金等与权益性证券发行直接相关的费用

D. 投资时支付款项中所含的已宣告而尚未领取的现金股利

三、判断题

1. 长期股权投资采用成本法核算被投资单位除净损益以外的所有者权益其他变动，投资企业应按其享有份额增加或减少资本公积。（　　）

2. 投资企业对被投资单位具有共同控制的长期股权投资，应当采用成本法核算。（　　）

3. 长期股权投资在取得时，应按初始投资成本入账。（　　）

4. 非同一控制下的企业合并取得，按本方支付的公允价值入账。（　　）

5. 在权益法下，"长期股权投资"账面价值始终反映该项投资的初始投资成本。（　　）

四、简答题

1. 什么是长期股权投资？

2. 简述权益法的适用范围。

项目 5 投资性房地产

知识目标

◎ 掌握投资性房地产的计量方法；

◎ 掌握成本计量模式；

◎ 掌握投资性房地产的处置方法。

技能目标

◎ 掌握投资性房地产的概念和特征；

◎ 掌握自行建造投资性房地产的初始计量方法；

◎ 掌握投资性房地产转换的账务处理方法。

案例导入

宏远公司新购一栋写字楼，打算将一层对外出租，其余楼层作为本企业的办公场所。对外出租的写字楼一层为宏远公司唯一对外出租的资产。有关该写字楼的资料如下：

2022 年 4 月 5 日，宏远公司购入写字楼。写字楼一层每平方米购买（包括相关税费）为 3.6 万元，共计 2 600 平方米；其余楼层每平方米购买（包括相关税费）为 1.8 万元，共计 32 000 平方米；购买成本总计为 66 960 万元，宏远公司即日付清全部款项。

写字楼预计使用年限为 30 年，预计净残值为零，采用年限平均法计提折旧（为简化起见，假定除投资性房地产转换日须单独计提截至转换日的折旧外，其他情况下均于每年 12 月 31 日计提折旧）。

案例评析

根据前述资料判断写字楼一层是否可以单独确认为投资性房地产？

本章导语

投资性房地产是企业利用闲置资金的一种重要手段，企业可以通过购买投资性房地产取得经济利益。

任务 5.1 投资性房地产概述

5.1.1 投资性房地产的概念和特征

1. 投资性房地产的概念

投资性房地产指为赚取租金或资本增值,或两者兼有而持有的房地产。投资性房地产应当能够单独计量和出售。

房地产是土地和房屋及其权属的总称。在我国,土地归国家或集体所有,企业只能取得土地使用权。因此,房地产中的土地是指土地使用权,房屋是指土地上的房屋等建筑物及构筑物。

2. 投资性房地产的特征

投资性房地产具有以下特征:

(1)投资性房地产是一种经营性活动。其主要形式是出租建筑物和土地使用权,这实质上属于一种让渡资产使用权的行为。房地产租金就是让渡资产使用权取得的收入,是企业为完成其经营目标所从事的经营性活动以及与之相关的其他活动所形成的经济利益总流入。投资性房地产的另一种形式是持有并准备增值后转让的土地使用权,尽管其增值收益通常与市场供求、经济发展等因素相关,但目的是增值后转让以赚取增值收益,因此也是企业为完成其经营目标所从事的经营性活动以及与之相关的其他活动形成的经济利益总流入。

(2)投资性房地产在用途、状态、目的等方面区别于作为生产经营场所的房地产和用于销售的房地产。企业持有的房地产除了用作自身管理、生产经营活动场所和对外销售外,出现了将房地产用于赚取租金或增值收益的活动,甚至成为个别企业的主营业务。这就需要将投资性房地产单独作为一项资产进行核算和反映,与自用的厂房、办公楼等房地产和作为存货(已建完工商品房)的房地产加以区别,从而更加清晰地反映企业所持有房地产的构成情况和盈利能力。

5.1.2 投资性房地产的范围

投资性房地产主要包括已出租的土地使用权、持有并准备增值后转让的土地使用权和已出租的建筑物。

(1)已出租的土地使用权,指企业通过出让或转让方式取得并以经营租赁方式出租的土地使用权。

> **提示**
> 企业计划用于出租但尚未出租的土地使用权不属于此类。对于以经营租赁方式租入土地使用权再转租给其他单位的,不能确认为投资性房地产。

(2)持有并准备增值后转让的土地使用权,指企业以出让或转让方式取得并准备增值后转让的土地使用权。

> **提示**
> 按照国家有关规定认定的闲置土地,不属于持有并准备增值的土地使用权。

(3)已出租的建筑物指企业拥有产权并以经营租赁方式出租的房屋等建筑物,包括自行建造或开发将来用于出租的建筑物。

提示

提示：①用于出租的建筑物指企业拥有产权的建筑物，企业以经营租赁方式租入再转租的建筑物不属于投资性房地产。②已出租的建筑物是企业已经与其他方签订了租赁协议，约定以经营租赁方式出租的建筑物。一般应自租赁协议规定的租赁开始日起，经营租出的建筑物才属于已出租的建筑物。③企业将建筑物出租，按租赁协议向承租人提供的相关辅助服务在整个协议中不重大的，应当将该建筑物确认为投资性房地产。例如，企业将其办公楼出租，同时向承租人提供维护、保安等日常辅助服务，企业应当将其确认为投资性房地产。

【情景5-1】北京市惠达股份有限公司与华北家具城签订了一项经营租赁合同，约定自2022年5月11日起，北京市惠达股份有限公司以年租金550万元租赁使用华北家具城拥有的一块40万平方米的场地，租赁期为8年。2022年5月26日，北京市惠达股份有限公司又将这块场地转租给北京市永芳科技公司，以赚取租金差价，租赁期为5年。以上交易假设不违反国家有关规定。请问这块场地能否作为北京市惠达股份有限公司和华北家具城的投资性房地产进行核算？

本例题中，对北京市惠达股份有限公司而言，这项土地使用权不能予以确认，也不属于投资性房地产。对华北家具城而言，自租赁开始日（2022年5月11日）起，这块土地就属于投资性房地产。

5.1.3 确认投资性房地产的条件

将某个项目确认为投资性房地产，首先应当符合投资性房地产的概念，其次要同时满足投资性房地产的两个确认条件：

（1）与该投资性房地产相关的经济利益很可能流入企业；

（2）该投资性房地产的成本能够可靠地计量。

投资性房地产应当按照成本进行初始计量。

任务5.2 投资性房地产的计量

5.2.1 投资性房地产的初始计量

1. 外购的投资性房地产的初始计量

外购投资性房地产的成本，包括购买价款、相关税费和可直接归属于该资产的其他支出等。其计量方法包括两种：成本模式和公允价值模式。

（1）采用成本模式计量。

采用成本模式计量时，外购的土地使用权和建筑物按照取得时的实际成本进行初始计量。会计分录如下：

借：投资性房地产

　　贷：银行存款

企业购入的房地产，部分用于出租（或资本增值）、部分自用，用于出租（或资本增值）的部分应当单独予以确认，应按照不同部分的公允价值占公允价值总额的比例来进行成本分配。

【情景5-2】北京市惠达股份有限公司计划购入一栋写字楼用于对外出租。2021年12月23日，北京市惠达股份有限公司与北京市立鑫有限公司签订了经营租赁合同，约定自写字楼购买日起将此栋写字楼出租给北京市立鑫有限公司，租期为6年。2022年9月30日，北京市惠达股份有限公司实际购入写字楼，支付价款共计1500万元（假设不考虑其他因素，北京市惠达股份有限公司采用成本模式计量）。会计分录如下：

借：投资性房地产——写字楼　　15 000 000
　　贷：银行存款　　　　　　　15 000 000

（2）采用公允价值模式计量。

采用公允价值模式计量时，外购的投资性房地产也应当按照取得时的实际成本进行初始计量，其实际成本的确定与采用成本模式计量的投资性房地产一致。企业应当在"投资性房地产"账户下设置"成本"和"公允价值变动"两个明细账户，按照外购的土地使用权和建筑物所发生的实际成本，记入"投资性房地产——成本"账户。

> **提示**
>
> 企业外购的房地产，只有在购入的同时开始对外出租或用于资本增值，才能作为投资性房地产加以确认。

企业购入房地产，自用一段时间后再改为出租或用于资本增值的，应当先将外购的房地产确认为固定资产或无形资产，自租赁期开始日或用于资本增值之日起，才能从固定资产或无形资产转换为投资性房地产。

【情景5-3】根据【情景5-2】的资料假设北京市惠达股份有限公司拥有的投资性房地产符合采用公允价值模式计量的条件，那么其应做会计分录处理如下：

借：投资性房地产——写字楼
　　　　——公允价值变动　　　15 000 000
　　贷：银行存款　　　　　　　15 000 000

2. 自行建造投资性房地产的初始计量

自行建造投资性房地产的成本，由建造该项资产达到预定可使用状态前所发生的必要支出构成，包括土地开发费、建筑成本、安装成本、应予以资本化的借款费用、支付的其他费用和分摊的间接费用等。

（1）采用成本模式计量

采用成本模式进行后续计量，应按照确定的自行建造投资性房地产成本做如下会计分录：

借：投资性房地产
　　贷：在建工程

【情景5-4】北京市惠达股份有限公司从其他单位购入一块土地的使用权，并在这块土地上自行建造了两栋厂房。2021年12月，北京市惠达股份有限公司预计厂房即将完工，与北京市斯特公司签订经营租赁合同，将其中的一栋厂房租给北京市斯特公司使用。租赁合同约定，该厂房于完工（达到预定可使用状态）时起租。2022年9月25日，两栋厂房同时完工（达到预定可使用状态）。该块土地使用权的成本为900万元；两栋厂房的实际造价均为660万元，能够单独计量。假设北京市惠达股份有限公司采用成本模式计量。会计分录如下：

土地使用权中的对应部分同时转换为投资性房地产：

$9 000 000 \times (6 600 000 \div 13 200 000) = 4 500 000$（元）

借：投资性房地产——厂房　　　6 600 000
　　固定资产——厂房　　　　　6 600 000
　　贷：在建工程——厂房　　　13 200 000
借：投资性房地产——土地使用权　4 500 000
　　贷：无形资产——土地使用权　4 500 000

（2）采用公允价值模式计量

采用公允价值模式进行后续计量，应按照确定的自行建造投资性房地产成本做如下会计分录：

借：投资性房地产——成本
　　贷：在建工程

企业自行建造的房地产，只有在自行建造活动完成（达到预定可使用状态）的同时开始对外出租或用于资本增值，才能将其确认为投资性房地产。

5.2.2 后续支出计量

1. 资本化的后续支出

与投资性房地产有关的后续支出，满足投资性房地产确认条件的，应当计入投资性房地产成本。例如，企业为了提高投资性房地产的使用效能，往往需要对其进行改建、扩建而使其更加坚固耐用，或者通过装修改善其室内装潢，改扩建或装修支出满足确认条件的，应当将其资本化。

（1）采用成本模式计量

①投资性房地产进入改扩建或装修阶段后，应当将其账面价值转入改扩建工程。会计分录如下：

借：投资性房地产——在建
　　投资性房地产累计折旧
　　贷：投资性房地产

②发生资本化的改良或装修支出，通过"投资性房地产——在建"账户归集。会计分录如下：

借：投资性房地产——在建
　　贷：银行存款、应付账款等

③投资性房地产改扩建或装修完成后。会计分录如下：

借：投资性房地产
　　贷：投资性房地产——在建

【情景5-5】北京市惠达股份有限公司与北京市佳顺公司的一项厂房经营租赁合同即将到期。该厂房原价为1 800万元，已计提折旧400万元。为了提高厂房的租金收入，北京市惠达股份有限公司决定在租赁期满后对该厂房进行改扩建，并与北京市佳顺公司继续签订经营租赁合同，约定自改扩建完工时将该厂房出租给北京佳顺公司，2022年6月30日，与北京市佳顺公司租赁合同到期，该厂房随即进入改扩建阶段。该年12月31日，该厂房改扩建工程完工，共支出420万元，均已支付，即日按照租赁合同出租给北京市佳顺公司。假定北京市惠达股份有限公司采用成本计量模式，做财务处理如下：

改建开始时，会计分录如下：

借：投资性房地产——厂房
　　　　　　　　——在建　　14 000 000
　　投资性房地产累计折旧　　 4 000 000
　　贷：投资性房地产——厂房　18 000 000

发生改良费用时，会计分录如下：

借：投资性房地产——厂房
　　　　　　　　——在建　　 4 200 000
　　贷：银行存款　　　　　　 4 200 000

改建完工后，会计分录如下：

借：投资性房地产——厂房　　 1 820 000
　　贷：投资性房地产——厂房
　　　　　　　　——在建　　 1 820 000

（2）采用公允价值模式计量

①投资性房地产进入改扩建或装修阶段，会计分录如下：

借：投资性房地产——在建
　　贷：投资性房地产——成本
　　　　　　　　——公允价值变动

②在改扩建或装修完工后，会计分录如下：

借：投资性房地产——成本
　　贷：投资性房地产——在建

任务 5.3 投资性房地产的后续计量

5.3.1 成本计量模式

投资性房地产的后续计量，通常应当采用成本模式，满足特定条件时也可以采用公允价值模式计量。但是，同一企业只能采用一种模式对所有投资性房地产进行后续计量，不得同时采用两种计量模式。

（1）采用成本模式计量，按照固定资产或无形资产的有关规定，按期（月）计提折旧或摊销。会计分录如下：

借：其他业务成本
　　贷：投资性房地产累计折旧（摊销）

（2）取得租金收入时，做会计分录如下：

借：银行存款
　　贷：其他业务收入

【情景5-6】2022年7月30日，北京市惠达股份有限公司将一栋办公楼出租给北京市星通公司使用，已确认为投资性房地产，采用成本模式进行后续计量。假设此办公楼的成本为1800万元，按照直线法计提折旧，使用寿命为50年，预计净残值为零。按照经营租赁合同约定，北京市星通公司每月支付北京市惠达股份有限公司租金26万元。北京市惠达股份有限公司做如下账务处理。

每月计提折旧时，会计分录如下：

借：其他业务成本
　　　　——出租办公楼折旧　　　　30 000
　　贷：投资性房地产累计折旧　　　30 000

每月确认租金收入，会计分录如下：

借：银行存款　　　　　　　　　260 000
　　贷：其他业务收入
　　　　——出租办公楼租金收入　260 000

（3）投资性房地产存在减值迹象的，适用资产减值的有关规定。经减值测试后确定发生减值的，应当计提减值准备。会计分录如下：

借：资产减值损失
　　贷：投资性房地产减值准备

【情景5-7】根据【情景5-6】的资料，2022年12月，此办公楼发生减值迹象，经减值测试，其可收回金额为1200万元，假设此时办公楼的账面价值为1800万元，以前未计提减值准备，北京市星通公司按合同约定及时支付租金。

借：资产减值损失　　　　　　6 000 000
　　贷：投资性房地产减值准备　6 000 000

> **提示**
>
> 已经计提减值准备的投资性房地产，其减值损失在以后的会计期间不得转回。

5.3.2 公允价值计量模式

1. 公允价值计量模式的条件

采用公允价值模式计量的，不对投资性房地产计提折旧或进行摊销，而以资产负债表日投资性房地产的公允价值为基础调整其账面价值，公允价值与原账面价值之间的差额计入当期损益。

2. 公允价值计量模式的应用

（1）资产负债表日，投资性房地产的公允价值高于原账面价值时，按差额做会计分录如下：

借：投资性房地产——公允价值变动
　　贷：公允价值变动损益

（2）资产负债表日，投资性房地产的公允价值低于原账面价值时，按差额做相反的账务处理：

借：公允价值变动损益
　　贷：投资性房地产——公允价值变动

（3）取得租金收入。会计分录如下：

借：银行存款
　　贷：其他业务收入

【情景5-8】2022年9月15日，北京市惠达股份有限公司与北京市天星公司签订租赁协议，约定将北京市惠达股份有限公司新建造的一栋写字楼租赁给北京市天星公司使用，租赁期为10年。该年12月20日，该写字楼起租。写字楼的工程造价为1500万元，该年末写字楼的公允价值为2400万元。假设北京市惠达股份有限公司对投资性房地产采用公允价值模式进行后续计量。会计分录如下：

借：投资性房地产——写字楼
　　　　　　　　——公允价值变动　　9 000 000
　　贷：公允价值变动损益　　　　　　9 000 000

5.3.3 后续计量模式的变更

企业对投资性房地产的计量模式一经确定，不得随意变更。存在确凿证据表明投资性房地产的公允价值能够持续可靠取得，且能够满足采用公允价值模式计量的情况下，允许企业对投资性房地产的计量由成本模式转为公允价值模式。已采用公允价值模式对投资性房地产进行计量的，不得由公允价值模式转为成本模式。

由成本模式转为公允价值模式，应当作为会计政策变更处理，按照计量模式变更时公允价值与账面价值的差额，调整期初留存收益（未分配利润）。

【情景5-9】2022年1月1日，北京市惠达股份有限公司将某一栋写字楼租赁给泰新公司使用，并一直采用成本模式进行后续计量。2022年1月1日，北京市惠达股份有限公司认为，出租给泰新公司使用的写字楼，其所在地的房地产交易市场比较成熟，具备了采用公允价值模式计量的条件，决定对该项投资性房地产从成本模式转换为公允价值模式计量。该写字楼的原造价为950万元，已计提折旧25万元，账面价值为925万元，2022年1月1日，该写字楼的公允价值为980万元。假设北京市惠达股份有限公司按净利润的10%计提盈余公积。

借：投资性房地产——成本　　　　9 800 000
　　投资性房地产累计折旧　　　　　 250 000
　　贷：投资性房地产　　　　　　　9 500 000
　　　　利润分配——未分配利润　　 495 000
　　　　盈余公积——法定盈余公积　　 55 000

任务5.4 投资性房地产的转换

5.4.1 投资性房地产转换的解释及条件

1. 投资性房地产转换的解释

房地产的转换是指房地产用途的变更。企业不得随意对自用或作为存货的房地产进行重新分类。

2. 投资性房地产转换的条件

企业有确凿证据表明房地产用途发生改变，满足下列条件之一的，才应当将投资性房地产转换为其他资产或者将其他资产转换为投资性房地产：

（1）投资性房地产开始自用，即将投资性房地产转为自用房地产。在此种情况下，转换日即为房地产达到自用状态，企业开始将其用于生产商品、提供劳务或者经营管理的日期。

（2）作为存货的房地产，改为出租，通常指房地产开发企业将其持有的开发产品以经营租赁的方式出租，存货相应地转换为投资性房地产。在此种情况下，转换日为房地产的租赁期开始日。租赁期开始日，是指承租人开始行使其使用租赁资产权利的日期。

（3）自用建筑物停止自用，改为出租。即企业将原本用于生产商品、提供劳务或者经营管理的房地产改用于出租，固定资产相应地转换为投资性房地产。在此种情况下，转换日为租赁期开始日。

（4）自用土地使用权停止自用，改用于赚取租金或资本增值。即企业将原本用于生产商品、提供劳务或者经营管理的土地使用权改用于赚取租金或资本增值，该土地相应地转换为投资性房地产。在此种情况下，转换日为自用土地使用权停止自用后，确定用于赚取租金或资本增值的日期。

（5）房地产企业将用于出租的房地产重新开发用于对外销售，从投资性房地产转为存货。在这种情况下，转换日为租赁期满，企业董事会或类似机构作出书面决议明确表明将其重新开发用于对外销售的日期。

以上所指确凿证据包括两个方面：一是企业董事会或类似机构应当就改变房地产用途形成正式的书面决议；二是房地产因用途改变而发生实际状态上的改变，如从自用状态改为出租状态。

5.4.2 投资性房地产转换的账务处理

1. 成本模式下的转换

（1）投资性房地产转换为自用房地产

企业将采用成本模式计量的投资性房地产转换为自用房地产时，应当根据该项投资性房地产在转换日的账面余额、累计折旧、减值准备等，分别转入"固定资产""累计折旧""固定资产减值准备"等账户。作如下分录：

借：固定资产、无形资产
　　投资性房地产累计折旧（摊销）
　　投资性房地产减值准备
　贷：投资性房地产
　　　累计折旧
　　　累计摊销
　　　固定资产减值准备或无形资产减值准备

（2）投资性房地产转换为存货

企业将采用成本模式计量的投资性房地产转换为存货时，作如下分录：

借：开发产品
　　投资性房地产累计折旧（摊销）
　　投资性房地产减值准备
　贷：投资性房地产

（3）自用房地产转为投资性房地产

企业将自用土地使用权或建筑物转换为采用成本模式计量的投资性房地产时，应当按该项建筑物或土地使用权在转换日的原价、累计折旧、减值准备等，分别转入"投资性房地产""投资性房地产累计折旧（摊销）""投资性房地产减值准备"账户，作如下分录：

借：投资性房地产
　　累计折旧、累计摊销
　　固定资产减值准备或无形资产减值准备
　贷：固定资产、无形资产
　　　投资性房地产累计折旧（摊销）
　　　投资性房地产减值准备

（4）作为存货的房地产转换为投资性房地产

企业将作为存货的房地产转换为采用成本模式计量的投资性房地产时，应当按该项存货在转换日的账面价值，作如下分录：

借：投资性房地产
　　存货跌价准备

贷：开发产品

【情景5-10】 2022年12月31日租赁期满，北京市惠达股份有限公司将出租在外的某厂房收回，公司董事会就将该厂房用于本公司生产形成了书面决议，决定从2023年起开始用于生产。该项房地产在转换前一直采用成本模式计量，截至2022年12月31日其账面价值为500万元，其中，原价1 200万元，累计已提折旧700万元，该公司的账务处理如下：

　　借：固定资产——厂房　　　　　12 000 000
　　　　投资性房地产累计折旧　　　 7 000 000
　　　贷：投资性房地产——厂房　　 12 000 000
　　　　　累计折旧——厂房　　　　 7 000 000

2. 公允价值模式下的转换

（1）投资性房地产转换为自用房地产

企业将采用公允价值模式计量的投资性房地产转换为自用房地产时，应当以其转换当日的公允价值作为自用房地产的账面价值，公允价值与原账面价值的差额计入当期损益。作如下分录：

　　借：固定资产或无形资产
　　　贷：投资性房地产——成本
　　　　　投资性房地产——公允价值变动
　　　　　公允价值变动损益（差额，借记或贷记）

（2）投资性房地产转换为存货

企业将采用公允价值模式计量的投资性房地产转换为存货时，应当以其转换当日的公允价值作为存货的账面价值，公允价值与原账面价值的差额计入当期损益。作如下分录：

　　借：开发产品
　　　贷：投资性房地产——成本
　　　　　投资性房地产——公允价值变动
　　　　　公允价值变动损益（差额，借记或贷记）

（3）自用房地产转为投资性房地产

企业将自用土地使用权或建筑物转换为采用公允价值模式计量的投资性房地产时，作如下分录：

　　借：投资性房地产——成本
　　　　累计摊销
　　　　累计折旧
　　　　无形资产减值准备
　　　　固定资产减值准备
　　　　公允价值变动损益（借方差额）
　　　贷：固定资产
　　　　　无形资产
　　　　　其他综合收益（贷方差额）

（4）作为存货的房地产转换为投资性房地产

企业将作为存货的房地产转换为采用公允价值模式计量的投资性房地产时，作如下分录：

　　借：投资性房地产——成本
　　　　存货跌价准备
　　　　公允价值变动损益（借方差额）
　　　贷：开发产品
　　　　　其他综合收益（贷方差额）

【情景5-11】 2022年12月31日，北京市惠达股份有限公司召开董事会就将自用于生产的厂房对外出租形成书面决议，当日该厂房的公允价值为8500万元，截至转换日该固定资产已经计提折旧3 200万元，减值准备350万元，原价为10 000万元。北京市惠达股份有限公司将该资产转化为投资性房地产，决定采用公允价值模式进行计量。

北京市惠达股份有限公司的账务处理如下：

　　借：投资性房地产——成本　　　 85 000 000
　　　　累计折旧　　　　　　　　　 32 000 000
　　　　固定资产减值准备　　　　　 3 500 000
　　　贷：固定资产　　　　　　　　100 000 000
　　　　　其他综合收益　　　　　　 20 500 000

任务 5.5 投资性房地产的处置

5.5.1 处置投资性房地产时遵循的基本准则

企业出售、转让、报废投资性房地产或者投资性房地产发生毁损时,应当将处置收入扣除其账面价值和相关税费后的金额计入当期损益。

5.5.2 投资性房地产处置的应用

1. 采用成本模式计量的投资性房地产的处置

(1) 出售、转让按照成本模式计量的投资性房地产时,应该按照实际收到的金额做如下会计分录:

借:银行存款
　　贷:其他业务收入(按照实际收到的金额)

(2) 同时也应该结转该投资性房地产的成本。会计分录如下:

借:其他业务成本
　　投资性房地产累计折旧(摊销)
　　投资性房地产减值准备
　　贷:投资性房地产

如果发生相关税费,应该做如下会计分录:

借:税金及附加
　　贷:应交税费

【情景 5-12】北京市惠达股份有限公司将出租的一栋写字楼确认为投资性房地产。租赁期满后,将该栋写字楼出售给北京市嘉兴公司,合同价款为 350 万元,北京市嘉兴公司已用银行存款付清。出售时,该栋写字楼的成本为 320 万元,已计提折旧 35 万元。北京市惠达股份有限公司做会计分录如下:

借:银行存款　　　　　　　　3 815 000
　　贷:其他业务收入　　　　　3 500 000
　　　　应交税费
　　　　——应交增值税(销项税额)　315 000
借:其他业务成本　　　　　　2 850 000
　　投资性房地产累计折旧　　　350 000
　　贷:投资性房地产
　　　　——写字楼　　　　　　3 200 000

2. 采用公允价值模式计量的投资性房地产的处置

(1) 出售、转让按照公允价值模式计量的投资性房地产时,应该按照实际收到的金额做会计分录如下:

借:银行存款
　　贷:其他业务收入

(2) 结转该投资性房地产的成本,做会计分录如下:

借:其他业务成本
　　贷:投资性房地产——成本
　　　　投资性房地产——公允价值变动

同时,将该投资性房地产实际公允价值变动损益转入其他业务收入,会计分录如下:

借:公允价值变动损益
　　贷:其他业务收入

若存在原转换日计入资本公积的金额,则也须一并转入其他业务收入,会计分录如下:

借:资本公积——其他资本公积
　　贷:其他业务收入

如果发生相关的税费,应该做会计分录如下:

借:税金及附加
　　贷:应交税费

【情景 5-13】北京市惠达股份有限公司将一项

投资性房地产以 4500 万元出售，出售款项已收讫。出售时，该房地产的成本为 3000 万元，累计的公允价值变动为借方增加 150 万元，不考虑相关税费。北京市惠达股份有限公司做会计分录如下：

借：银行存款　　　　　　　　　45 000 000
　　贷：其他业务收入　　　　　　45 000 000

借：其他业务成本　　　　　　　　31 500 000
　　贷：投资性房地产——成本　　30 000 000
　　　　　　　　——公允价值变动　1 500 000

同时，将投资性房地产累计公允价值变动转入其他业务收入，会计分录如下：

借：公允价值变动损益　　　　　　1 500 000
　　贷：其他业务收入　　　　　　　1 500 000

项目小结

本项目主要讲述了投资性房地产、投资性房地产的计量、投资性房地产的后续计量、投资性房地产的转换和投资性房地产的处置。投资性房地产概述主要讲了投资性房地产的概念和特征、投资性房地产的范围和确认投资性房地产的条件；投资性房地产的计量主要包括投资性房地产的初始计量和后续支出计量；投资性房地产的后续计量主要包括成本计量模式、公允价值计量模式和后续计量模式的变更；投资性房地产的转换主要包括投资性房地产转换的解释及条件和投资性房地产转换的账务处理；投资性房地产的处置主要包括处置投资性房地产时遵循的基本准则和投资性房地产处置的应用。

思考与练习

一、单项选择题

1. 下列项目中不属于投资性房地产的是（　　）
A. 自用的房屋建筑物
B. 已出租的土地使用权
C. 已出租的建筑物
D. 持有并准备增值后转让的土地使用权

2. 企业采用公允价值模式对投资性房地产进行后续计量，下列说法中错误的是（　　）
A. 企业不应对已出租的建筑物计提折旧
B. 企业应对已出租的建筑物计提折旧
C. 企业不应对已出租的土地使用权进行摊销
D. 企业应当以资产负债表日投资性房地产的公允价值为基础调整其账面价值，公允价值与原账面价值之间的差额计入当期损益

3. 自用房地产转换为采用公允价值模式计量的投资性房地产，转换日该房地产公允价值大于账面价值的差额，正确的会计处理是（　　）
A. 计入资本公积
B. 计入期初留存收益
C. 计入营业外收入
D. 计入公允价值变动损益

4.企业采用成本模式计量投资性房地产，且投资性房地产不属于企业的主营业务，按期计提折旧或进行摊销时，应该借记的科目是（　）

A.其他业务成本　　B.销售费用

C.制造费用　　　　D.营业外支出

5.下列关于投资性房地产核算的表述中，正确的是（　）

A.采用成本模式计量的投资性房地产不需要确认减值损失

B.采用成本模式计量的投资性房地产，不需计提折旧

C.采用公允价值模式计量的投资性房地产，公允价值的变动金额应计入资本公积

D.采用公允价值模式计量的投资性房地产，公允价值变动应计入公允价值变动损益

二、多项选择题

1.下列各项中，属于投资性房地产的有（　）

A.房地产企业持有的待售商品房

B.以经营租赁方式出租的商用房

C.以经营租赁方式出租的土地使用权

D.以经营租赁方式租入后再转租的建筑物

2.投资性房地产进行初始计量时，下列处理方法中正确的是（　）

A.采用公允价值模式和成本模式进行后续计量的投资性房地产，应当按照实际成本进行初始计量

B.采用公允价值模式进行后续计量的投资性房地产，取得时按照公允价值进行初始计量

C.自行建造投资性房地产的成本，由建造该项资产达到预定可使用状态前所发生的必要支出构成

D.外购投资性房地产的成本，包括购买价款、相关税费和可直接归属于该资产的其他支出

3.关于投资性房地产的后续计量，下列说法中正确的有（　）

A.企业通常应当采用成本模式对投资性房地产进行后续计量

B.企业可以采用公允价值模式对投资性房地产进行后续计量

C.企业可以随时改变投资性房地产后续计量模式

D.企业可以同时采用两种计量模式对投资性房地产进行后续计量

4.投资性房地产采用公允价值计量模式时，下列各项表述正确的有（　）

A.资产负债表日投资性房地产的公允价值变动计入当期损益

B.后续计量时不计提折旧或摊销

C.取得时发生的相关税费计入投资性房地产的初始成本

D.不得从公允价值模式转为成本模式

5.下列情况下，企业可将其他资产转换为投资性房地产的有（　）

A.房地产企业将开发的原准备对外出售的商品房改为对外出租

B.投资性房地产由成本模式改为按公允价值模式进行计量

C.原自用土地使用权停止自用改为对外出租

D.自用的厂房停止自用并以融资租赁方式对外出租

三、判断题

1.自用房地产属于投资性房地产。（　）

2.在建造的过程中，先用"投资性房地产"账户归集建造过程中发生的各项成本，待建造完毕后，转入"在建工程"账户。（　）

3.企业对投资性房地产的计量模式一经确定，不得变更。（　）

4.采用公允价值模式对投资性房地产进行后续计量的企业，应当在"投资性房地产"账户下设置"成

本"和"公允价值变动"两个明细账户。（ ）

5.企业将采用成本模式计量的投资性房地产转为自用房地产时，应该将转换前的账面价值作为转换后资产的入账价值。（ ）

四、简答题

1.投资性房地产的确认条件有哪些？

2.投资性房地产有哪些特征？

项目 6 固定资产

知识目标

◎ 掌握固定资产的成本；

◎ 掌握固定资产计提折旧的方法；

◎ 掌握固定资产的处置方法。

技能目标

◎ 掌握固定资产取得的业务处理方法；

◎ 掌握固定资产计提折旧的业务处理方法；

◎ 掌握固定资产原始凭证的编制方法。

案例导入

北京市天齐有限责任公司是一家食品加工公司，2022 年 6 月购进一台果蔬清洗机，取得的增值税专用发票上注明价款 9 000 元，增值税进项税额 1 170 元，款项已通过银行存款支付。

案例评析

根据前述资料计算固定资产取得的成本并做出相关分录。

本章导语

固定资产是企业重要的资产，本项目主要介绍固定资产的初始计量、后续计量和计提折旧的方法并进行业务处理。

任务 6.1 固定资产概述

6.1.1 固定资产的概念及分类

1. 固定资产的概念

固定资产指为生产商品、提供劳务、出租或经营管理而持有的，使用寿命超过一个会计年度的有形资产。从这个定义可以看出固定资产具有以下特征：

（1）企业持有固定资产的目的是用于生产商品、提供劳务、出租或经营管理，而不是直接用于出售。出租是指以经营租赁方式出租机器设备等。

（2）固定资产的使用寿命超过一个会计年度。该特征使固定资产明显区别于流动资产。使用寿命超过一个会计年度，意味着固定资产属于长期资产。通常情况下，固定资产的使用寿命指使用固定资产的预计使用期间，某些机器设备或运输设备等固定资产的使用寿命，也可以指该固定资产所能生产产品或提供劳务的数量，如运输设备可按其预计运输里程估计使用寿命。

（3）固定资产必须是有形资产。该特征将固定资产与无形资产区别开来。有些无形资产可能具备固定资产的某些特征，如无形资产为因生产商品、提供劳务而持有，使用寿命超过一个会计年度的资产，但由于其没有实物形态，不属于固定资产。

2. 固定资产的分类

企业的固定资产种类繁多、规格不一，为加强管理，便于组织会计核算，有必要对其进行科学、合理的分类。根据不同的管理需要和核算要求以及不同的分类标准，可以对固定资产进行不同的分类，主要有以下几种分类方法：

（1）按经济用途分类

固定资产按经济用途可分为生产经营用固定资产和非生产经营用固定资产。

①生产经营用固定资产，指直接服务于企业生产经营过程的各种固定资产，如生产经营用的房屋、建筑物、机器、设备、器具、工具等。

②非生产经营用固定资产，指不直接服务于生产经营过程的各种固定资产，如职工宿舍、食堂等使用的房屋、设备和其他固定资产。

按照固定资产的经济用途分类，可以反映和监督企业生产经营用固定资产和非生产经营用固定资产之间，以及生产经营用各类固定资产之间的组成和变化情况，以考核和分析企业固定资产的利用情况，促使企业合理地配备固定资产，充分发挥其效用。

（2）综合分类

按固定资产的经济用途和使用情况等综合分类，可把企业的固定资产分为七大类：

①生产经营用固定资产；

②非生产经营用固定资产；

③租出固定资产（指在经营租赁方式下出租给外单位使用的固定资产）；

④不需用固定资产；

⑤未使用固定资产；

⑥土地（指过去已经估价单独入账的土地。因征地而支付的补偿费，应计入与土地有关的房屋、建筑物的价值内，不单独作为土地价值入账。企业取得的土地使用权，应作为无形资产管理，不作为固定资产管理）；

⑦融资租入固定资产（指企业以融资租赁方式租入的固定资产，在租赁期内，应视同自有固定资产进行管理）。

由于企业的经营性质不同，经营规模各异，对固定资产的分类不可能完全一致。但实际工作中，企业大多采用综合分类的方法作为编制固定资产目录，进行固定资产核算的依据。

6.1.2 固定资产的确认条件和账户设置

1. 固定资产的确认条件

一项资产如要作为固定资产加以确认，首先需要符合固定资产的定义，其次还要符合固定资产的确认条件，即与该固定资产有关的经济利益很可能流入企业，同时，该固定资产的成本能够可靠地计量。

（1）与该固定资产有关的经济利益很可能流入企业。

企业在确认固定资产时，需要判断与该项固定资产有关的经济利益是否很可能流入企业。实务中，主要是通过判断与该固定资产所有权相关的风险和报酬是否转移到了企业来确定。

（2）该固定资产的成本能够可靠地计量。

成本能够可靠地计量是资产确认的一项基本条件。要确认固定资产，企业取得该固定资产所发生的费用必须能够可靠地计量。企业在确定固定资产成本时，有时需要根据所获得的最新资料，对固定资产的成本进行合理的估计。如果企业能够合理地估计出固定资产的成本，则视同固定资产的成本能够可靠地计量。

2. 固定资产的账户设置

为了核算固定资产，企业一般需要设置"固定资产""累计折旧""在建工程""工程物资""固定资产清理"等账户，核算固定资产取得、计提折旧、处置等情况。

"固定资产"账户核算企业固定资产的原价，借方登记企业增加的固定资产原价，贷方登记企业减少的固定资产原价，期末借方余额，反映企业期末固定资产的账面原价。企业应当设置"固定资产登记簿"和"固定资产卡片"，按固定资产类别、使用部门对每项固定资产进行明细核算。

"累计折旧"账户属于"固定资产"的调整账户，核算企业固定资产的累计折旧，贷方登记企业计提的固定资产折旧，借方登记处置固定资产时转出的累计折旧，期末贷方余额，反映企业固定资产的累计折旧额。

"在建工程"账户核算企业建造、更新改造等在建工程发生的费用，借方登记企业各项在建工程的实际支出，贷方登记完工工程转出的成本，期末借方余额，反映企业尚未达到预定可使用状态的在建工程的成本。

"工程物资"账户核算企业为在建工程准备的各种物资的实际成本。该账户借方登记企业购入的工程物资，贷方登记领用的工程物资，期末借方余额，反映企业为在建工程准备的各种物资的成本。

"固定资产清理"账户核算企业因出售、报废、毁损、对外投资、非货币性资产交换、债务重组等原因转出的固定资产价值以及在清理过程中发生的费用等，借方登记转出的固定资产价值、清理过程中应支付的相关税费及其他费用，贷方登记出售固定资产取得的价款，残料价值和变价收入，期末借方余额，反映清理完毕固定资产净损失。该账户应按被清理的固定资产项目设置明细账，进行明细核算。

此外，企业清理的固定资产、在建工程、工程物资发生减值时，还应当设置"固定资产减值准备""在建工程减值准备""工程物资减值准备"等账户进行核算。

任务 6.2 固定资产的初始计量

6.2.1 固定资产的成本

固定资产的初始计量指确定固定资产的取得成本。取得成本包括企业购建的某项固定资产在达到预定可使用状态前所发生的一切合理的、必要的支出。在实务中,企业取得固定资产的方式是多种多样的,包括外购、自行建造、投资者投入以及非货币性资产交换、债务重组、企业合并和租入等,取得的方式不同,其成本的构成内容及确定方法也不相同。

6.2.2 外购固定资产

企业外购固定资产的成本,包括购买价款、相关税费、使固定资产达到预定可使用状态前所发生的可归属于该项资产的运输费、装卸费、安装费和专业人员服务费等。

外购固定资产是否达到预定可使用状态,需要根据具体情况进行分析判断。如果购入不需安装的固定资产,购入后即可发挥作用,那么购入后即可达到预定可使用状态。如果购入需安装的固定资产,只有安装调试后,达到设计要求或合同规定的标准,才可发挥作用,达到预定可使用状态。

在实务中,企业可能以一笔款项购入多项没有单独标价的资产。如果这些资产均符合固定资产的定义,并满足固定资产的确认条件,则应将各项资产单独确认为固定资产,并按各项固定资产公允价值的比例对总成本进行分配,分别确定各项固定资产的成本。如果以一笔款项购入的多项资产中还包括固定资产以外的其他资产,也应按类似的方法予以处理。

企业购入的固定资产分为不需要安装的固定资产和需要安装的固定资产两种情形。前者的成本为企业实际支付的购买价款、包装费、运杂费、保险费、专业人员服务费和相关税费(不含可抵扣的增值税进项税额)等,其账务处理为:按应计入固定资产成本的金额,借记"固定资产"科目,贷记"银行存款""其他应付款""应付票据"等科目;后者的取得成本是在前者取得成本的基础上,加上安装调试支出等,其账务处理为:按应计入固定资产成本的金额,先记入"在建工程"科目,安装完毕交付使用时再转入"固定资产"科目。

【情景6-1】2022年6月12日,北京市惠达股份有限公司从北京市俊阳有限公司购入一台不需要安装即可投入使用的切割机,取得的增值税专用发票上注明的设备价款为40万元,增值税为5.2万元,款项以银行存款支付。(北京市惠达股份有限公司为增值税一般纳税人,原始凭证有增值税专用发票、转账支票存根及固定资产验收单,其中"固定资产验收单"如图6-1所示)。会计分录如下:

借:固定资产——切割机　　　　　　　400 000
　　应交税费
　　　——应交增值税(进项税额)　　 52 000
　贷:银行存款　　　　　　　　　　　452 000

固定资产验收单

供应单位：北京市俊阳有限公司　　　　　　　　　　　　　　　　　固定资产来源：购入
支票号：　　　　　　　　　2022 年 6 月 12 日　　　　　　　　　字第 1 号

固定资产类别	固定资产名称	规格材质	计量单位	数量	实收数量	金额单价	千百十万千百十元角分
设备	切割机		台	1	1	400 000.00	4 0 0 0 0 0 0 0

检验结果：合格　　检验员签章：葛然　　运杂费合计
备注：
单位主管 李京　　固定资产会计 陈清　　经办人 葛然　　制单 王强

第二联 财务部门记账

图 6-1　固定资产验收单

【情景6-2】2022 年 6 月 13 日，北京市惠达股份有限公司购入一台需要安装的生产设备，取得的增值税专用发票上注明设备的价款为 35 万元，增值税进项税额为 45 500 元，已通过银行支付。为安装设备，领用本公司原材料一批，价值 10 000 元，购进该批原材料时支付的增值税进项税额为 1 300 元；支付安装工人的工资为 300 元。假定不考虑其他相关税费。

6 月 13 日，购入设备：

借：在建工程——生产设备　　　350 000
　　应交税费
　　　——应交增值税（进项税额）　45 500
　　贷：银行存款　　　　　　　　　　395 000

领用本公司原材料，支付安装费等：

借：在建工程——机器设备　　　10 300
　　贷：原材料　　　　　　　　　　10 000
　　　　应付职工薪酬　　　　　　　　300

设备安装完毕达到预定可使用状态：

借：固定资产——机器设备　　　360 300
　　贷：在建工程——机器设备　　360 300

企业购买固定资产通常在正常信用条件期限内付款，但也会发生超过正常信用条件购买固定资产的经济业务，如采用分期付款方式购买资产，且在合同中规定的付款期限比较长，超过了正常信用条件期限。在这种情况下，该项购货合同实质上具有融资性质，购入固定资产的成本不能以各期付款额之和确定，而应以各期付款额的现值之和确定。固定资产购买价款的现值，应当按照各期支付的价款选择恰当的折现率进行折现。折现率是反映当前市场货币时间价值和延期付款债务特定风险的利率。该折现率实质上是供货企业的必要报酬率。各期实际支付的价款之和与其现值之间的差额。在达到预定可使用状态之前符合《企业会计准则第17号——借款费用》中规定的资本化条件的，应当通过在建工程计入固定资产成本，其余部分应当在信用期间确认为财务费用，计入当期损益。其账务处理为：购入固定资产时，按购买价款的现值，借记"固定资产"或"在建工程"等科目，按应支付的金额，贷记"长期应付款"科目，按其差额，借记"未确认融资费用"科目。

【情景6-3】2015 年 1 月 1 日，北京市惠达股份有限公司向北京市盛华公司购入一台生产设备，合同规定，北京市惠达股份有限公司采用分期付款方式付款，该设备价款共计 700 万元，分 5 年付款，每半年支付一次，付款日为每年的 6 月 30 日和 12 月 31 日。（假定折现率为 10%）

购买设备现值为：

$700\,000 \times (P/A, 10\%, 10) = 700\,000 \times 6.1146 = 4\,280\,220$

借：固定资产——生产设备　　4 280 220
　　未确认融资费用　　　　　2 719 780
　　贷：长期应付款——北京市盛华公司
　　　　　　　　　　　　　　7 000 000

确定信用期间未确认融资费用的分摊额，如表 6-1 所示。

表 6-1 未确认融资费用分摊表

日期	分期付款额	确认的融资费用	应付本金减少额	应付本金余额
①	②	③ = 期初⑤×5%	④ = ② - ③	⑤ = 期初⑤ - ④
2018年1月1日				4 280 220
2018年6月30日	700 000.00	2 140 110.00	-1 440 110.00	5 720 330.00
2018年12月31日	700 000.00	286 016.50	413 983.50	5 306 346.50
2019年6月30日	700 000.00	265 317.33	434 682.68	4 871 663.83
2019年12月31日	700 000.00	243 583.19	456 416.81	4 415 247.02
2020年6月30日	700 000.00	220 762.35	479 237.65	3 936 009.37
2020年12月31日	700 000.00	196 800.47	503 199.53	3 432 809.84
2021年6月30日	700 000.00	171 640.49	528 359.51	2 904 450.33
2021年12月31日	700 000.00	145 222.52	554 777.48	2 349 672.84
2022年6月30日	700 000.00	117 483.64	582 516.36	1 767 156.49
2022年12月31日	700 000.00	88 357.82	611 642.18	1 155 514.31

2018年6月30日，北京市惠达股份有限公司的账务处理如下：

借：财务费用　　　　　　　　　428 022
　　贷：未确认融资费用　　　　　　428 022

借：长期应付款——盛华公司　　700 000
　　贷：银行存款　　　　　　　　　700 000

以后期间的账务处理与2018年6月30日相同，此处略。

6.2.3 自行建造固定资产

自行建造的固定资产，其成本由建造该项资产达到预定可使用状态前所发生的必要支出构成，包括工程用物资成本、人工成本、缴纳的相关税费、应予资本化的借款费用以及应分摊的间接费用等。企业为建造固定资产通过出让方式取得土地使用权而支付的土地出让金不计入在建工程成本，应确认为无形资产（土地使用权）。企业自行建造固定资产包括自营建造和出包建造两种方式。

1. 自营方式建造固定资产

企业以自营方式建造固定资产，指企业自行组织工程物资采购、自行组织施工人员从事工程施工完成固定资产建造，其成本应当按照实际发生的材料、人工、机械施工费等计量。企业为建造固定资产准备的各种物资，包括工程用材料、尚未安装的设备以及为生产准备的工、器具等，通过"工程物资"科目进行核算。工程物资应当以实际支付的买价、运输费、保险费等相关税费作为实际成本，并按照各种专项物资的种类进行明细核算。建造固定资产领用的工程物资、原材料或库存商品，应按其实际成本转入所建工程成本。自营方式建造固定资产应负担的职工薪酬、辅助生产部门提供的水、电、修理、运输等劳务，以及其他必要支出等也应计入所建工程项目的成本。工程完工后，剩余的工程物资转为本企业存货，按其实际成本或计划成本进行结转。盘盈、盘亏、报废、毁损的工程物资，减去残料价值以及保险公司、过失人等赔款后的差额，计入当期损益。

建造的固定资产已达到预定可使用状态，但尚未办理竣工结算的，应当自达到预定可使用状态之日起，根据工程预算、造价或者工程实际成本等，按暂估价值转入固定资产，并按有关规定，计提固定资产折旧。待办理竣工决算手续后再调整原来的暂估价值，但不需要调整原已计提的折旧额。

【情景6-4】 2022年7月北京市惠达股份有限公司自行建造厂房，建造期间发生下列经济业务：

（1）2022年7月20日，向北京天景建筑有限公司购入为工程准备的水泥2 000吨，单价为500元，取得的增值税专用发票上注明价款为1 000 000元，税额为130 000元。

（2）2022年7月25日，领用工程物1 000 000元。

（3）2022年7月26日，计算应付自营工程人员工资300 000元。

（4）2022年7月28日，分配并结转辅助生产部门提供的水、电、运输劳务等费用2 200 000元。

（5）2022年7月30日，车间用房达到预定可使用状态。

根据以上发生的经济业务编制会计分录如下。

购进工程物资时：

借：工程物资——水泥　　　　　　1 000 000
　　应交税费
　　　——应交增值税（进项税额）　130 000
　　贷：银行存款　　　　　　　　　1 130 000

领用工程物资时，领料单如图6-2所示：

借：在建工程——厂房　　　　　　1 000 000
　　贷：工程物资　　　　　　　　　1 000 000

工程物资领料单

2022年7月25日　　　　　　　　单位：元

发料仓库	一仓库	用途	建造厂房				
领料单位	工程队						
器材编号	物资名称	规格型号	单位	数量		实际价格	
				请领	实发	单价	总价
5032	水泥		吨	2 000	2 000	500.00	1 000 000.00
供应	葛然	发料	赵强	领料单位主管	李建	领料	李建

第二联 会计记账

图6-2　工程物资领料单

计算应付工人工资时：

借：在建工程——厂房　　　　　　300 000
　　贷：应付职工薪酬　　　　　　　300 000

分配水电及其他费用时，原始凭证如图6-3所示：

借：在建工程——厂房　　　　　　220 000
　　贷：生产成本——辅助生产成本　220 000

应付工程耗用水电费用分配表

工程部门：工程队　　2022年7月28日　　　　　单位：元

项目	金额
水费	40 000.00
电费	50 000.00
其他相关费用	130 000.00
合计	220 000.00

记账：王强　　复核：葛然　　制表：王强

图6-3　应付工程耗用水电费用分配表

达到预定可使用状态时，原始凭证如图6-4所示：

借：固定资产　　　　　　　　1 520 000
　　贷：在建工程——厂房　　　　　　1 520 000

固定资产交接（验收）单

2022 年 7 月 30 日　　　　　　　　　　　　单位：元

固定资产编号	名称	规格	型号	计量单位	数量	建造单位	建造编号	资金来源	附属技术资源	
1603	厂房			栋	1	自建	00201901	筹资		第二联财务部门记账
总价（净值）	土建工程费	设备款	安装费	运杂费	包装费	其他	合计	预计年限	净残值率	
	1 520 000.00						1 520 000.00	60	0.50%	
	附属设备及建筑					原值	1 520 000.00		0	
验收意见	合格			验收人签章 王涛		保管人签章 章玲				

图 6-4　固定资产交接（验收）单

2. 出包方式建造固定资产

采用出包方式建造固定资产，企业要与建造承包商签订建造合同。企业的新建、改建、扩建等建设项目，通常均采用出包方式。

企业以出包方式建造固定资产，其成本由建造该项固定资产达到预定可使用状态前所发生的必要支出构成，包括发生的建筑工程支出、安装工程支出，以及需分摊计入的待摊费用。待摊费用，指在建设期间发生的、不能直接计入某项固定资产价值，而应由所建造固定资产共同负担的相关费用，包括为建造工程发生的管理费、可行性研究费、临时设施费、公证费、监理费、应负担的税金、符合资本化条件的借款费用、建设期间发生的工程物资盘亏、报废及毁损净损失，以及负荷联合试车费等。

以出包方式建造固定资产的具体支出，由建造承包商核算，"在建工程"科目实际成为企业与建造承包商的结算科目，企业将与建造承包商结算的工程价款作为工程成本，统一通过"在建工程"科目进行核算。

若企业采用出包方式建造固定资产发生的支出，需分摊计入固定资产价值的待摊支出。应按下列公式进行分摊：

待摊费用分摊率 = 累计发生的待摊费用 ÷（建筑工程支出 + 安装工程支出）× 100%

某工程应分摊的待摊费用 =（某工程的建筑工程支出 + 某工程的安装工程支出）× 待摊支出分摊率

【情景 6-5】 北京市惠达股份有限公司将一幢厂房的建造工程出包给北京天景建筑有限公司，按合理估计的发包工程进度和合同规定，向北京市惠达股份有限公司结算进度款390万元，工程完工后，收到北京天景建筑有限公司有关工程结算单据，补付工程款11万元，工程完工并达到预定可使用状态。北京市惠达股份有限公司做如下会计处理。

按合理估计的发包工程进度和合同规定向北京市惠达股份有限公司结算进度款时，会计分录如下：

借：在建工程　　　　　　　　3 900 000
　　贷：银行存款　　　　　　　　　3 900 000

补付工程款时，会计分录如下：

借：在建工程　　　　　　　　　110 000
　　贷：银行存款　　　　　　　　　　110 000

工程完工并达到预定可使用状态时，会计分录如下：

借：固定资产　　　　　　　　4 010 000
　　贷：在建工程　　　　　　　　　4 010 000

6.2.4 投资转入固定资产的初始计量

接受固定资产投资的企业,在办理了固定资产移交手续之后,应按投资合同或协议约定的价值加上应支付的相关税费作为固定资产的入账价值,但合同或协议约定价值不公允的除外。

非货币性资产交换、债务重组等方式取得的固定资产的成本,应当按照《企业会计准则第7号——非货币性资产交换》《企业会计准则第12号——债务重组》的有关规定进行会计处理。本书不涉及有关非货币性资产交换、债务重组的内容。

6.2.5 存在弃置义务的固定资产

特殊行业的特定固定资产,对其进行初始计量时,还应当考虑弃置费用。弃置费用通常指根据国家法律和行政法规、国际公约等规定,企业承担的环境保护和生态恢复等义务所确定的支出,如对油气资产、核电站核设施等产生的弃置和恢复环境的义务。对此,企业应当将弃置费用的现值计入相关固定资产的成本,同时确认相应的预计负债。在固定资产的使用寿命内,按照预计负债的摊余成本和实际利率计算确定的利息费用,并在发生时计入财务费用。由于技术进步、法律要求或市场环境变化等原因,特定固定资产的履行弃置义务可能会发生支出金额、预计弃置时点、折现率等的变动,从而引起原确认的预计负债的变动。此时,应按照以下原则调整该固定资产的成本:

(1)对于预计负债的减少,以该固定资产账面价值为限扣减固定资产成本。如果预计负债的减少额超过该固定资产账面价值,则超出部分计入当期损益。

(2)对于预计负债的增加,增加该固定资产的成本。按照上述原则调整的固定资产,在资产剩余使用年限内计提折旧。该固定资产的使用寿命结束后,预计负债的所有后续变动应在发生时确认为损益。

一般工商企业的固定资产发生的报废清理费用不属于弃置费用,应当在发生时作为固定资产处置费用。

【情景6-6】北京市惠达股份有限公司经国家批准于2022年2月1日建造完成垃圾站并交付使用,建造成本为140万元,预计使用寿命为30年。该垃圾站将会对当地的生态环境产生一定的影响,根据法律规定,企业应在该项设施使用期满后将其拆除,并对造成的污染进行整治,预计发生弃置费用为21万元。假定适用的折现率为10%。

垃圾站属于特殊行业的特定固定资产,确定其成本时应考虑弃置费用。账务处理为:

2022年2月1日,弃置费用的现值
= 210 000 × (P/F, 10%, 30)
= 210 000 × 0.0573 = 12 033(元)
固定资产的成本 = 1 400 000 + 12 033
　　　　　　　 = 1 412 033(元)

借:固定资产——垃圾站　　　　1 412 033
　　贷:在建工程——垃圾站　　　1 400 000
　　　　预计负债——垃圾站　　　　 12 033

(2)计算第一年应负担的利息费用 = 12 033 × 10%
　　　　　　　　　　　　　　　 = 1 203.3(元)

借:财务费用　　　　　　　　　　 1 203.3
　　贷:预计负债——垃圾站——弃置费用
　　　　　　　　　　　　　　　　 1 203.3

以后年度,企业应当按照实际利率法计算确定每年财务费用,账务处理略。

任务 6.3 固定资产的后续计量

6.3.1 固定资产折旧

固定资产折旧指固定资产在使用过程中由于磨损而逐渐转移的价值，并以折旧费的形式计入成本费用中，从企业营业收入中得到补偿，转化为货币资金。

1. 固定资产折旧范围

《企业会计准则第 4 号——固定资产》规定，企业应对所有的固定资产计提折旧；已提足折旧仍继续使用的固定资产和单独计价入账的土地除外。

提足折旧，指已经提足该项固定资产的应计折旧额。固定资产提足折旧后，不论能否继续使用，均不再计提折旧。提前报废的固定资产也不再补提折旧。已达到预定可使用状态但尚未办理竣工决算的固定资产，应当按照估计价值确定其成本，并计提折旧；待办理竣工决算后再按实际成本调整原来的暂估价值，但不需要调整原已计提的折旧额。

处于更新改造阶段而停止使用的固定资产，应将其账面价值转入在建工程，不再计提折旧。更新改造项目达到预定可使用状态，转为固定资产后，再按照重新确定的使用寿命、预计净残值和折旧方法计提折旧。

2. 与折旧有关的概念

固定资产折旧指在固定资产使用寿命内，按照确定的方法对应计折旧额进行系统分摊。其中，应计折旧额指应当计提折旧的固定资产的原价扣除其预计净残值后的金额；已计提减值准备的固定资产，还应当扣除已计提的固定资产减值准备累计金额。预计净残值指假定固定资产预计使用寿命已满并处于使用寿命终了时的预期状态，企业目前从该项资产处置中获得的扣除预计处置费用后的金额。预计净残值预期能够在固定资产使用寿命终了后收回，计算折旧时应将其扣除。

企业应当根据固定资产的性质和使用情况，合理确定固定资产的使用寿命和预计净残值。固定资产的使用寿命、预计净残值一经确定，不得随意变更。

3. 影响固定资产折旧的因素

影响固定资产折旧的因素主要有以下几个方面：

（1）固定资产原价，指固定资产的成本。

（2）固定资产的使用寿命，指企业使用固定资产的预计期间，或者该固定资产所能生产产品或提供劳务的数量。企业确定固定资产使用寿命时，应当考虑下列因素：

①该项资产预计生产能力或实物产量；

②该项资产预计的有形损耗，指固定资产在使用过程中，由于正常使用和自然力的作用而引起的使用价值和价值的损失，如设备使用中发生磨损、房屋建筑物受到自然侵蚀等；

③该项资产预计的无形损耗，指由于科学技术的进步和劳动生产率的提高而带来的固定资产价值上的损失，如因新技术的出现而使现有的资产技术水平相对陈旧，市场需求变化使其所生产的产品过时等；

④法律或者类似规定对该项资产使用的限制。某些固定资产的使用寿命可能受法律或类似规定的约束。如对于租入的固定资产，根据《企业会计准则第 21 号——租赁》规定，能够合理确定租赁期届满时将会取得租赁资产所有权的，应当在租赁资产使用寿命内计提折旧，如果无法合理确定租赁期届满时能够取得租赁资产所有权的，应当在租赁期与租赁资产使用寿命两者中选择较短的期间内计提折旧。

（3）预计净残值，指假定固定资产预计使用寿命已满并处于使用寿命终了时的预期状态，企业目前从该项资产处置中获得的扣除预计处置费用后的金额。

（4）固定资产减值准备，指已计提的固定资产减值准备累计金额。固定资产计提减值准备后，应当在剩余使用寿命内根据调整后的固定资产账面价值（固定资产账面余额扣减累计折旧和累计减值准备后的金额）和预计净残值重新计算确定折旧率和折旧额。

4. 固定资产折旧方法

企业应当根据与固定资产有关的经济利益的预期消耗方式，合理选择折旧方法。可选用的折旧方法包括年限平均法、工作量法、双倍余额递减法和年数总和法等。企业选用不同的固定资产折旧方法，将影响固定资产使用期间内不同时期的折旧费用，因此，固定资产的折旧方法一经确定，不得随意变更。如需变更应当符合固定资产准则的规定，至少每年年度终了时对固定资产的使用寿命、预计净残值和折旧方法进行复核，按复核的结果进行处理。

（1）年限平均法

年限平均法又称直线法，是指将固定资产的应计折旧额均衡地分摊到固定资产预计使用寿命内的一种方法。采用这种方法计算的每期折旧额均相等。计算公式如下：

$$年折旧率 = \frac{1-预计净残值率}{预计使用寿命（年）} \times 100\%$$

$$月折旧率 = 年折旧率 \div 12$$

$$月折旧额 = 固定资产原价 \times 月折旧率$$

采用年限平均法计算固定资产折旧虽然比较简便，但它也存在着明显的局限性。首先，固定资产在不同使用年度提供的经济效益是不同的。一般来讲，固定资产在其使用前期工作效率相对较高，所带来的经济利益也较多；在其使用期间，工作效率一般呈下降趋势，因而，所带来的经济利益也就逐渐减少。年限平均法对此不予考虑，明显是不合理的。其次，固定资产在不同的使用年度发生的维修费用也不一样。固定资产的维修费用将随着其使用时间的延长而不断增加，而年限平均法也没有考虑这一因素。

当固定资产各期负荷程度相同时，各期应分摊相同的折旧费，这时采用年限平均法计算折旧是合理的。但是，如果固定资产各期负荷程度不同，采用年限平均法计算折旧，则不能反映固定资产的实际使用情况，计提的折旧额与固定资产的损耗程度也不相符。

（2）工作量法

工作量法是根据实际工作量计算每期应提的折旧额的一种方法。计算公式如下：

$$单位工作量折旧额 = \frac{固定资产原价 \times （1-预计净残值）}{预计总工作量}$$

$$某项固定资产月折旧额 = 该项固定资产当月工作量 \times 单位工作量折旧额$$

工作量法假定固定资产价值的降低不是由于时间的推移，而是由于使用。对在使用期间工作量负担差异大，提供的经济效益不均衡的固定资产而言，特别是在有形磨损比经济折旧更为重要的情况下，工作量法的这一假定是合理的。工作量法把有形损耗看作引起固定资产折旧的唯一因素，但由于无形损耗的客观存在，固定资产即使不使用也会发生折旧，使用工作量法难以在账面上反映这种情况。

（3）双倍余额递减法

双倍余额递减法指在不考虑固定资产预计净残值的情况下，根据每期期初固定资产原值减去累计折旧后的金额（即固定资产净值）和双倍的直线法折旧率计算固定资产折旧的一种方法。计算公式如下：

$$年折旧率 = 2 \div 预计使用寿命（年） \times 100\%$$

$$月折旧率 = 年折旧率 \div 12$$

$$月折旧额 = 固定资产净值 \times 月折旧率$$

由于每年年初固定资产净值没有扣除预计净残值，因此，在应用这种方法计算折旧额时必须注意不能使固定资产的净值降低到其预计净残值以下，即采用双倍余额递减法计提折旧的固定资产，通常在其折旧年限到期前两年内，固定资产净值扣除预计净残值后的余额平均摊销。

【情景6-7】北京市惠达股份有限公司的一台

生产设备原价为100万元。预计使用寿命为5年，预计净残值率为4%；假设北京市惠达股份有限公司没有对该机器设备计提减值准备。

北京市惠达股份有限公司按双倍余额递减法计提折旧，每年折旧额计算如下：

年折旧率=2÷5×100%=40%

第1年应提的折旧额=100×40%=40（万元）

第2年应提的折旧额=(100-40)×40%=24（万元）

第3年应提的折旧额=(100-40-24)×40%=14.4（万元）

从第4年起改按年限平均法（直线法）计提折旧，第4年、第5年应提的折旧额=(100-40-24-14.4-100×4%)÷2=8.8（万元）

（4）年数总和法

年数总和法又称年限合计法，是将固定资产的原值减去预计净残值后的余额再乘以一个以固定资产尚可使用寿命为分子、以预计使用寿命的年数总和为分母的逐年递减的分数，计算每年的折旧额。计算公式如下：

$$年折旧率=\frac{尚可使用寿命}{预计使用寿命的年数总和}\times 100\%$$

$$月折旧率=年折旧率\div 12$$

$$月折旧额=(固定资产原值-预计净残值)\times 月折旧额$$

双倍余额递减法和年数总和法都属于加速折旧法，其特点是在固定资产使用的早期多提折旧，后期少提折旧，其递减的速度逐年加快，从而相对加快折旧的速度，目的是使固定资产成本在估计使用年限内加快得到补偿。

【情景6-8】沿用【情景6-7】的资料，采用年数总和法计算的各年折旧额如表6-2所示。

表6-2　固定资产年数总和法计算表

年份	尚可使用寿命/年	原值-预计净残值	年折旧率	每年折旧额
第1年	5	960 000	5/15	320 000
第2年	4	960 000	4/15	256 000
第3年	3	960 000	3/15	192 000
第4年	2	960 000	2/15	128 000
第5年	1	960 000	1/15	64 000

5. 固定资产使用寿命、预计净残值和折旧方法的复核

在固定资产使用过程中，其所处的经济环境、技术环境以及其他环境都有可能对固定资产使用寿命和预计净残值产生较大影响。如固定资产使用强度比正常情况大大加强，致使固定资产使用寿命大大缩短；替代该项固定资产的新产品的出现致使其实际使用寿命缩短，预计净残值减少等。此时，如果不对固定资产使用寿命和预计净残值进行调整，必然不能准确反映其实际情况，也不能真实反映其为企业提供经济利益的期间及每期实际的资产消耗。

企业至少应当于每年年度终了时，对固定资产使用寿命和预计净残值进行复核。如有确凿证据表明固定资产使用寿命预计数与原先估计数有差异的，应当调整固定资产使用寿命；固定资产预计净残值预计数与原先估计数有差异的，应当调整预计净残值。

在固定资产使用过程中，与其有关的经济利益预期消耗方式也可能发生重大变化。在这种情况下，企业也应相应改变固定资产折旧方法。

固定资产使用寿命、预计净残值和折旧方法的改变按照会计估计变更的有关规定进行处理。需要特别注意的是，企业应当根据与固定资产有关的经济利益的预期消耗方式等实际情况合理确定固定资产折旧方法、预计净残值和使用寿命，除非有确凿证据表明经济利益的预期消耗方式发生了重大变化，或者取得了新的信息，积累了更多的经验，能够更准确地反映企业的财务状况和经营成果，否则不得随意变更。

6.3.2 固定资产的后续支出

固定资产的后续支出，是指固定资产在使用过程中发生的更新改造支出、修理费用等。固定资产的后续支出分为资本化的后续支出和费用化的后续支出。固定资产的更新改造、修理等后续支出，满足固定资产确认条件的，应当计入固定资产成本，如有被替换的部分，应同时将被替换部分的账面价值从该固定资产原账面价值中扣除；不满足固定资产确认条件的后续支出，应当在发生时计入当期损益。

1. 资本化的后续支出

固定资产发生资本化后续支出时，应当通过"在建工程"科目核算。发生的后续支出取得增值税专用发票的，按增值税专用发票上注明的增值税进项税额，借记"应交税费——应交增值税（进项税额）"科目，按实际支付的金额，贷记"银行存款"等科目。发生后续支出的固定资产达到预定可使用状态时，借记"固定资产"科目，贷记"在建工程"科目。

在固定资产发生的后续支出完工并达到预定可使用状态时，从在建工程转为固定资产，并按重新确定的使用寿命、预计净残值和折旧方法计提折旧。

【情景6-9】 北京市惠达股份有限公司2018年8月购入一条生产线，总计花费20万元，其中生产线中的码垛机器人购买价格为5万元，北京市惠达股份有限公司未将码垛机器人单独作为一项固定资产进行核算。2022年8月末，北京市惠达股份有限公司由于生产的产品适销对路，现有的一条生产线的生产能力已难以满足公司生产发展的需要，但若新建生产线又成本过高、周期过长，于是决定对现有生产线进行扩建，历时2个月，共发生改扩建支出10万元，全部以银行存款支付，2022年10月30日改扩建完成。假定生产线的年折旧率为4%，不考虑预计净残值的影响，北京市惠达股份有限公司应做如下会计处理。

2022年8月末生产线的累计折旧额
= 200 000×4%×4=32 000（元）

将固定资产转入在建工程。会计分录如下：

借：在建工程——生产线　　　168 000
　　累计折旧　　　　　　　　 32 000
　　贷：固定资产——生产线　　　200 000

2022年8月31至10月30日发生改扩建工程支出。会计分录如下：

借：在建工程　　　　　　　　100 000
　　贷：银行存款　　　　　　　　100 000

2022年10月30日，生产线改扩建工程达到预计可使用状态，转为固定资产，会计分录如下

借：固定资产　　　　　　　　268 000
　　贷：在建工程　　　　　　　　268 000

2. 费用化的后续支出

固定资产的日常维护支出通常不满足固定资产的确认条件，应在发生时直接计入当期损益。企业生产车间和行政管理部门发生的固定资产修理费用等后续支出计入管理费用；企业专设销售机构的，其发生的与专设销售机构相关的固定资产修理费用等后续支出计入销售费用。固定资产更新改造支出不满足固定资产确认条件的，也应在发生时直接计入当期损益。

【情景6-10】 北京市惠达股份有限公司9月1日对一台生产设备进行日常维护，实际发生费用为3万元，已用银行存款付讫。做会计分录如下：

借：管理费用　　　　　　　　 30 000
　　贷：银行存款　　　　　　　　 30 000

> **提示**
>
> 融资租入固定资产发生的固定资产后续支出，比照上述原则处理。经营租入固定资产发生的改良支出，应通过"长期待摊费用"账户核算，并在剩余租赁期与租赁资产尚可使用年限两者中较短的期间内，采用合理的方法进行摊销。

任务 6.4 固定资产的处置

6.4.1 固定资产终止确认条件

固定资产处置包括固定资产的出售、转让、报废或毁损、对外投资等。固定资产满足下列条件之一的,应当确认终止:

(1)该固定资产处于处置状态。

处于处置状态的固定资产不再用于生产商品、提供劳务、出租或经营管理。因此不再符合固定资产的定义,应予终止确认。

(2)该固定资产预期通过使用或处置不能产生经济利益。

固定资产的确认条件之一是"与该固定资产有关的经济利益很可能流入企业",如果一项固定资产预期通过使用或处置不能产生经济利益,就不再符合固定资产的定义和确认条件,应予终止确认。

6.4.2 固定资产处置的账务处理

(1)固定资产转入清理

固定资产转入清理时,按固定资产账面价值,借记"固定资产清理"科目,按已计提的累计折旧,借记"累计折旧"科目,按已计提的减值准备,借记"固定资产减值准备"科目,按固定资产原值,贷记"固定资产"科目。

(2)发生的清理费用

企业在固定资产清理过程中发生的相关税费及其他费用,应借记"固定资产清理"科目,贷记"银行存款""应交税费"等科目。

(3)出售收入、残料等的处理

企业收回出售固定资产的价款、残料价值和变价收入等,应冲减清理支出,借记"银行存款""原材料"等科目,贷记"固定资产清理""应交税费——应交增值税"等科目。

(4)保险赔偿的处理

企业计算或收到的应由保险公司或过失人赔偿的损失,应借记"其他应收款""银行存款"等科目,贷记"固定资产清理"科目。

(5)清理净损益的处理

固定资产清理完成后产生的净损益,依据固定资产不同的处置方式,分别适用不同的处理方法:

①因已丧失使用功能或因自然灾害发生毁损等而报废清理产生的利得或损失应计入营业外收支。属于生产经营期间正常报废产生的净损失,借记"营业外支出——处置非流动资产损失"科目,贷记"固定资产清理"科目;属于生产经营期间由于自然灾害等非正常原因造成的净损失,借记"营业外支出——非常损失"科目,贷记"固定资产清理"科目;如为净收益,借记"固定资产清理"科目,贷记"营业外收入"科目。

②因出售、转让等产生的固定资产处置利得或损失应计入资产处置收益。产生外置净损失的,借记"资产处置损益"科目,贷记"固定资产清理"科目,如为净收益,借记"固定资产清理"科目,贷记"资产处置损益"科目。

【情景6-11】北京市惠达股份有限公司有一台生产设备因使用期满经批准报废。该设备原价为20万元,累计计提折旧为16万元,减值准备为6 000元。在清理过程中,以银行存款支付清理费用3 600元,收到残料变卖收入7 000元。有关账务处理如下:

固定资产转入清理,原始凭证如图6-5所示。

会计分录如下:

借：固定资产清理——设备	34 000		固定资产减值准备——设备	6 000
累计折旧	160 000		贷：固定资产——设备	200 000

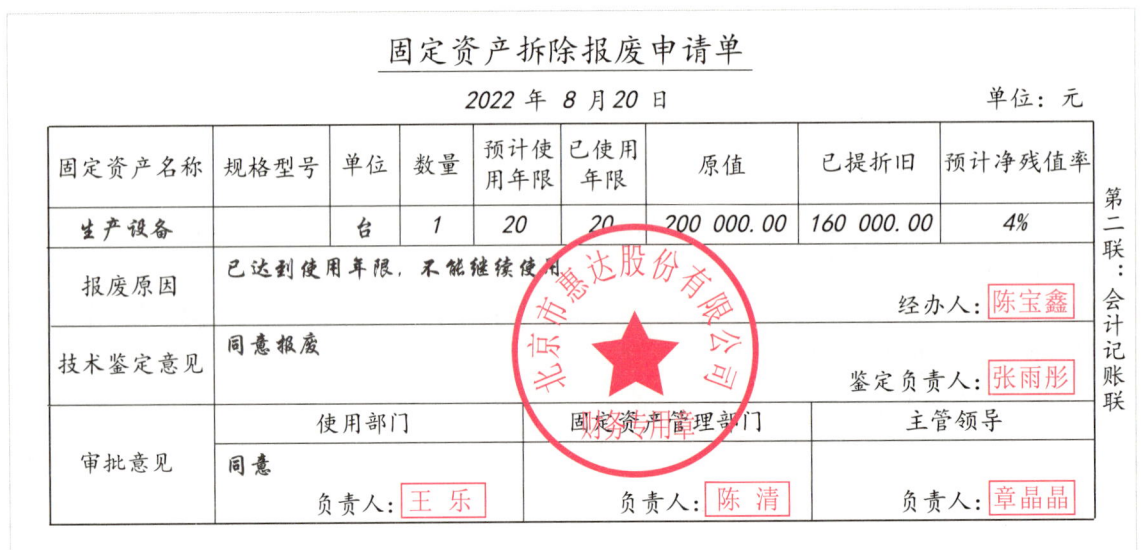

图 6-5　固定资产拆除报废申请单

发生清理费用。会计分录如下：

借：固定资产清理——生产设备　　3 600
　　贷：银行存款　　　　　　　　　　　3 600

收到残料变价收入。会计分录如下：

借：银行存款　　　　　　　　　　7 910
　　贷：固定资产清理——生产设备　　　7 000
　　　　应交税费
　　　　——应交增值税（销项税额）　　910

结转固定资产净损益，原始凭证如图 6-6 所示。会计分录如下：

借：营业外支出——处置非流动资产损失 30 600
　　贷：固定资产清理——生产设备　　30 600

图 6-6　固定资产清理损益计算表

（6）其他方式减少的固定资产

其他方式减少的固定资产，如以固定资产清偿债务、投资转出固定资产、以非货币性资产交换固定资产等，分别按照债务重组、非货币性资产交换等的处理原则进行核算。

项目小结

固定资产，指企业为生产商品、提供劳务、出租或进行经营管理而持有的，使用寿命超过一个会计年度的，单位价值较高的有形资产，如厂房、机器设备等。企业不论以何种方式取得固定资产，均应按取得时的实际成本作为入账价值。固定资产在使用中发生的价值损耗，应通过计提折旧的方式予以补偿。固定资产因出售、报废、毁损等原因减少时应按规定的会计处理方法进行处理，期末还应按固定资产可收回金额低于账面价值的差额计提固定资产减值准备，并计入当期损益。

思考与练习

一、单项选择题

1. 下列项目不符合固定资产定义的有（　　）
A. 使用年限超过一年的资产
B. 单位价值在规定标准以上的资产
C. 为生产商品而持有的资产
D. 为出租而持有的资产

2. 企业的下列固定资产，按规定不应计提折旧的是（　　）
A. 季节性停用的固定资产
B. 融资租入的设备
C. 经营性租入的设备
D. 未使用的设备

3. 关于企业固定资产会计处理的表述正确的是（　　）
A. 盘盈的固定资产应计入营业外收入
B. 出售固定资产利得应计入资产处置损益
C. 基本生产车间使用设备的修理费应计入制造费用
D. 盘亏的固定资产应通过"固定资产清理"科目核算

4. 企业固定资产满足下列条件之一时，应当予以终止确认的是（　　）
A. 固定资产已发生多次修理

B. 固定资产处于处置状态
C. 固定资产生产季节性停工
D. 固定资产预期通过使用或处置不能产生经济利益

5. 不会导致固定资产账面价值发生增减的是（ ）

A. 盘盈固定资产
B. 经营性租入设备
C. 以固定资产对外投资
D. 计提减值准备

二、多项选择题

1. 符合固定资产概念和确认条件的有（ ）
   A. 使用寿命超过一个会计年度
   B. 单位价值在 2 000 元以上
   C. 与该固定资产有关的经济利益可能流入企业
   D. 该固定资产的成本能够可靠地计量

2. 在采用自营方式建造厂房的情况下，下列项目中应计入厂房成本的有（ ）
   A. 工程项目耗用的工程物资
   B. 工程领用本企业商品涉及的增值税销项税额
   C. 生产车间为工程提供的水、电等费用
   D. 企业行政管理部门为组织和管理生产经营活动而发生的费用

3. 下列各项中，影响固定资产折旧的因素有（ ）
   A. 固定资产原价
   B. 固定资产的预计使用寿命
   C. 固定资产预计净残值
   D. 已计提的固定资产减值准备

4. 固定资产的后续支出包括（ ）
   A. 资产化的后续支出
   B. 收益化的后续支出
   C. 资本化的后续支出
   D. 费用化的后续支出

5. 下列事项中应贷记"固定资产清理"账户的有（ ）
   A. 支付固定资产清理费用
   B. 收到固定资产清理收入
   C. 结转固定资产净值
   D. 结转固定资产清理净损失

三、判断题

1. 固定资产是使用寿命超过一年的资产。（ ）
2. 固定资产应当按照取得时的成本进行初始计量。（ ）
3. 企业固定资产更新改造支出不满足资本化条件的，在发生时应直接计入当期损益。（ ）
4. 固定资产处置一般通过"固定资产清理"账户进行核算。（ ）
5. 企业购入需要安装的固定资产发生的安装费用应通过"管理费用"科目核算。（ ）

四、简答题

1. 什么是固定资产？

2. 固定资产终止确认的条件有哪些？

项目 7 无形资产

知识目标

◎ 掌握无形资产的基本概念；
◎ 掌握无形资产的特征、内容；
◎ 掌握无形资产的计量方法。

技能目标

◎ 掌握无形资产计量的账务处理方法；
◎ 掌握无形资产处置的账务处理方法。

案例导入

甲企业为增值税一般纳税人，出售一项商标权，所得的不含税价款为 150 万元，应缴纳的增值税为 9 万元（适用增值税税率为 6%，不考虑其他税费）。该商标权成本为 300 万元，出售时已摊销金额为 180 万元，已计提的减值准备为 30 万元。

案例评析

根据前述资料做出相应的账务处理。

本章导语

随着知识经济时代的到来，企业对无形资产的投入越来越多，无形资产的核算在企业经营活动中所起的作用也日益强大，并且已经成为一项重要的资产。

任务 7.1 无形资产概述

7.1.1 无形资产的概念和特征

1. 无形资产的概念

无形资产，指企业拥有或者控制的、没有实物形态的、可辨认的非货币性资产。无形资产需满足下列条件之一：

（1）能够从企业中分离或者划分出来，并能单独或者与相关合同、资产或负债一起，用于出售、转移、授予许可、租赁或者交换。

（2）源自合同性权利或其他法定权利，无论这些权利是否可以从企业或其他权利和义务中转移或者分离出来。

2. 无形资产的特征

（1）由企业拥有或者控制并能为其带来未来经济利益的资源

预计能为企业带来经济利益是作为一项资产的本质特征，无形资产也不例外。通常情况下，企业拥有或者控制的无形资产，指企业拥有该项无形资产的所有权，且该项无形资产能够为企业带来未来的经济利益。但在某些情况下并不需要企业拥有其所有权，如果企业有权获得某项无形资产产生的经济利益，同时又能约束其他人获得这些经济利益，则说明企业控制了该无形资产，或者说控制了该无形资产产生的经济利益，并受法律的保护。比如，企业自行研制的技术通过申请依法取得专利权后，在一定期限内就拥有了该专利技术的法定所有权；又比如，与其他企业签订合约转让商标权，使商标使用权转让方的相关权利受到法律的保护。

（2）无形资产不具有实物形态

无形资产通常表现为某种权利、某项技术或是某种获取超额利润的综合能力。它们不具有实物形态，看不见，摸不着，比如土地使用权、非专利技术等。无形资产为企业带来经济利益的方式与固定资产不同，固定资产是通过实物价值的磨损和转移来为企业带来未来经济利益，而无形资产很大程度上是通过自身所具有的技术等优势为企业带来未来经济利益，不具有实物形态是无形资产区别于其他资产的特征之一。

需要指出的是，某些无形资产的存在有赖于实物载体。比如，计算机软件需要存储在介质中，但这并不改变无形资产本身不具有实物形态的特性。在确定一项同时包含无形和有形要素的资产是属于固定资产，还是属于无形资产时，通常以哪个要素更重要作为判断的依据。例如，计算机控制的机械工具没有特定计算机软件就不能运行时，说明该软件是构成相关硬件不可缺少的组成部分，该软件应作为固定资产处理；如果计算机软件不是相关硬件不可缺少的组成部分，则该软件应作为无形资产核算。

（3）无形资产具有可辨认性

作为无形资产，该资产必须是能够区别于其他资产并可单独辨认的，如企业持有的专利权、非专利技术、商标权、土地使用权、特许权等。从可辨认性角度考虑，商誉是与企业整体价值联系在一起的，无形资产的定义要求无形资产是可辨认的，以便与商誉清楚地区分开来。企业合并中取得的商誉代表了购买方为从不能单独辨认并独立确认的资产中获得预期经济利益而付出的代价。这些未来经济利益可能产生于取得的可辨认资产之间的协同作用，也可能产生于购买者在企业合并中准备支付的但不符合财务报表确认条件的资产。从计量上来讲，商誉是企业合并成本大于合并中取得的各项可辨认资产、负债、公允价值份额的差额，代表的是企业未来现金流量大于每一单项资产产生未来现金流量的合计金额，其存在无法与企业自身区分开来，由于不具有可辨认性，虽然商誉也是没有实物形态的非货币性资产，但不属于无形资产。符合以下条件之一的，则认为其具有可辨认性：

①能够从企业中分离或者划分出来，并能单独用于出售或转让等，而且不需要同时处置在同一获利活动中的其他资产。某些情况下无形资产可能需要与有关的合同一起用于出售、转让等，这时也视其为可辨认无形资产。

②产生于合同性权利或其他法定权利，无论这些权利是否可以从企业或其他权利和义务中转移或者分离。如一方通过与另一方签订特许权合同而获得的特许使用权，通过法律程序申请获得的商标权、专利权等。

如果企业有权获得一项无形资产产生的未来经济利益，并能约束其他方获取这些利益，则表明企业控制了该项无形资产。例如，对于会产生经济利益的技术或知识，若其受到版权、贸易协议（如果允许）等法定权利或雇员保密法定职责的保护，就说明该企业控制了相关利益。客户关系、人力资源等，由于企业无法控制其带来的未来经济利益，不符合无形资产的定义，不应将其确认为无形资产。内部产生的品牌、报刊名、刊头、客户名单和实质上类似项目的支出不能与整个业务开发成本区分开来，因此，这类项目也不应确认为无形资产。

（4）无形资产属于非货币性资产

非货币性资产，是指企业持有的货币资金和将以固定或可确定的金额收取的资产以外的其他资产。无形资产由于没有完善的交易市场，一般不容易转化成现金，在持有过程中为企业带来未来经济利益的情况不确定，不属于以固定或可确定的金额取得的资产，属于非货币性资产。货币性资产主要有现金、银行存款、应收账款、应收票据和短期有价证券等，它们的共同特点是直接以一定的货币表示，或享有在将来收到一定货币的权利。应收款项等资产也没有实物形态，其与无形资产的区别在于无形资产属于非货币性资产，而应收款项等资产则不属于非货币性资产。另外，虽然固定资产也属于非货币性资产，但其为企业带来经济利益的方式与无形资产不同。固定资产是通过实物价值的磨损和转移为企业带来未来经济利益，而无形资产很大程度上是通过某些权利、技术等的优势为企业带来未来经济利益。

7.1.2 无形资产的确认条件

无形资产应当在符合定义的前提下，同时满足下列两个条件时，才能予以确认：

1. 与该无形资产有关的经济利益很可能流入企业

作为无形资产确认的项目，必须满足其所产生的经济利益很可能流入企业这一条件。通常情况下，无形资产产生的未来经济利益可能包含在销售商品、提供劳务的收入当中，或者企业因使用该项无形资产而节约了成本，或者体现在获得的其他利益当中。如生产加工企业在生产工序中使用了某种知识产权，使其降低了未来生产成本。

会计实务中，要确定无形资产所创造的经济利益是否可能流入企业，需要对无形资产在预计使用期间可能存在的各种经济因素作出合理估计，并且应当有确凿的证据支持。如企业是否拥有足够的人力资源、高素质的管理队伍、相关的硬件设备、相关的原材料等来配合无形资产为企业创造经济利益。同时，应该关注一些外界因素，如是否存在与该无形资产相关的新技术、新产品冲击，或其生产的产品是否有市场等。总之，企业管理层应对在无形资产的预计使用期限内存在的各种因素作出最稳健的估计。

2. 该无形资产的成本能够可靠地计量

成本能够可靠地计量是确认资产的一项基本条件，对无形资产而言，这个条件显得更为重要。如企业内部产生的品牌、报刊名、刊头、客户名单和实质上类似项目的支出，由于不能与整个业务开发成本区分开来，成本无法可靠计量，因此不应确认为无形资产。

7.1.3 无形资产的内容

无形资产通常包括专利权、非专利技术、商标权、著作权、特许权和土地使用权等。

1. 专利权

专利权指国家专利主管机关依法授予专利申请人,在法定期限内对其发明创造所享有的专有权利,包括发明专利权、实用新型专利权和外观设计专利权。

2. 非专利技术

非专利技术也称专有技术,指不为外界所知、在生产经营活动中已采用了的、不享有法律保护的、可以带来经济效益的各种技术和诀窍。非专利技术一般包括工业专有技术、商业贸易专有技术、管理专有技术等。

3. 商标权

商标是辨认特定的商品或劳务的标记。商标权指专门在某类指定的商品或产品上使用特定的名称或图案的权利。

4. 著作权

著作权又称版权,指作者对其创作的文学、科学和艺术作品依法享有的某些特殊权利。著作权不仅包括作品署名权、发表权、修改权和保护作品完整权,还包括复制权、发行权、出租权、展览权、表演权、放映权、广播权、信息网络传播权、摄制权、改编权、翻译权、汇编权以及应当由著作权人享有的其他权利。

5. 特许权

特许权又称经营特许权、专营权,指企业在某一地区经营或销售某种特定商品的权利或是一家企业接受另一家企业使用其商标、商号、技术秘密等的权利。特许权通常有两种形式,一种是由政府机构授权,准许企业使用或在一定地区享有经营某种业务的特权,如水、电、邮电、通信等专营权,烟草专卖权等;另一种指企业间依照签订的合同,有限期或无限期使用另一家企业的某些权利,如连锁店、分店使用总店的名称等。

6. 土地使用权

土地使用权指国家准许某企业在一定期间内对国有土地享有开发、利用、经营的权利。根据我国《土地管理法》的规定,我国土地实行公有制,任何单位和个人不得侵占、买卖或者以其他形式非法转让。企业取得土地使用权的方式大致有行政划拨取得、外购取得及投资者投资取得三种。

任务 7.2 无形资产的初始计量

无形资产通常按照实际成本进行初始计量,即以取得无形资产并使之达到预定用途而发生的全部支出作为无形资产的成本。无形资产的来源不同,其成本构成也不相同。

7.2.1 外部取得无形资产的初始计量

1. 外部取得无形资产的成本

（1）外购无形资产的成本

外购无形资产的成本，包括购买价款、相关税费以及直接归属于使该项资产达到预定用途所发生的其他支出。其中，直接归属于使该项资产达到预定用途所发生的其他支出包括使无形资产达到预定用途所发生的专业服务费用、测试无形资产是否能够正常发挥作用的费用等，但不包括为引入新产品发生的广告费、管理费及其他间接费用，也不包括在无形资产已经达到预定用途以后发生的费用。

若购买的价款超过正常信用条件延期支付，实质上具有融资性质的无形资产的成本应按购买价款的现值确定。实际支付的价款与购买价款的现值之间的差额作为未确认融资费用，应在付款期间内采用实际利率法进行摊销。其摊销金额除满足借款费用资本化条件的应当计入无形资产成本外，其余均应当在信用期间内作为财务费用，计入当期损益。

（2）投资者投入无形资产的成本

投资者投入无形资产的成本，应当按照投资合同或协议约定的价值确定，但合同或协议约定价值不公允的，应按无形资产的公允价值入账。

按照投资合同或协议约定的价值进行核算，会计分录如下：

借：无形资产
　　贷：实收资本（或股本）

（3）取得土地使用权的成本

企业取得的土地使用权，通常应当按照取得时所支付的价款及相关税费确认为无形资产。土地使用权用于自行开发建造厂房等地上建筑物时，其账面价值不与地上建筑物合并计算成本，而仍作为无形资产单独进行核算。土地使用权与地上建筑物分别进行摊销和提取折旧。但下列情况除外：

①房地产开发企业取得的土地使用权用于建造对外出售的房屋时，相关的土地使用权应当计入所建造的房屋成本。

②企业外购的建筑物，实际支付的价款中包括土地以及建筑物的价值，则应当对支付的价款按照合理的方法（例如，公允价值比例）在土地和地上建筑物之间进行分配；如果确实无法在地上建筑物与土地使用权之间进行合理分配的，应当全部作为固定资产确认和计量。

企业改变土地的用途，将其用于出租或增值目的时，应将其转为投资性房地产。

【情景7-1】2022年1月1日，A股份有限公司购入一块土地的使用权，以银行存款转账支付6 000万元，并在该土地上自行建造厂房等工程，发生材料支出10 000万元，工资费用6 000万元，其他相关费用10 000万元。该工程已经完工并达到预定可使用状态。假定土地使用权的使用年限为50年，该厂房的使用年限为25年，两者都没有净残值，都采用直线法进行摊销和计提折旧。为简化核算，不考虑其他相关税费。

分析：A公司购入土地使用权，使用年限为50年，表明它属于有使用期限的无形资产；在该土地上自行建造厂房，应将土地使用权和地上建筑物分别作为无形资产和固定资产进行核算，并分别摊销和计提折旧。

A公司的账务处理如下：

支付转让价款：

借：无形资产——土地使用权　60 000 000
　　贷：银行存款　　　　　　　60 000 000

在土地上自行建造厂房：

借：在建工程　　　　　　　　260 000 000
　　贷：工程物资　　　　　　　100 000 000
　　　　应付职工薪酬　　　　　 60 000 000
　　　　银行存款　　　　　　　100 000 000

厂房达到预定可使用状态：

借：固定资产　　　　　　　　260 000 000
　　贷：在建工程　　　　　　　260 000 000

每年分期摊销土地使用权和对厂房计提折旧：

借：制造费用（土地摊销）　　　1 200 000

制造费用（厂房折旧）	10 400 000	累计折旧	10 400 000
贷：累计摊销	1 200 000		

7.2.2　自行开发的无形资产的初始计量

1. 研究阶段与开发阶段的界定

（1）研究阶段。研究指为获取并理解新的科学或技术知识而进行的独创性的有计划的调查。研究阶段基本上是探索性的，是为进一步开发活动进行的准备，已进行的研究活动将来是否会转入开发、开发后是否会形成无形资产等均具有较大的不确定性。

（2）开发阶段。开发指在进行商业性生产或使用前，将研究成果或其他知识应用于某项计划或设计，以生产出新的或具有实质性改进的材料、装置、产品等。相对于研究阶段而言，开发阶段应当是已完成研究阶段的工作，在很大程度上具备了形成一项新产品或新技术的基本条件。

2. 开发成本资本化条件

研究阶段发生的费用不予以资本化，只有开发阶段符合资本化条件的费用才能计入无形资产成本。

在开发阶段，可以将有关支出资本化计入无形资产成本的条件包括：

（1）完成该无形资产以使其能够使用或出售在技术上具有可行性。企业在判断是否满足该条件时，应以目前的成果为基础，说明进一步进行开发所需的技术条件等已经具备，基本上不存在技术上的障碍或其他不确定性。企业在判断时，应提供相关的证据和材料。

（2）具有使用或出售该无形资产的意图。开发某项产品或专利技术，通常是管理者根据该项研发活动的目的或者意图所做的决定，即研发项目形成成果以后，是为出售，还是为自己使用并从中获得经济利益，应当根据管理者意图而定。

（3）无形资产产生经济利益的方式，包括运用该无形资产生产的产品存在市场或无形资产自身存在市场，无形资产将在内部使用的，应当证明其有用性。确认无形资产的基本条件是能够为企业带来未来经济利益。就其能够为企业带来未来经济利益的方式来讲，如果无形资产，主要是用于形成新产品或新工艺的，企业应对运用该无形资产生产的产品的市场情况进行估计，应能够证明所生产的产品存在市场，并能够带来经济利益的流入；如果有关无形资产开发以后主要用于对外出售，则企业应能够证明市场上存在对该类无形资产的需求，可以带来经济利益的流入；如果开发的无形资产，既不用于生产产品，也不用于对外出售，而是在企业内部使用的，则应能够证明在内部使用时对企业的有用性。

（4）有足够的技术、财务资源和其他资源支持，以完成该无形资产的开发，并有能力使用或出售该无形资产。这一条件主要包括：

①完成该项无形资产开发要具有技术上的可靠性。开发的无形资产并使其形成成果在技术上的可靠性，是继续开发活动的关键。因此，必须有确凿证据证明企业继续开发该项无形资产有足够的技术支持和技术能力。

②财务资源和其他资源支持。财务和其他资源支持是完成该项无形资产开发的经济基础，因此，企业必须能够证明为完成该无形资产的开发所需的财务和其他资源，是否能够足以支持完成该项无形资产的开发。

③能够证明企业在开发过程中所需的技术、财务和其他资源，以及企业获得这些资源的相关计划等。如在企业自有资金不足以提供支持的情况下，是否存在外部其他方面的资金支持，如银行等金融机构愿意为该无形资产的开发提供所需资金的声明等来证实，并有能力使用或出售该无形资产。

（5）无形资产开发阶段的支出能够可靠地计量。企业在无形资产开发阶段发生的支出应单独核算，如发生的开发人员的工资、材料费等，在同时进行多项开发的情况下，应按照一定的标准将支出在各项开发活动之间进行分配，无法明确分配的，应予以费用化计入当期损益，不计入开发活动成本。

3. 自行开发的无形资产的账务处理

（1）研究阶段支出的账务处理。考虑到研究阶段的探索性及成果的不确定性，对于企业内部研究开发项目研究阶段的支出，应当于发生时计入当期损益。

（2）开发阶段支出的账务处理。可直接计入成本的支出包括：开发该无形资产时耗费的材料、劳务成本、注册费，在开发该无形资产过程中使用的其他专利权和特许权的摊销、按照借款费用的处理原则可以资本化的利息支出等。

企业自行开发无形资产发生的研发支出，不满足资本化条件的，会计分录如下：

借：研发支出——费用化支出；
  贷：原材料 、银行存款、应付职工薪酬

期末，应将不符合资本化条件的研发支出转入当期损益，会计分录如下：

借：管理费用；
  贷：研发支出——费用化支出

将符合资本化条件但尚未完成的开发支出继续保留在"研发支出——资本化支出"账户中，待开发项目达到预定用途形成无形资产时，再将其发生的实际成本转入无形资产成本。

提示

内部开发无形资产的成本仅包括在满足资本化条件的时点至无形资产达到预定用途前发生的支出总和，对于同一项无形资产在开发过程中达到资本化条件之前已经费用化计入当期损益的支出不再进行调整。

提示

无法区分研究阶段和开发阶段的支出，应当在发生时费用化，计入当期损益（管理费用）。

7.2.3 其他方式取得的无形资产的初始计量

1. 通过非货币性资产交换取得的无形资产的成本

投资者投入的无形资产的成本，应当按照投资合同或协议约定的价值确定无形资产的取得成本。投资合同或协议约定价值不公允的，应按无形资产的公允价值作为无形资产初始成本入账。

2. 通过债务重组取得的无形资产的成本

企业通过非货币性资产、债务重组等方式取得的无形资产应当分别按照《企业会计准则第7号——非货币性资产交换》《企业会计准则第12号——债务重组》等的规定确定成本。

3. 通过政府补助取得的无形资产的成本

通过政府补助取得的无形资产，成本应当按照公允价值计量；公允价值不能可靠取得的，按照名义金额计量。

任务 7.3 无形资产的后续计量

7.3.1 无形资产的使用寿命

企业应当在取得无形资产时分析判断其使用寿命。无形资产的使用寿命如为有限的，应当估计该使用寿命的年限或者构成使用寿命的产量等类似计量单位数量；无法预见无形资产为企业带来未来经济利益期限的，应当视其为使用寿命不确定的无形资产。

估计无形资产使用寿命应考虑的因素包括：

1. 该资产生产的产品通常的寿命周期，以及可获得的类似资产使用寿命的信息；

2. 技术、工艺等方面的现实情况及对未来发展的估计；

3. 该资产运用的稳定性和生产的产品或服务的市场需求情况；

4. 现在或潜在的竞争者预期采取的行动；

5. 为维持该资产产生未来经济利益的能力所需要的支出，以及企业预计支付有关支出的能力；

6. 该资产的控制期限，以及对该资产使用的法律或类似限制，如特许使用期间、租赁期间等；

7. 与企业持有的其他资产使用寿命的关联性等。

7.3.2 无形资产摊销的账务处理

1. 使用寿命有限的无形资产

使用寿命有限的无形资产，应以成本减去累计摊销额和累计减值损失后的余额进行后续计量，在其预计的使用寿命内采用系统合理的方法对应摊销金额进行摊销。

（1）应摊销金额

无形资产的应摊销金额，指其成本扣除预计残值后的金额。已计提减值准备的无形资产，还应扣除已计提的无形资产减值准备累计金额。无形资产的残值一般为零，但下列情况除外：

①有第三方承诺在无形资产使用寿命结束时购买该无形资产；

②可以根据活跃市场得到预计残值信息，并且该市场在无形资产使用寿命结束时很可能存在。

无形资产的残值意味着，在其使用寿命结束之前，企业可以处置该无形资产，并且可以从该处置中获得利益。估计无形资产的残值应以资产处置时的可收回金额为基础，此时的可收回金额指在预计出售日，一项类似无形资产的处置价格（扣除相关税费）。残值确定以后，在持有无形资产的期间内，至少应于每年年末进行复核，预计其残值与原估计金额不同的，应按照会计估计变更进行处理。如果无形资产的摊销，直至残值降至低于账面价值时再恢复摊销。

（2）摊销期和摊销方法

无形资产的摊销期自其可供使用（即其达到预定用途）时起至终止确认时止。企业应根据与无形资产有关的经济利益的预期消耗方式选择无形资产的摊销方法，并一致地运用于会计期间。具体摊销方法包括直线法、产量法等。受技术陈旧因素影响较大的专利权和专有技术等无形资产，可采用类似固定资产加速折旧的方法进行摊销；有特定产量限制的特许经营权或专利权，应采用产量法进行摊销。不能可靠确定其预期消耗方式的，应当采用直线法进行摊销。

由于收入可能受投入、生产过程和销售等因素的影响，而这些因素与无形资产有关经济利益的预期消耗方式无关，因此，企业通常不应以包括使用无形资产在内的经济活动所产生的收入为基础进行摊销，但是，下列极其有限的情况除外：

①企业根据合同享有对无形资产限制性条款（如无形资产的使用时间、使用无形资产生产产品的数量或因使用无形资产而应取得固定的收入总额）的。当该条款限制了使用无形资产取得的收入总额时，取得的收入可以成为摊销的合理基础，如企业获得勘探开采黄金的特许权，合同可能会明确规定该特许权在销售黄金的收入总额达到某固定的金额时失效。

②有确凿的证据表明收入的金额和无形资产经济利益的消耗是高度相关的。

企业采用车流量法对高速公路经营权进行摊销的，不属于以包括使用无形资产在内的经济活动产生的收入为基础的摊销方法。

企业至少应当于每年年度终了时，对使用寿命有限的无形资产的使用寿命及摊销方法进行复核，如果有证据表明无形资产的使用寿命及摊销方法与以前估计不同，应当改变其摊销期限和摊销方法，并按照估计变更进行会计处理。

（3）使用寿命有限的无形资产摊销的会计处理

无形资产的摊销金额一般应当计入当期损益，但如果某项无形资产是专门用于生产某种产品或其他资产的，其所包含的经济利益是通过转入所生产的产品或其他资产中实现的，则该无形资产的摊销金额应当计入相关资产的成本。例如，一项专门用于生产某种产品的专利技术，其摊销金额应构成所生产产品成本的一部分，计入制造该产品的制造费用。

【情景7-2】2020年1月1日，甲公司从外单位购得一项新专利技术用于产品生产，价款为9 000万元，款项已支付。该项专利技术法律保护期间为15年，公司预计运用该专利生产的产品在未来10年内会为公司带来经济利益。假定这项无形资产的净残值为0，并按年采用直线法摊销。

本例中，甲公司外购的专利技术的预计使用期限（10年）短于法律保护期间（15年），则应当按照企业预计使用期限确定其使用寿命，同时也表明该项专利技术是使用寿命有限的无形资产，且该项无形资产是用于产品生产的，因此，应当将其摊销金额计入相关产品的成本。

甲公司的账务处理如下：

取得无形资产时

借：无形资产——专利权　　90 000 000

　　贷：银行存款　　　　　　90 000 000

按年摊销时

借：制造费用——专利权摊销　9 000 000

　　贷：累计摊销　　　　　　　9 000 000

2022年1月1日，就上述专利技术，第三方向甲公司承诺在3年内以其最初取得时公允价值的60%购买，从公司管理层目前的持有计划来看，准备在3年内将其出售给第三方。为此，甲公司应当在2022年变更该项专利技术的估计使用寿命为3年，变更净残值为5 400万元（90 000 000×60%），并按会计估计变更进行处理。

2022年该项无形资产的摊销金额为600万元[（90 000 000－9 000 000×2－54 000 000）÷3]。

甲公司2022年对该项专利技术按年摊销的账务处理为：

借：制造费用——专利权摊销　6 000 000

　　贷：累计摊销　　　　　　　6 000 000

2. 使用寿命不确定的无形资产

根据可获得的相关信息判断，有确凿证据表明无法合理估计其使用寿命的无形资产，才能作为使用寿命不确定的无形资产。对于使用寿命不确定的无形资产，在持有期间内不需要进行摊销。

任务 7.4 无形资产的处置

无形资产的处置，主要指无形资产出售、对外出租、对外捐赠，或者是无法为企业带来未来经济利益时，应予终止确认并转销。

7.4.1 出售

企业出售某项无形资产，表明企业放弃该项无形资产的所有权，应按照持有待售非流动资产、处置组的相关规定进行会计处理。

【情景 7-3】甲企业为增值税一般纳税人，出售一项商标权，所得的不含税价款为 150 万元，应缴纳的增值税为 9 万元（适用增值税税率为 6%，不考虑其他税费）。该商标权成本为 300 万元，出售时已摊销金额为 180 万元，已计提的减值准备为 30 万元。

甲企业的账务处理为：

借：银行存款　　　　　　　　　　1 590 000
　　累计摊销　　　　　　　　　　1 800 000
　　无形资产减值准备——商标权　　300 000
　　贷：无形资产——商标权　　　　3 000 000
　　　　应交税费——应交增值税（销项税额）
　　　　　　　　　　　　　　　　　　90 000
　　　　资产处置损益　　　　　　　　600 000

7.4.2 对外出租

企业将所拥有的无形资产的使用权让渡给他人，并收取租金，属于与企业日常活动相关的其他经营活动取得的收入，在满足收入确认条件的情况下，应确认相关的收入及成本，并通过其他业务收支科目进行核算。让渡无形资产使用权取得的收入，借记"银行存款"等科目，贷记"其他业务收入"等科目；摊销出租无形资产的成本及与出租有关的各种费用支出时，借记"其他业务成本"科目，贷记"累计摊销"科目。

【情景 7-4】2022 年 1 月 1 日，甲企业将一项专利技术出租给乙企业使用，该专利技术账面余额为 600 万元，摊销期限为 10 年，出租合同规定，承租方每销售一件用该专利生产的产品，必须付给出租方 10 万元专利技术使用费。假定承租方当年销售该产品 20 件（不考虑相关税费）。

甲企业的账务处理如下
取得该项专利技术使用费时：

借：银行存款　　　　　　　　　　2 000 000
　　贷：其他业务收入　　　　　　2 000 000

按年对该项专利技术进行摊销：

借：其他业务成本　　　　　　　　　600 000
　　贷：累计摊销　　　　　　　　　600 000

7.4.3 报废

如果无形资产预期不能为企业带来经济利益，例如，该无形资产已被其他新技术所替代或超过法律保护期，则不再符合无形资产的定义，应将其报废并予以转销，其账面价值转作当期损益。

转销时,应按已计提的累计摊销,借记"累计摊销"科目,按其账面余额,贷记"无形资产"科目;按其差额,借记"营业外支出"科目。已计提减值准备的,还应同时结转减值准备。

【情景7-5】甲企业原拥有一项非专利技术,采用直线法进行摊销,预计使用期限为10年。现该项非专利技术已被内部研发成功的新技术所替代,用该非专利技术生产的产品已没有市场,预期不能再为企业带来任何经济利益,故应当予以转销。转销时,该项非专利技术的成本为800万元,已摊销6年,累计计提减值准备200万元,该项非专利技术的残值为0。假定不考虑其他相关因素。甲企业应做如下账务处理:

借:累计摊销　　　　　　　　　4 800 000
　　无形资产减值准备——非专利技术
　　　　　　　　　　　　　　　2 000 000
　　营业外支出——处置非流动资产损失
　　　　　　　　　　　　　　　1 200 000
　　贷:无形资产——非专利技术　8 000 000

项目小结

本项目主要讲述了无形资产、无形资产的初始计量、无形资产的后续计量、无形资产的处置。无形资产概述主要包括无形资产的概念和特征、无形资产的确认条件、无形资产的内容;无形资产的初始计量主要包括外部取得无形资产的初始计量、自行开发的无形资产的初始计量、其他方式取得的无形资产的初始计量;无形资产的后续计量主要包括无形资产的使用寿命、无形资产摊销的账务处理;无形资产的处置主要包括出售、对外出租、报废。

思考与练习

一、单项选择题

1. 下列项目中,应确认为无形资产的是（　　）
A. 企业自创商誉
B. 企业内部产生的品牌
C. 企业内部研究开发项目研究阶段的支出
D. 企业购入的专利权

2. "无形资产"科目的期末借方余额,反映企业无形资产的（　　）
A. 成本　　　　　　B. 摊余价值
C. 账面价值　　　　D. 可收回金额

3. 企业在研究与开发无形资产过程中发生的各项支出应先计入的科目是（　　）
A. 无形资产　　　　B. 管理费用

C. 研发支出　　　D. 累计摊销

4.下列各项中关于无形资产的摊销，表述不正确的是（　）

A. 使用寿命不确定的无形资产不应摊销

B. 出租无形资产的摊销额应计入管理费用

C. 使用寿命有限的无形资产处置当月不再摊销

D. 无形资产的摊销法主要用直线法

5.下列关于无形资产处置的说法中正确的是（　）

A. 无形资产的处置损益指处置价款扣除无形资产账面价值的差额

B. 无形资产的处置损益指处置价款扣除无形资产账面余额的差额

C. 无形资产报废时应当按照账面余额转入资产处置损益

D. 企业对出租的无形资产计提的摊销应当计入销售费用

二、多项选择题

1.关于无形资产的确认，应同时满足的条件有（　）

A. 符合无形资产的定义

B. 与该资产有关的经济利益很可能流入企业

C. 该无形资产的成本能够可靠地计量

D. 必须是企业外购的

2.下列表述中，能够表现无形资产特征要求的有（　）

A. 没有实物形态

B. 企业可以长期受益

C. 既可以用于生产，也可以用于管理

D. 能够区别于其他资产并可单独辨认

3.与无形资产处置相关的账户有（　）

A. 累计摊销　　　B. 无形资产减值准备

C. 资产处置损益　D. 无形资产

4.外购无形资产的成本，包括（　）

A. 购买价款

B. 进口关税

C. 其他相关税费

D. 直接归属于使该项资产达到预定用途所发生的其他支出

5.无形资产摊销涉及的主要因素有（　）

A. 无形资产的摊销年限

B. 无形资产的摊销方法

C. 无形资产的成本和残值

D. 无形资产摊销开始的月份

三、判断题

1.企业的商誉应当作为无形资产入账。（　）

2.无形资产是企业拥有或者控制的没有实物形态的非货币性资产，分为可辨认和不可辨认的无形资产。（　）

3.外购无形资产的成本包括购买价款、相关税费以及直接归属于使该项资产达到预定用途所发生的其他支出。（　）

4.使用寿命有限的无形资产，通常将其残值视为零。（　）

5.出租无形资产取得收入时借记其他业务收入。（　）

四、简答题

1.什么是无形资产？

2.无形资产的确认条件有哪些？

项目 8 非货币性资产交换

知识目标

◎ 掌握非货币性资产交换的特征；

◎ 掌握非货币性资产交换的认定确认和计量方法。

技能目标

◎ 掌握非货币性公允价值确认方法；

◎ 掌握非货币性账面价值确认方法；

◎ 掌握确认非货币性资产交换具有商业实质的方法。

案例导入

乙食品公司是甲集团公司的全资子公司，都是一般纳税人。2021年中秋节前夕，甲公司用一台富余的载货汽车与乙公司交换了一批月饼。载货汽车原值10万元，已提折旧2万元，未计提减值准备，市场售价7万元（不含税）。乙公司交换的月饼账面成本价7万元，市场售价9万元（不含税）。双方未补差价，双方互开了8万元的增值税专用发票。乙公司换回的汽车作为固定资产入账（假设无其他费用发生）。

案例评析

乙公司2021年的该非货币性资产交换的会计处理及纳税调整。

本章导语

非货币性资产交换，指交易双方主要以存货、固定资产、无形资产、长期股权投资和不准备持有至到期的债券投资等非货币性资产进行的交换。该交换不涉及或只涉及少量的货币性资产（即补价）。

任务 8.1 非货币性资产交换概述

1. 非货币性资产交换的特征

根据《企业会计准则第 7 号——非货币性资产交换》（简称"非货币性资产交换准则"）非货币性资产交换，指交易双方主要以存货、固定资产、无形资产和长期股权投资等非货币性资产进行的交换。该交换不涉及或只涉及少量的货币性资产（即补价）。

货币性资产，指企业持有的货币资金和将以固定或可确定的金额收取的资产，包括现金、银行存款、应收账款和应收票据以及准备持有至到期的债券投资等。

2. 非货币性资产交换的认定

非货币性资产，是指货币性资产以外的资产。

《〈企业会计准则第 7 号——非货币性资产交换〉解释》指出，认定涉及少量货币性资产的交换为非货币性资产交换，通常以补价占整个资产交换金额的比例低于 25% 作为参考。

但是，下列情形不适用于《企业会计准则第 7 号——非货币性资产交换》：

（1）企业以存货换取客户的非货币性资产的，适用《企业会计准则第 14 号——收入》。

（2）非货币性资产交换中涉及企业合并的，适用《企业会计准则第 20 号——企业合并》《企业会计准则第 2 号——长期股权投资》和《企业会计准则第 33 号——合并财务报表》。

（3）非货币性资产交换中涉及由《企业会计准则第 22 号——金融工具确认和计量》规范的金融资产的，金融资产的确认、终止确认和计量适用《企业会计准则第 22 号——金融工具确认和计量》和《企业会计准则第 23 号——金融资产转移》。

（4）非货币性资产交换中涉及由《企业会计准则第 21 号——租赁》规范的使用权资产或应收融资租赁款等的，相关资产的确认、终止确认和计量适用《企业会计准则第 21 号——租赁》。

（5）非货币性资产交换的一方直接或间接对另一方持股且以股东身份进行交易的，或者非货币性资产交换的双方均受同一方或相同的多方最终控制，且该非货币性资产交换的交易实质是交换的一方向另一方进行了权益性分配或交换的一方接受了另一方权益性投入的，适用权益性交易的有关会计处理规定。

任务 8.2 非货币性资产交换的确认和计量

非货币性资产交换准则规定了确定换入资产成本的两种计量基础和交换所产生损益的确认原则。

8.2.1　确认和计量原则

1. 公允价值

非货币性资产交换准则规定，非货币性资产交换同时满足下列条件的，应当以公允价值和应支付的相关税费作为换入资产的成本，公允价值与换出资产账面价值的差额计入当期损益。

（1）该项交换具有商业实质；

（2）换入资产或换出资产的公允价值能够可靠计量。换入资产和换出资产的公允价值均能可靠计量的，应当以换出资产的公允价值作为确定换入资产成本的基础，但有确凿证据能表明换入资产的公允价值更加可靠的除外。

非货币性资产交换准则解释中指出，属于以下 3 种情形之一的，视为公允价值能够可靠计量。

（1）换入或换出资产存在活跃市场的，表明该资产的公允价值能够可靠计量。

对于存在活跃市场的交易性证券、存货、长期股权投资、固定资产、无形资产等非货币性资产，应当以资产的市场价格为基础确定其公允价值。

（2）换入或换出资产本身不存在活跃市场，但类似资产存在活跃市场的，表明该资产的公允价值能够可靠计量。类似资产存在活跃市场的存货、长期股权投资、固定资产、无形资产等非货币性资产，应当以调整后的类似资产市场价格为基础确定公允价值。

（3）对于不存在同类或类似资产可比市场交易的存货长期股权投资、固定资产、无形资产等非货币性资产，应当参照《企业会计准则第22号——金融工具确认和计量》等，采用估值技术确定其公允价值。采用估值技术确定的公允价值估计数的变动区间很小，或者在公允价值估计数变动区间内，以及各种用于确定公允价值估计数的概率能够合理确定的，视为公允价值能够可靠计量。

【情景8-1】2022年9月，北京市惠达股份有限公司以生产经营过程中使用的一台设备交换北京市万嘉公司生产的一批打印机，换入的打印机作为固定资产管理。两个公司均为增值税一般纳税人，适用的增值税税率为13%。设备的账面原价为1 800 000元，在交换日的累计折旧为560 000元，公允价值为1 200 000元。打印机的账面价值为1 300 000元，在交换日的市场价格为1 200 000元，计税价格等于市场价格。北京市万嘉公司换入北京市惠达股份有限公司的设备是生产打印机过程中需要使用的设备。假设北京市惠达股份有限公司此前没有为该项设备计提资产减值准备，整个交易过程中，除支付运杂费15 000元外，没有发生其他相关税费。假设北京市万嘉公司此前也没有为库存打印机计提存货跌价准备，其在整个交易过程中没有发生除增值税以外的其他税费。

（1）北京市惠达股份有限公司的账务处理如下。

北京市惠达股份有限公司换入资产的增值税进项税额＝1 200 000×13%＝156 000（元）

换出设备的增值税销项税额＝1 200 000×13%＝156 000（元）

借：固定资产清理　　　　　　　1 240 000
　　累计折旧　　　　　　　　　　560 000
　　贷：固定资产——设备　　　　1 800 000
借：固定资产清理　　　　　　　　15 000
　　贷：银行存款　　　　　　　　15 000
借：固定资产——打印机　　　　1 200 000
　　应交税费
　　——应交增值税（进行税额）　156 000
　　资产处置损益　　　　　　　　55 000
　　贷：固定资产清理　　　　　　1 255 000
　　　　应交税费
　　　　——应交增值税（进行税额）156 000

（2）北京市万嘉公司的账务处理如下。

根据增值税的有关规定，企业以库存商品换入其他资产，视同销售行为发生，应计算增值税销项税额，缴纳增值税。

换出打印机的增值税销项税额
＝1 200 000×13%＝156 000（元）

换入设备的增值税进项税额
＝1 200 000×13%＝156 000（元）

借：固定资产——设备　　　　　1 200 000

应交税费
　　——应交增值税（进行税额）　156 000
　　贷：主营业务收入　1 200 000
　　　　应交税费
　　　　　——应交增值税（进行税额）156 000
借：主营业务成本　1 300 000
　　贷：库存商品——打印机　1 300 000

非货币性资产交换准则规定了非货币性资产交换在公允价值计量模式下涉及补价的会计处理原则。

（1）企业在按照公允价值和应支付的相关税费作为换入资产成本的情况下，发生补价的，应当分别针对下列情况进行处理。

①支付补价的，换入资产成本与换出资产账面价值加支付的补价、应支付的相关税费之和的差额，应当计入当期损益。

②收到补价的，换入资产成本加收到的补价与换出资产账面价值加应支付的相关税费的差额，应当计入当期损益。

（2）非货币性资产交换准则解释对上述会计处理作出补充，换出资产公允价值与其账面价值的差额，应当按情况分别处理。

①换出资产为存货的，应当视同销售处理，根据《企业会计准则第14号——收入》按其公允价值确认商品销售收入，同时结转商品销售成本。

②换出资产为固定资产、无形资产的，换入资产公允价值和换出资产账面价值的差额，计入营业外收入或营业外支出。

③换出资产为金融资产的，金融资产的确认、终止确认和计量适用《企业会计准则第22号——金融工具确认和计量》和《企业会计准则第23号——金融资产转移》。

【情景8-2】经协商，A公司以其拥有的用于经营出租目的的一幢公寓楼与B公司持有的用于交易目的的股票投资交换。A公司的公寓楼符合投资性房地产定义，但A公司未采用公允价值模式计量。在交换日，该幢公寓楼的账面原价为8 500万元，已提折旧1 650万元，未计提减值准备，在交换日的公允价值和计税价格均为9 200万元；B公司持有的交易目的的股票投资的账面价值为5 500万元，B公司对该股票投资采用公允价值模式计量，在交换日的公允价值为8 500万元。由于A公司急于处理该幢公寓楼，因此B公司仅支付了560万元给A公司。B公司换入公寓楼后仍然继续将其用于经营出租目的，并拟采用公允价值计量模式，A公司换入股票投资后也仍然将其用于交易目的。该项交易暂不考虑相关税费。

【分析】该项资产交换涉及收付货币性资产，即补价560万元。对A公司而言，收到的补价560万元÷换出资产的公允价值9 060万元（换入股票投资公允价值8 500万元+收到的补价560万元）×100%≈6.18%＜25%，属于非货币性资产交换。对B公司而言，支付的补价560万元÷换入资产的公允价值9 200万×100%≈6.09%＜25%，属于非货币性资产交换。

本例属于以投资性房地产换入以公允价值计量且其变动计入当期损益的金融资产。对A公司而言，换入用于交易的股票投资使得A公司可以在希望变现时取得现金流量，但风险程度要比租金稍大，而用于经营出租目的的公寓楼，可以获得稳定均衡的租金流，但是不能满足企业急需大量现金的需要。因此，交易性股票投资带来的未来现金流量在时间、风险方面与用于出租的公寓楼带来的租金流有显著区别，因而可判断两项资产的交换具有商业实质。同时，股票投资和公寓楼的公允价值均能够可靠计量，因此，A、B公司均应当以公允价值为基础确定换入资产的成本，并确认产生的损益。

（1）甲公司的账务处理如下。

借：其他业务成本　85 000 000
　　投资性房地产累计折旧　16 500 000
　　贷：投资性房地产　101 500 000
借：交易性金融资产　85 000 000
　　银行存款　5 600 000
　　贷：其他业务收入　90 600 000

（2）B公司的账务处理如下。

借：投资性房地产　92 000 000
　　贷：交易性金融资产　55 000 000
　　　　银行存款　5 600 000
　　　　投资收益　31 400 000

2. 账面价值

非货币性资产交换准则规定，未同时符合公允价值计量条件的非货币性资产交换，应当以换出资产的账面价值和应支付的相关税费作为换入资产的成本，不确认损益。

（1）支付补价的，应当以换出资产的账面价值，加上支付的补价和应支付的相关税费，作为换入资产的成本，不确认损益。

（2）收到补价的，应当以换出资产的账面价值，减去收到的补价并加上应支付的相关税费，作为换入资产的成本，不确认损益。

【情景8-3】甲公司拥有一台专有设备。该设备的账面原价为550万元，已计提折旧360万元。乙公司拥有一项长期股权投资，其账面价值82万元。两项资产均未计提减值准备。甲公司决定以其专有设备交换乙公司的长期股权投资，该专有设备是生产某种产品必需的设备。甲公司由于专有设备系当时专门制造、性质特殊，因此，其公允价值不能可靠计量；乙公司拥有的长期股权投资在活跃市场中没有报价，其公允价值也不能可靠计量。经双方商定，乙公司支付了25万元补价。假定交易不考虑相关税费。

【分析】该项资产交换涉及收付货币性资产，即补价25万元。对甲公司而言，收到的补价25万元÷换出资产账面价值190万×100%≈13.16%＜25%。因此，该项交换属于非货币性资产交换，乙公司的情况也类似。由于两项资产的公允价值不能可靠计量，因此，甲、乙公司换入资产的成本均应当按照换出资产的账面价值确定。

（1）甲公司的账务处理如下。

借：固定资产清理　　　　　1 900 000
　　累计折旧　　　　　　　3 600 000
　　贷：固定资产——专有设备　5 500 000
借：长期股权投资　　　　　1 650 000
　　银行存款　　　　　　　　250 000
　　贷：固定资产清理　　　　1 900 000

（2）乙公司的账务处理如下。

借：固定资产——专有设备　1 070 000
　　贷：长期股权投资　　　　　820 000
　　　　银行存款　　　　　　　250 000

从上例可以看出，尽管乙公司支付了25万元补价，但由于整个非货币性资产交换是以账面价值为基础计量的，因此支付补价方和收到补价方均不确认损益。对丙公司而言，换入资产的账面价值是长期股权投资与银行存款之和，换出资产专有设备的账面价值为190万（550万−360万）元，因此，长期股权投资的成本就是换出设备的账面价值减去货币性补价的差额，即165万（190万−25万）元；对乙公司而言，换出资产是长期股权投资和银行存款25万元，换入资产专有设备的成本等于换出资产的账面价值，即107万（82万＋25万）元。由此可见，在以账面价值计量的情况下，发生的补价是用来调整换入资产的成本的，不涉及确认损益问题。

8.2.2　商业实质

根据非货币性资产交换准则，满足下列条件之一的非货币性资产交换具有商业实质。

1. 换入资产的未来现金流量在风险、时间和金额方面与换出资产显著不同。

非货币性资产交换准则列举了上述规定所包含的几种情形。

（1）未来现金流量的风险、金额相同，时间不同。换入资产和换出资产产生的未来现金流量总额相同，获得这些现金流量的风险相同，但现金流量流入企业的时间不同。

例如，某企业以一批存货换入一项设备，因存货流动性强，能够在较短的时间内产生现金流量，而设备作为固定资产要在较长的时间内为企业带来现金流量，因此，两者产生现金流量的时间相差较大。上述存货与固定资产产生的未来现金流量显著不同。

（2）未来现金流量的时间、金额相同，风险不同。风险不同指企业获得现金流量的不确定性程度的差异。

例如，某企业以其不准备持有至到期的国库券换入一幢房屋以备出租，该企业预计未来每年收到的国库券利息与房屋租金在金额和流入时间上相同，但是国库券利息通常风险很小，租金的取得需要依赖于承租人的财务及信用情况等，因此，两者现金流量流的风险或不确定性程度存在明显差异。上述国库券与房屋的未来现金流量显著不同。

（3）未来现金流量的风险、时间相同，金额不同。换入资产和换出资产的现金流量总额相同，预计为企业带来现金流量的时间跨度相同，但各年产生的现金流量金额存在明显差异。

例如，某企业以其商标权换入另一企业的一项专利技术，预计两项无形资产的使用寿命相同，在使用寿命内预计为企业带来的现金流量总额相同，但是换入的专利技术是新开发的，预计开始阶段产生的现金流量会少于后期，而该企业拥有的商标每年产生的现金流量比较均衡，因此，两者产生的现金流量金额差异明显。上述商标权与专利技术的未来现金流量显著不同。

2. 换入资产与换出资产的预计未来现金流量现值不同，且其差额与换入资产和换出资产的公允价值相比是重大的。

非货币性资产交换准则解释指出，资产的未来现金流量现值，应当按照资产在持续使用过程和最终处置时所产生的预计税后未来现金流量，根据企业自身而不是市场参与者对资产特定风险的评价，选择恰当的折现率对其折现后的金额加以确定。

例如，某企业以一项专利权换入另一企业拥有的长期股权投资，该项专利权与该项长期股权投资的公允价值相同，两项资产未来现金流量的风险、时间和金额亦相同，但对换入企业而言，该项长期股权投资使该企业对被投资方由重大影响变为控制关系，从而对换入企业的特定价值即未来现金流量现值与换出的专利权有较大差异；另一企业换入的专利权能够解决生产中的技术难题，从而对换入企业的特定价值即未来现金流量现值与换出的长期股权投资存在明显差异。因而，两项资产的交换具有商业实质。

另外，非货币性资产交换准则规定，在确定非货币性资产交换是否具有商业实质时，企业应当关注交易各方之间是否存在关联方关系。关联方关系的存在可能导致发生的非货币性资产交换不具有商业实质。

项目小结

本项目主要讲述了非货币性资产交换概述和非货币性资产交换的确认和计量。非货币性资产交换概述主要包括非货币性资产交换的特征和非货币性资产交换的认定；而非货币性资产交换的确认和计量主要包括确认和计量原则和商业实质。

思考与练习

一、单项选择题

1. 以下事项中，属于非货币性资产交换的是（　）
   A. 用货币资金 90 万元购入原材料
   B. 用应收账款 90 万元抵偿债务
   C. 用银行存款 50 万元购入汽车
   D. 用价值 25 万元的机器设备换取等值的汽车

2. 在确定涉及补价的交易是否为非货币性资产交换时支付补价的企业，应当按照支付的补价占（　）的比例低于 25% 确定。
   A. 换出资产的公允价值
   B. 换出资产公允价值加上支付的补价
   C. 换入资产公允价值加补价
   D. 换出资产公允价值减补价

3. 北京天齐公司将其持有的一项固定资产北京嘉和公司一项专利技术交换，该项交易不涉及补价。假设具有商业实质。北京天齐公司该项固定资产的账面价值为 150 万元，公允价值为 200 万元，增值税税额为 26 万元。北京嘉和公司该项专利技术的账面价值为 160 万元，公允价值为 180 万元，增值税税额为 10.8 万元，北京天齐公司在此交易中为换入资产发生了 20 万元的税费。北京天齐公司换入该项资产的入账价值为（　）万元
   A. 150　　　　B. 220
   C. 200　　　　D. 170

4. 下列各个项目中，不属于非货币性资产的有（　）
   A. 预付账款
   B. 准备持有至到期的债权投资
   C. 可供出售金融资产
   D. 存货

5. 非货币性资产交换交易中支付补价的一方所支付的补价（　）
   A. 需贷记"银行存款"科目
   B. 会增加交换损失
   C. 会减少交换收益
   D. 可能与交换损益无关

二、多项选择题

1. 在不具有商业实质且不涉及补价的非货币性资产交换中，不会影响换入资产入账价值的有（　）
   A. 换出资产的账面余额
   B. 换出资产的公允价值
   C. 换入资产的公允价值
   D. 换出资产已计提的减值准备

2. 非货币性资产交换以公允价值计量的条件有（　）
   A. 该项交换具有商业实质
   B. 非货币性资产交换可以不具有商业实质
   C. 换入资产或换出资产的公允价值能够可靠计量
   D. 换入资产和换出资产的公允价值均能够可靠计量

3. 在换入资产按公允价值计量的情况下换出资产为固定资产、无形资产的，其换出资产公允价值和换出资产账面价值的差额，不可计入（　）
   A. 营业外收入
   B. 资产处置损益
   C. 投资收益
   D. 其他业务成本

4. 非货币性资产交换具有商业实质的条件是（　）
   A. 未来现金流量的风险、金额相同，时间不同

B. 未来现金流量的时间、金额相同，风险不同

C. 未来现金流量的风险、时间相同，金额不同

D. 换入资产与换出资产的预计未来现金流量的终值显著不同

5. 对于涉及多项资产、收到补价的非货币性资产交换（具有商业实质）在确定换入资产的入账价值时需要考虑的因素有（　　）

A. 换入资产的进项税

B. 换出资产的销项税

C. 收到对方支付的补价

D. 换入资产的公允价值

三、判断题

1. 非货币性资产，指货币性资产以外的资产。（　　）

2. 非货币性交易中，当换出资产公允价值大于换入资产账面价值时，应确认为当期损益。（　　）

3. 支付补价的，应当以换出资产的账面价值，加上支付的补价和应支付的相关税费，作为换入资产的成本，不确认损益。（　　）

4. 准备持有至到期的债券投资属于非货币性资产。（　　）

5. 换入或换出资产存在活跃市场的，表明该资产的公允价值能够可靠计量。（　　）

四、简答题

1. 非货币性资产交换的特征是什么？

2. 非货币性资产交换在公允价值计量模式下涉及补价的会计处理原则是什么？

项目 9 职工薪酬

知识目标

◎ 掌握短期薪酬的确认与计量方法；

◎ 掌握离职后福利的确认与计量方法；

◎ 掌握辞退福利的确认与计量方法。

技能目标

◎ 掌握货币性短期薪酬的计算方法；

◎ 掌握设定受益计划的相关规定与对应解读；

◎ 掌握辞退福利的应用。

案例导入

华兴计算机公司 2022 年 3 月应付工资总额为 231 000 元，工资费用分配汇总表中列示的车间产品生产人员工资为 160 000 元，车间管理人员工资为 35 000 元，行政管理人员工资为 30 200 元，销售人员工资为 5 800 元。

案例评析

根据资料做出账务处理。

本章导语

本项目所述的职工薪酬是非常重要的成本项目，涉及公司职工的切身利益。企业应该重视职工薪酬的核算。

任务 9.1 职工薪酬概述

9.1.1 职工薪酬的概念

职工薪酬，指企业为获得职工提供的服务或因解除劳动关系而给予的各种形式的报酬或补偿。职工薪酬包括短期薪酬、离职后福利、辞退福利和其他长期职工福利。企业提供给职工配偶、子女、受赡养人、已故员工家属及其他受益人等的福利，也属于职工薪酬。这里所称的职工，指与企业订立劳动合同的所有人员，含全职、兼职和临时职工，也包括虽未与企业订立劳动合同但由企业正式任命的人员。未与企业订立劳动合同或未由其正式任命，但向企业提供的服务与职工所提供服务类似的人员，也属于职工的范畴，包括通过企业与劳务中介公司签订用工合同而向企业提供服务的人员。

9.1.2 职工薪酬的分类

1. 短期薪酬

短期薪酬，指企业预期在职工提供相关服务的年度报告期间结束后 12 个月内将全部予以支付的职工薪酬，因解除与职工的劳动关系给予的补偿除外。因解除与职工的劳动关系给予的补偿属于辞退福利的范畴。短期薪酬主要包括：

（1）职工工资、奖金、津贴和补贴，指按照构成工资总额的计时工资、计件工资、支付给职工的超额劳动报酬、为了补偿职工特殊或额外的劳动消耗和因其他特殊原因支付给职工的津贴，以及为了保证职工工资水平不受物价影响支付给职工的物价补贴等。企业的短期奖金计划属于短期薪酬，长期奖金计划属于其他长期职工福利。

（2）职工福利费，指企业为职工提供的除职工工资、奖金、津贴和补贴、职工教育经费、社会保险费及住房公积金等以外的福利待遇支出，包括发放给职工或为职工支付的以下各项现金补贴和非货币性集体福利：一是为职工卫生保健、生活等发放或支付的各项现金补贴和非货币性福利，包括职工因公外地就医费用、职工疗养费用、防暑降温费等；二是企业尚未分离的内设集体福利部门所发生的设备、设施和人员费用；三是发放给在职职工的生活困难补助以及按规定发生的其他职工福利支出，如丧葬补助费、抚恤费、职工异地安家费、独生子女费等。

（3）医疗保险费、工伤保险费和生育保险费等社会保险费，指企业按照国家规定的基准和比例计算，向社会保险经办机构缴纳的医疗保险费、工伤保险费和生育保险费。

（4）住房公积金，指企业按照国家规定的基准和比例计算，向住房公积金管理机构缴存的住房公积金。

（5）工会经费和职工教育经费，指企业为了改善职工文化生活、学习先进技术、提高文化水平和业务素质，用于开展工会活动和职工教育及职业技能培训等的相关支出。

（6）短期带薪缺勤，指企业支付工资或提供补偿的职工缺勤，包括年休假、病假、短期伤残、婚假、产假、丧假、探亲假等。

（7）短期利润分享计划，指因职工提供服务而与职工达成的基于利润或其他经营成果提供薪酬的协议。长期利润分享计划属于其他长期职工福利。

（8）非货币性福利，指企业将自己的产品或外购商品发放给职工作为福利，企业自己拥有的资产或租赁资产供职工无偿使用等。

(9) 其他短期薪酬，指除上述薪酬以外的其他为获得职工提供的服务而给予的短期薪酬。

2. 离职后福利

离职后福利，指企业为获得职工提供的服务而在职工退休或与企业解除劳动关系后，提供的各种形式的报酬和福利，属于短期薪酬和辞退福利的除外。

离职后福利计划，指企业与职工就离职后福利达成的协议，或者企业为向职工提供离职后福利制定的规章或办法等。离职后福利计划按其特征可以分为设定提存计划和设定受益计划。其中，设定提存计划，指向独立的基金缴存固定费用后，企业不再承担进一步支付义务的离职后福利计划。设定受益计划，指除设定提存计划以外的离职后福利计划。

3. 辞退福利

辞退福利指企业在职工劳动合同到期之前解除与职工的劳动关系，或者为鼓励职工自愿接受裁减而给予职工的补偿。

4. 其他长期职工福利

其他长期职工福利指除短期薪酬、离职后福利、辞退福利之外所有的职工薪酬，包括长期带薪缺勤、长期残疾福利、长期利润分享计划等。

任务 9.2 短期薪酬的确认与计量

9.2.1 货币性短期薪酬

职工的工资、奖金、津贴和补贴，大部分的职工福利费、医疗保险费、工伤保险费和生育保险费等社会保险费，以及住房公积金、工会经费和职工教育经费一般属于货币性短期薪酬。

企业应当根据职工提供服务情况和工资标准计算应计入职工薪酬的金额，按照受益对象计入当期损益或相关资产成本，借记"生产成本""制造费用""管理费用"等科目，贷记"应付职工薪酬"科目。发放时，借记"应付职工薪酬"科目，贷记"银行存款"等科目。企业发生的职工福利费，应当在实际发生时根据实际发生额计入当期损益或相关资产成本。

企业为职工缴纳的医疗保险费、工伤保险费、生育保险费等和住房公积金，以及按规定提取的工会经费和职工教育经费，应当在职工为其提供服务的会计期间，根据规定的计提基础和计提比例计算确定相应的职工薪酬金额，并确认相关负债，按照受益对象计入当期损益或相关资产成本。其中：(1) 医疗保险费、工伤保险费、生育保险费和住房公积金。企业应当按照国务院、所在地政府或企业年金计划规定的标准，计量应付职工薪酬义务和应计入成本费用的薪酬金额。(2) 工会经费和职工教育经费。企业应当分别按照职工工资总额的2%和1.5%的计提标准，计量应付职工薪酬（工会经费、职工教育经费）义务金额和应计入成本费用的薪酬金额；从业人员技术要求高、培训任务重、经济效益好的企业，可根据国家相关规定，按照职工工资总额的 2.5% 计量应计入成本费用的职工教育经费。按照明确标准计算确定应承担的职工薪酬义务后，再根据受益对象计入当期损益或相关资产成本。

【情景 9-1】 2022 年 6 月，甲公司当月应发工资为 1 600 万元，其中：生产部门直接生产人员工资 1 100 万元，生产部门管理人员工资为 200 万元，公司管理部门人员工资为 300 万元。

根据所在地政府规定，公司分别按照职工工资总额的 10% 和 8% 计提医疗保险费和住房公积金，缴纳给当地社会保险经办机构和住房公积金管理机构。公司分别按照职工工资总额的 2% 和 1.5% 计提工会经费和职工教育经费。

假定不考虑所得税影响。

应计入生产成本的职工薪酬金额
=1 100+1 100×(10%+8%+2%+1.5%)=1 336.50（万元）
应计入制造费用的职工薪酬金额
=200+200×(10%+8%+2%+1.5%)=243（万元）
应计入管理费用的职工薪酬金额
=300+300×(10%+8%+2%+1.5%)=364.50（万元）
甲公司应根据上述业务，进行如下账务处理。

借：生产成本　　　　　　　　　13 365 000
　　制造费用　　　　　　　　　 2 430 000
　　管理费用　　　　　　　　　 3 645 000
　贷：应付职工薪酬——工资　　 16 000 000
　　　　　　　　——医疗保险费　1 600 000
　　　　　　　　——住房公积金　1 280 000
　　　　　　　　——工会经费　　　320 000
　　　　　　　　——职工教育经费　240 000

9.2.2 带薪缺勤

企业应对特定原因产生的缺勤进行补偿，比如，年休假、病假、短期伤残假、婚假、产假、丧假、探亲假等。带薪缺勤应当分为累积带薪缺勤和非累积带薪缺勤两类。

1. 累积带薪缺勤

累积带薪缺勤，指带薪权利可以结转下期的带薪缺勤，本期尚未用完的带薪缺勤权利可以在未来期间使用。企业应当在职工提供了服务从而增加了其未来享有的带薪缺勤权利时，确认与累积带薪缺勤相关的职工薪酬，并以累积未行使权利而增加的预期支付金额计量。

有些累积带薪缺勤在职工离开企业时，对未使用的权利职工有权获得现金支付。如果职工在离开企业时能够获得现金支付，企业就应当确认必须支付的职工全部累积未使用权利的金额。如果职工在离开企业时不能获得现金支付，则企业应当根据资产负债表日因累积未使用权利而导致的预期支付的追加金额，作为累积带薪缺勤费用进行预计。

2. 非累积带薪缺勤

非累积带薪缺勤，指带薪权利不能结转下期的带薪缺勤。本期尚未用完的带薪缺勤权利将予以取消，并且职工离开企业时也无权获得现金支付。我国企业职工休婚假、产假、丧假、探亲假、病假期间的工资通常属于非累积带薪缺勤。由于职工提供的服务本身不能增加其能够享受的福利金额，因此，企业在职工未缺勤时不应当计提相关费用和负债；企业应在职工缺勤时确认职工享有的带薪权利，即视同职工出勤确认的相关资产成本或当期费用。企业应当在缺勤期间计提应付工资时一并处理。

企业应当在职工实际发生缺勤的会计期间确认与非累积带薪缺勤相关的职工薪酬。

9.2.3 短期利润共享计划

企业制订有利润分享计划的，如规定当职工在企业工作了特定期限后，能够享有按照企业净利润的一定比例计算的薪酬。职工在企业工作到特定期末，其提供的服务就会增加企业应付职工薪酬金额，或者尽管企业没有支付这类薪酬的法定义务，但是有支付此类薪酬的惯例，或者说企业除支付此类薪酬外没有其他现实的选择时，企业应当及时按照本章的规定，进行有关会计处理。

利润分享计划同时满足下列条件的，企业应当确认相关的应付职工薪酬，并计入当期损益或者相关资产成本。

（1）企业因过去事项导致现在具有支付职工薪酬的法定义务。

（2）因利润分享计划所产生的应付职工薪酬义务能够可靠估计。属于以下三种情形之一的，视为义务金额能够可靠估计：①在财务报告批准之前企业已确定了应支付的薪酬金额；②该利润分享计划的正式条款中包括确定薪酬金额的方式；③过去的惯例为企业确定推定义务金额提供了明显证据。

企业根据经济效益增长的实际情况提取的奖金，属于奖金计划，应当比照利润分享计划进行处理。

职工只有在企业工作一段时期才能分享利润的，企业在计量利润分享计划产生的应付职工薪酬时，应当反映职工因离职而没有得到利润分享计划支付的可能性。

如果企业在职工为其提供相关服务的年度报告期间结束后12个月内，不需要全部支付利润分享计划产生的应付职工薪酬，那么该利润分享计划就应当适用本章其他长期职工福利的有关规定。

任务 9.3 离职后福利的确认与计量

9.3.1 设定提存计划

设定提存计划，指向独立的基金缴存固定费用后，企业不再承担进一步支付义务的离职后福利计划。

设定提存计划的会计处理比较简单，因为企业在每一期间的义务取决于该期间将要提存的金额。因此，在计量义务或费用时不需要精算假设，而且通常也不存在精算利得或损失。

企业应在资产负债表日确认为换取职工在会计期间内为企业提供的服务而应付给设定提存计划的提存金，并作为一项费用计入当期损益或相关资产成本。

9.3.2 设定受益计划的相关规定与对应解读

设定受益计划，指除设定提存计划以外的离职后福利计划。两者的区别在于计划的主要条款和条件所包含的经济实质。在设定提存计划情况下，企业的法定义务是以企业同意向基金的缴存额为限，职工所取得的离职后福利金额取决于向离职后福利计划或保险公司支付的提存金金额，以及提存金所产生的投资回报，从而精算风险（即福利将少于预期）和投资风险（即投资的资产将不足以支付预期的福利）实质上要由职工来承担。而在设定受益计划情况下，企业的义务是为现在及以前的职工提供约定的福利，并且精算风险和投资风险实质上由企业来承担，因此，如果精算或者投资的实际结果比预期差，则企业的义务可能会增加。

当企业通过以下方式负有法定义务时，该计划就是一项设定受益计划：

（1）计划福利公式不仅与提存金金额相关，而且要求企业在资产不足以满足该公式的福利时提供进一步的提存金；

（2）通过计划间接地或直接地对提存金的特定回报作出担保。

设定受益计划可能是不注入资金的，或者可能全部或部分由企业（有时由其职工）向法律上独立于报告主体的企业或者基金，以缴纳提存金的形式注入资金，并由其向职工支付福利。到期时已注资福利的支付不仅取决于基金的财务状况和投资业绩，还取决于企业补偿基金资产短缺的能力和意愿。企业实质上承担着与计划相关的精算风险和投资风险。因此，设定受益计划所确认的费用并不一定是本期应付的提存金金额。企业如果存在一项或多项设定受益计划的，对每一项计划应当分别进行会计处理。

设定受益计划的核算涉及四个步骤：

步骤一：确定设定受益义务现值和当期服务成本。

企业应当通过下列两步确定设定受益义务现值和当期服务成本。

（1）根据预期累计福利单位法，采用无偏且相互一致的精算假设对有关人口统计变量（如职工离职率和死亡案）和财务变量（如未来薪金和医疗费用的增加）等作出估计，计量设定受益计划所产生的义务，并确定相关义务的归属期间。

（2）根据资产负债表日与设定受益计划义务期限和币种相匹配的国债或活跃市场上的高质量公司债券的市场收益率确定折现率，将设定受益计划所产生的义务予以折现，以确定设定受益计划义务的现值和当期服务成本。

设定受益计划义务的现值，是指企业在不扣除任何计划资产的情况下，为履行当期和以前期间服务产生的义务所需的预期未来支付额的现值。设定受益计划的最终义务受到许多变量（如最终薪金、职工流动率和死亡率、职工缴付的提存金以及医疗费用）的影响。在折现时，即使有部分义务预期在报告期后的12个月内结算，企业仍应对整项义务进行折现。企业应当就至报告期末的任何重大交易及环境的其他重大变化（包括市场价格和利率的变化）进行调整，在每年度报告期末对估值的某些方面进行复核（如计划资产的公允价值及财务假设、折现率及薪酬增长率等）。

企业应当通过预期累计福利单位法确定其设定受益计划义务的现值、相关的当期服务成本和过去服务成本。根据预期累计福利单位法，每一服务期间会增加一个单位的福利权利，并且对每一单位单独计量，所有单位累计形成最终义务。预期累计福利单位法要求企业将福利归属于当期（以确定当期服务成本）及以前期间（以确定设定受益义务的现值）。企业应当将福利归属于提供离职后福利的义务发生的期间。这一义务随着职工提供服务以换取企业在未来报告期间支付的离职后福利而产生。

在确定设定受益计划义务的现值、当期服务成本以及过去服务成本时，企业应当根据预期累计福利单位法确定的公式将设定受益计划产生的福利义务归属于职工提供服务的期间，并计入当期损益或相关资产成本。

当职工后续年度的服务将导致其享有的设定受益计划福利水平显著高于以前年度时，企业应当按照直线法将累计设定受益计划义务分摊确认于职工提供服务而导致企业第一次产生设定受益计划福利义务至职工提供服务不再导致该福利义务显著增加的期间。在确定后续年度服务是否将导致职工享有的设定受益福利水平显著高于以前年度时，不应仅考虑因未来工资水平提高而导致设定受益计划义务显著增加的情况。

精算假设，指企业对确定提供离职后福利的最终义务的各种变量的最佳估计。精算假设应当是客观公正和相互可比，无偏且相互一致的。精算假设包括人口统计假设和财务假设。人口统计假设包括死亡率、职工的离职率、伤残率、提前退休率等。财务假设包括折现率、福利水平和未来薪酬等。其中，折现率应当根据资产负债表日与设定受益计划义务期限和币种相匹配的国债或者活跃市场上的高质量公司债券的市场收益率来确定。

经验调整是设定受益计划义务的实际数与估计数之间的差异。在某些情况下，例如福利计划对于未来福利水平调整的规定不够清晰，确定有关福利水平的增加是精算假设与实际经验的差异（产生精算利得或损失）还是计划的修改（产生过去服务成本），需要运用职业判断。一般情况下，如果计划并未明确规定未来福利水平调整的办法，过去的调整也并不频繁，同时如果精算假设中并无福利水平增长的假设，那么企业应将福利水平变化的影响归属于过去服务成本。

步骤二：确定设定受益计划净负债或净资产。

设定受益计划存在资产的，企业应当将设定受益计划义务现值减去设定受益计划资产公允价值所形成的赤字或盈余确认为一项设定受益计划净负债或净资产。

设定受益计划存在盈余的，企业应当以设定受益计划的盈余和资产上限两项的孰低者计量设定受益计划净资产。其中，资产上限，指企业可从设定受益计划退款或减少未来对设定受益计划缴存资金而获得的经济利益的现值。

计划资产包括长期职工福利基金持有的资产以及符合条件的保险单，不包括企业应付但未付给基金的提存金以及由企业发行并由基金持有的任何不可转换的金融工具。

步骤三：确定应当计入当期损益的金额。

报告期末，企业应当在损益中确认设定受益计划产生的职工薪酬成本包括：服务成本和设定受益净负债或净资产的利息净额。

服务成本包括当期服务成本、过去服务成本和结算利得或损失。

（1）当期服务成本，指因职工当期服务导致的设定受益计划义务现值的增加额。

（2）过去服务成本，是指设定受益计划修改所导致的与以前期间职工服务相关的设定受益计划义务现值的增加或减少额。

当企业引入或取消一项设定受益计划或是改变现有设定受益计划下的应付福利时，就发生了计划修改。当企业显著减少计划涵盖的职工数量时，就发生了计划缩减。缩减可能源于某单一事件，比如关闭某个厂房、终止"一项经营"、暂停或终止一项计划。虽然过去服务成本区分于计划修改产生的过去服务成本和由于缩减产生的过去服务成本，但该区分对财务报表几乎不构成影响，因为所有过去服务成本均在其发生的当期计入损益。

在修改或缩减与重组费用或者辞退福利无关的情况下，企业应当在修改或缩减发生时确认相关的过去服务成本。

在确定过去服务成本或结算利得或损失之前，企业应采用计划资产的当前公允价值和当前精算假设（包括当前市场利率和其他当前市场价格）重新计量设定受益负债（资产）净额，当前精算假设应反映计划在修改、缩减或结算之前提供的福利。

企业随后须辨别由计划修改、缩减或结算导致的设定受益计划义务的现值变化。企业并不是在所有情况下都要单独辨别每个组成部分。在同时发生的情况下，企业无须区分由于计划修改产生的过去服务成本和由于缩减和结算利得或损失产生的过去服务成本。然而，如果计划被一项实质上提供同样福利的新计划所取代，则计划的终止并不是结算。

在某些情况下，计划修改发生在结算之前，比如当企业改变计划福利，并随后结算修改后的福利。在这些情况下，企业应在结算利得或损失之前确认过去服务成本。

过去服务成本可以是正的（在福利引入或发生变化从而导致设定受益义务的现值增加时）或负的（在福利被取消或发生变化从而导致设定受益义务的现值减少时）。如果企业减少现有设定受益计划下的应付福利，并同时增加在该计划下针对相同职工的其他应付福利，则企业应将变动的净额作为单项变动处理。

过去服务成本不包括，以前假定的薪金增长额与实际发生额之间的差额对支付以前年度服务产生的福利义务的影响（因为精算假设允许预计薪金增长，所以不会产生过去服务成本）；当企业具有支付养老金增长的推定义务时，可自行决定对养老金增加的高估和低估（因为精算假设允许这种增长，因而不会产生过去服务成本）；财务报表中已确认的精算利得或计划资产回报导致的福利改进的估计，企业由于计划的正式条款或由于法律规定，有责任将该计划的盈余用于计划参与者的福利，即使该福利的增加并没有正式给予（由于所导致的义务的增加是一项精算损失，因而不会产生过去服务成本），或者在没有新的福利或福利改进的情况下，职工达到了既定要求以后既定福利（即并不取决于未来雇佣的福利）的增加（由于企业在服务提供的当期将估计福利费用确认为当期服务成本，因而不会产生过去服务成本）。

（3）结算利得或损失。企业应当在设定受益计划结算时，确认一项结算利得或损失。设定受益计划结算，指企业为了消除设定受益计划所产生的部分或所有未来义务进行的交易，利得或损失是下列两项的差额。

①在结算日确定的设定受益计划义务现值。

②结算价格，包括转移的计划资产的公允价值和企业直接发生的与结算相关的支付。

而结算是未在计划条款中规定的福利的支付，未纳入精算假设中，因此结算利得或损失应当计入当期损益，而在计划条款中规定的福利的支付（包括可选择福利支付性质的情况）不属于结算，已纳入精算假设中，在支付此类福利时产生的利得或损失，则属于精算利得或损失，应作为重新计量的一部分计入其他综合收益。

（4）设定受益计划净负债或净资产的利息净额，是设定受益净负债或净资产在所处期间由于时间流逝所产生的变动。包括计划资产的利息收益、设定受益计划义务的利息费用以及资产上限影响的利息。

设定受益计划净负债或净资产的利息净额通过将设定受益计划净负债或净资产乘以确定的折现率来确定。设定受益计划净负债或净资产和折现率应在年度报告期间开始时确定，同时须考虑该期间由于提存和福利支付所导致的设定受益计划净负债或净资产的变动，但不考虑设定受益计划净负债或净资产在本期的任何其他变动（例如精算利得和损失）。

设定受益计划净负债或净资产的利息净额的计算应考虑资产上限的影响。计划资产的利息收益是计划资产回报的组成部分之一，通过将计划资产公允价值乘以折现率来确定。计划资产的公允价值和折现率都应在年度报告期间开始时确定，同时须考虑该期间由于提存和福利支付所导致的计划资产的任何变动，计划资产的利息收益和计划资产回报之间的差额包括在设定受益计划净负债或净资产的重新计量中。资产上限影响的利息是资产上限影响总变动的一部分，通过将资产上限的影响乘以折现率来确定，资产上限的影响和折现率应在年度报告期间开始时确定。该金额与资产上限影响总变动之间的差额包括在设定受益计划净负债或净资产的重新计量中。

步骤四：确定应当计入其他综合收益的金额。

设定受益净负债或净资产的重新计量应当计入其他综合收益，且在后续期间不应重新计入损益，但是企业可以在权益范围内转移这些在其他综合收益中确认的金额。

重新计量设定受益计划净负债或净资产所产生的变动包括下列部分。

（1）精算利得和损失，即由于精算假设和经验调整导致之前所计量的设定受益计划义务现值的增加或减少。精算利得和损失是由经验调整（以前精算假设与实际发生情况之间差别的影响）和精算假设的变化所导致的设定受益义务现值的增加或减少。

产生精算利得和损失的原因包括：未预计的过高或过低的职工流动率，提前退休率或死亡率，或是过高或过低的薪金、福利（如果计划的正式或推定条款规定，在通货膨胀下增加福利）或医疗费用的增长，关于福利支付选择权假设变动的影响，对未来职工流动，提前退休或死亡，或薪金、福利（如果计划的正式或推定条款规定，在通货膨胀下增加福利）或医疗费用的增长等估计因素变化的影响，以及折现率变化的影响。

精算利得和损失不包括因引入、修改、缩减

或结算设定受益计划所导致的设定受益义务现值的变动，或者设定受益计划下应付福利的变动。这些变动产生了过去服务成本或结算利得或损失。

（2）计划资产回报，扣除包括在设定受益净负债或净资产的利息净额中的金额。计划资产的回报，指计划资产产生的利息、股利和其他收入，以及计划资产已实现和未实现的利得或损失，减去管理该计划资产的成本，以及计划本身的应付税款（计量设定受益义务时所采用的精算假设包括的税款除外）。其他管理费用不需从计划资产回报中扣减。

（3）资产上限影响的变动，扣除包括在设定受益净负债或净资产的利息净额中的金额。

任务 9.4 辞退福利的确认与计量

9.4.1 辞退福利的规定

企业向职工提供辞退福利的，在不能单方面撤回因解除劳动关系计划或裁减建议所提供的辞退福利时，以及确认与支付辞退福利的重组相关的成本或费用时，应当在两者孰早日确认辞退福利产生的职工薪酬负债，并计入当期损益。

企业有详细、正式的重组计划并且该重组计划已对外公告时，表明已经承担了重组义务。重组计划包括重组涉及的业务、主要地点、需要补偿的职工人数及其岗位性质、预计重组支出、计划实施时间等。

企业应当按照辞退计划条款的规定，合理预计并确认辞退福利产生的职工薪酬负债。并具体考虑下列情况：

1. 对于职工没有选择权的辞退计划，企业应当根据计划条款规定拟解除劳动关系的职工数量、每一职位的辞退补偿等确认职工薪酬负债。

2. 对于自愿接受裁减建议的辞退计划，由于接受裁减的职工数量不确定，企业应当根据相关会计处理规定，预计将会接受裁减建议的职工数量，根据预计的职工数量和每一职位的辞退补偿等确认职工薪酬负债。

3. 对于辞退福利预期在其确认的年度报告期间或期后12个月内完全支付的辞退福利，企业应当适用短期薪酬的相关规定。

4. 对于辞退福利预期在年度报告期间或期后12个月内不能完全支付的辞退福利企业应当适用其他长期职工福利的相关规定。

企业在确定提供的经济补偿是否为辞退福利时，应当区分辞退福利和正常退休养老金。辞退福利是在职工与企业签订的劳动合同到期前，企业根据法律与职工本人或职工代表（如工会）签订的协议，或者基于商业惯例，承诺当其提前终止对职工的雇佣关系时支付补偿，引发补偿的事项是辞退。

对于职工虽然没有与企业解除劳动合同，但未来不再为企业提供服务，不能为企业带来经济利益，企业承诺提供实质上具有辞退福利性质的经济补偿的，如发生"内退"的情况，那在其正式退休日期之前应当比照辞退福利处理，在正式退休日期之后，应当按照离职后福利处理。

实施职工内部退休计划的，企业应当比照辞退福利处理。在内退计划符合本项目规定的确认条件时，企业应当按照内退计划规定，将自职工停止提供服务日至正常退休日期间企业拟支付的内退职工工资和缴纳的社会保险费等，确认为应付职工薪酬，一次性计入当期损益，不能在职工内退后分期确认支付内退职工工资和为其缴纳社会保险费等产生的义务。

9.4.2 辞退福利的应用举例

【情景9-2】甲公司是一家空调制造企业。2022年9月，为了在下一年度顺利实施转产，甲公司管理层制定了一项辞退计划，计划规定，从2023年1月1日起，企业将以职工自愿方式，辞退其柜式空调生产车间的职工。辞退计划的详细内容，包括拟辞退的职工所在部门、人数、各级别职工能够获得的补偿以及计划大体实施的时间等，以上各项均已与职工沟通，并达成一致意见，而且已于2022年12月10日经董事会正式批准，辞退计划将于下一个年度内实施完毕。该项辞退计划的详细内容如表9-1所示。

表9-1

所属部门	职位	辞退数量	工龄（年）	每人补偿额（万元）
空调车间	车间主任、副主任	10	1～10	12
			10～20	25
			20～30	36
	高级技工	50	1～10	9
			10～20	20
			20～30	30
	一般技工	100	1～10	6
			10～20	18
			20～30	28
合计		160		

2022年12月31日，企业预计各级别职工拟接受辞退职工人数的最佳估计数（最可能发生数）及其应支付的补偿如表9-2所示。

表9-2

所属部门	职位	拟接受辞呈职工人数	工龄（年）	最佳估计数（人）	每人补偿额（万元）	补偿金额（万元）
空调车间	车间主任、副主任	10	1～10	5	12	60
			10～20	2	25	50
			20～30	1	36	36
	高级技工	50	1～10	20	9	180
			10～20	10	20	200
			20～30	5	30	150
	一般技工	100	1～10	50	6	300
			10～20	20	18	360
			20～30	10	28	280
合计		160		123		1616

按照有关计算最佳估计数的方法，预计接受辞退的职工人数可以根据最可能发生的数量确定。根据表 9-2，愿意接受辞退职工的最佳估计数为 123 人，预计补偿总额为 1616 万元，则企业在 2022 年（辞退计划于 2021 年 12 月 10 日由董事会批准）应作如下账务处理：

借：管理费用　　　　　　　　　16 160 000
　　贷：应付职工薪酬
　　　　——辞退福利　　　　　　16 160 000

任务 9.5　其他长期职工福利的确认与计量

其他长期职工福利，指除短期薪酬、离职后福利和辞退福利以外的其他所有职工福利。其他长期职工福利（假设预计在职工提供相关服务的年度报告期末以后 12 个月内不会全部结算）包括长期带薪缺勤、其他长期服务福利、长期残疾福利、长期利润分享计划、长期奖金计划和递延酬劳等。

企业向职工提供的其他长期职工福利，符合设定提存计划条件的，应当按照设定提存计划的有关规定进行会计处理；符合设定受益计划条件的，企业应当按照设定受益计划的有关规定，确认和计量其他长期职工福利净负债或净资产。在报告期末，企业应当将其他长期职工福利产生的职工薪酬成本确认为下列组成部分：

（1）服务成本；

（2）其他长期职工福利净负债或净资产的利息净额；

（3）重新计量其他长期职工福利净负债或净资产所产生的变动。

为了简化相关会计处理，上述项目的总净额应计入当期损益或相关资产成本。

长期残疾福利水平取决于职工提供服务期间长短的，企业应在职工提供服务的期间确认应付长期残疾福利义务，计量时应当考虑长期残疾福利支付的可能性和预期支付的期限；与职工提供服务期间长短无关的，企业应当在导致职工长期残疾的事件发生的当期确认应付长期残疾福利义务。

递延酬劳包括按比例分期支付或者经常性定额支付的递延奖金等。这类福利应当按照奖金计划的福利公式来对费用进行确认，或者按照直线法在相应的服务期间分摊确认。如果一个企业内部为其长期奖金计划或者递延酬劳设立一个账户，则这样的其他长期职工福利不符合设定提存计划的条件。

项目小结

本项目主要讲述了职工薪酬、短期薪酬的确认与计量、离职后福利的确认与计量、辞退福利的确认与计量和其他长期职工福利的确认与计量。职工薪酬概述主要包括职工薪酬的概念和职工薪酬的分类；短期薪酬的确认与计量主要包括货币性短期薪酬、带薪缺勤和短期利润共享计划；离职后福利的确认与计量主要包括设定提存计划和设定受益计划的相关规定与对应解读；辞退福利的确认与计量主要包括辞退福利的规定和辞退福利的应用举例。

思考与练习

一、单项选择题

1. 下列项目中，不属于职工薪酬的是（ ）
A. 职工出差报销的火车票　　B. 职工福利费
C. 医疗保险费　　D. 职工工资

2. 下列职工薪酬中，不应当根据职工提供服务的受益对象计入成本费用的是（ ）
A. 职工福利费
B. 因解除与职工的劳动关系给予的补偿
C. 工会经费和职工教育经费
D. 社会保险费

3. 由生产产品、提供劳务负担的职工薪酬应当（ ）
A. 计入管理费用
B. 计入存货成本或劳务成本
C. 确认为当期费用
D. 计入销售费用

4. 企业因解除与职工的劳动关系给予职工补偿而发生的职工薪酬，应借记的会计科目是（ ）
A. 管理费用　　B. 存货成本或劳务成本
C. 营业外支出　　D. 销售费用

5. 企业为高管人员配备汽车作为福利，计提这些汽车折旧时，应编制的会计分录是（ ）
A. 借记"累计折旧"科目，贷记"固定资产"科目
B. 借记"管理费用"科目，贷记"固定资产"科目
C. 借记"管理费用"科目，贷记"应付职工薪酬"科目；同时借记"应付职工薪酬"科目，贷记"累计折旧"科目
D. 借记"管理费用"科目，贷记"固定资产"科目；同时借记"应付职工薪酬"科目，贷记"累计折旧"科目

二、多项选择题

1. 下列各项中，应纳入职工薪酬核算的有（ ）
A. 职工出差报销的差旅费
B. 社会保险费
C. 职工住房公积金
D. 辞退职工经济补偿

2. 生产部门人员的工资可能涉及的科目有（ ）
A. 生产成本　　B. 研发支出

C. 制造费用　　D. 劳务成本

3. 下列各项中，应作为职工薪酬计入相关资产成本的有（　）

A. 销售人员的薪酬

B. 在建工程人员的薪酬

C. 企业管理人员的薪酬

D. 生产人员的薪酬

4. 下列各项中，应列入资产负债表"应付职工薪酬"项目的有（　）

A. 支付临时工的工资

B. 发放困难职工的补助金

C. 缴纳职工的工伤保险费

D. 支付辞退职工的经济补偿金

5. 下列各项中，应确认为应付职工薪酬的有（　）

A. 非货币性福利

B. 社会保险费和辞退福利

C. 职工工资、福利费

D. 工会经费和职工教育经费

三、判断题

1. 将企业拥有的房屋无偿提供给职工使用的，应当根据受益对象，将该房屋每期应计提的折旧计入相关资产成本或当期损益，借记"管理费用""生产成本""制造费用"等科目，贷记"累计折旧"科目。（　）

2. 职工薪酬中的工会经费应当根据职工提供服务的受益对象分别计入成本费用。（　）

3. 应付职工薪酬包括职工在职期间和离职后提供给职工的全部货币性薪酬和非货币性福利，也包括解除劳务关系给予的补偿。（　）

4. 企业为职工交纳的住房公积金属于职工薪酬的范围，应通过"应付职工薪酬"科目核算。（　）

5. 计量应付职工薪酬时，国家规定了计提基础和计提比例的，应当按照国家规定的标准计提；没有规定计提基础和计提比例的，企业不得预计当期应付职工薪酬。（　）

四、简答题

1. 什么是职工薪酬？

2. 离职后福利与辞退福利有什么区别？

项目 10 借款费用

知识目标

◎ 掌握借款费用的概念及范畴；
◎ 掌握借款费用的确认和计量方法。

技能目标

◎ 掌握借款费用应予资本化的借款范围；
◎ 掌握借款利息资本化金额的确定方法；
◎ 掌握借款辅助费用资本化金额的确定方法。

案例导入

甲企业从银行专门借款购入一套大型设备，每月利息为10万元。2020年10月购入该设备开始安装，2021年3月安装后投入使用。

案例评析

在购置该设备期间，发生的借款费用是否应予资本化？

本章导语

通过学习本项目，使学生掌握借款费用的概念、借款费用的确认原则、应予以资本化的借款范围，以及借款费用资本化金额的确定。

任务 10.1 借款费用的概念及范畴

借款费用是企业因借入资金所付出的代价，包括借款利息费用（包括借款折价或者溢价的摊销和相关辅助费用）以及因外币借款而发生的汇兑差额等。企业发生的权益性融资费用，不应包括在借款费用中。承租人根据租赁会计准则所确认的融资租赁发生的融资费用属于借款费用。

（1）借款利息，包括企业从银行或者其他金融机构借入资金发生的利息，发行债券发生的利息，以及为购建或者生产符合资本化条件的资产而发生的带息债务所承担的利息等。

（2）因借款而发生的折价或者溢价的摊销，包括发行债券等所发生的折价或者溢价在债券存续期间每期的摊销金额。

（3）因借款而发生的辅助费用，包括企业在借款过程中发生的诸如手续费、佣金、印刷费等费用。

（4）因外币借款而发生的汇兑差额，指由于汇率变动导致市场汇率与账面汇率出现差异，从而对外币借款本金及其利息的记账本位币金额所产生的影响金额，它是企业借入外币借款所承担的代价和风险。

【情景10-1】北京市惠达有限公司发生了借款手续费150 000元，发行公司债券佣金为12 000 000元，发行公司股票佣金为23 000 000元，借款利息为2 000 000元。其中，借款费用150 000元、发行公司债券佣金12 000 000元和借款利息2 000 000元均属于借款费用；发行公司股票属于公司权益性融资，所发生的佣金应当冲减溢价，不属于借款费用范畴。

任务 10.2 借款费用的确认和计量

10.2.1 借款费用的确认

1. 确认原则

企业发生的借款费用，可直接归属于符合资本化条件的资产的购建或生产的，应当予以资本化，计入符合资本化条件的资产成本。其他借款费用，应当在发生时根据其发生额确认为财务费用，计入当期损益。

符合资本化条件的资产，指需要经过相当长时间的购建或者生产活动才能达到预定可使用或者可销售状态的固定资产、投资性房地产和存货等。

符合借款费用资本化条件的存货，主要包括房地产开发企业开发的用于对外出售的房地产开发产品、企业制造的用于对外出售的大型机器设备等。这类存货通常需要经过相当长时间的建造或者生产过程，才能达到预定可销售状态。其中，"相当长时间"指为资产的购建或者生产所必需的时间，通常为1年以上（含1年）。企业购入即可使用的资产，或者购入后需要安装但安装时间较短的资产，或者需要建造或者生产但建造或者生产时间较短的资产，均不属于符合资本化条件的资产。

不是购建或生产符合资本化条件的资产所发生的借款费用，属于筹建期间发生的，作为开办费处理；在正常经营过程中发生的，作为财务费用计入当期损益。

2. 借款费用应予资本化的借款范围

借款费用应予资本化的借款既包括专门借款，也包括一般借款。

专门借款，指为购建或者生产符合资本化条件的资产而专门借入的款项。专门借款应当有明确的用途，通常应当有标明专门用途的借款合同。为购建或生产符合资本化条件的资产而发生的专门借款，在资产达到预定可使用或可销售状态之前发生的借款费用，应予以资本化，计入所购建或生产的资产成本；在资产达到预定可使用或可销售状态后发生的借款费用，应当计入当期损益。

一般借款，指除专门借款之外的借款，一般借款在借入时，通常没有特指必须用于符合资本化条件的资产的购建或者生产。

3. 借款费用资本化期间的确定

借款费用资本化的期间，指从借款费用开始资本化时点到停止资本化时点的期间，但借款费用暂停资本化的期间不包括在内。其包括对三个时间的确定，即借款费用开始资本化时点、借款费用暂停资本化的时间和借款费用停止资本化时点的确定。

> **提示**
> 只有发生在资本化期间内的借款费用，才允许资本化。

（1）借款费用开始资本化时点的确定

企业发生的借款费用，可直接归属于符合资本化条件的资产的购建或者生产的，应予以资本化，计入符合资本化条件的资产成本。借款费用同时满足下列条件的，才能开始资本化。

①资产支出已经发生。资产支出只包括为购建或者生产符合资本化条件的资产而以支付现金、转移非现金资产或者承担带息债务形式发生的支出。

②借款费用已经发生。即专门借款资金已经到位，或者专门借款资金虽未到位，但企业占用一般借款资金进行资产的购建或生产，这两种情况都会发生相应的借款费用。

③为使资产达到预定可使用或者可销售状态所必要的购建或者生产活动已经开始。主要指资产的实体建造或生产工作已经开始，如厂房的实际开工建造、主体设备的安装等已经开始。不包括仅仅持有资产没有发生为改变资产形态而进行建造或生产活动的情况，如只购置了建筑用地但未开工兴建房屋；建造一艘大型轮船，只购入原材料尚未进行加工等。

> **提示**
> 企业只有在上述三个条件同时满足的情况下，有关借款费用才可开始资本化，只要有一个条件没有满足，借款费用就不能开始资本化。

（2）借款费用暂停资本化时间的确定

符合资本化条件的资产在购建或者生产过程中发生非正常中断，且中断时间连续超过3个月的，应当暂停借款费用的资本化。非正常中断，通常是企业管理决策上的原因或者其他不可预见的原因导致的。在中断期间所发生的借款费用，应当计入当期损益，直至购建或者生产活动重新开始。如果中断是使所购建或者生产的符合资本化条件的资产达到预定可使用或者可销售状态必要的程序，或者事先可预见的不可抗力导致的中断，如某些地区的工程在建造过程中，由于可预见的不可抗力因素（如雨季或冰冻季节等原因）导致施工出现停顿，就属于正常中断。正常中断期间所发生的借款费用应当继续资本化。

（3）借款费用停止资本化时间的确定

购建或者生产符合资本化条件的资产达到预定可使用或可销售状态时，借款费用应当停止资本化。在符合资本化条件的资产达到预定可使用或者可销售状态之后所发生的借款费用，应当在发生时根据其发生额确认为费用，计入当期损益。

资产达到预定可使用或者可销售状态，指所购建或者生产的符合资本化条件的资产已经达到建造方、购买方或者企业自身等预先设计、计划或者合同约定的可以使用或者可以销售的状态。企业在确定借款费用停止资本化的时点时需要运用职业判断，遵循实质重于形式的原则。

10.2.2 借款费用的计量

1. 借款利息资本化金额的确定

在借款费用资本化期间内，每一会计期间的利息（包括折价或溢价的摊销，下同）资本化金额，应当按照下列原则确定：

（1）为构建或者生产符合资本化条件的资产而借入专门借款的，应当以专门借款当期实际发生的利息费用，减去将尚未动用的借款资金存入银行取得的利息收入或进行暂时性投资取得的投资收益后的金额。

（2）为构建或者生产符合资本化条件的资产而占用了一般借款的，企业应当根据累计资产支出超过专门借款部分的资产支出加权平均数乘以所占用一般借款的资本化率，计算确定一般借款应予资本化的利息金额。资本化率应当根据一般借款加权平均利率计算确定。即企业占用一般借款构建或者生产符合资本化条件的资产时，一般借款的借款费用资本化金额的确定应当与资产支出相挂钩。有关计算公式如下：

一般借款利息费用资本化金额＝累计资产支出超过专门借款部分的资产支出加权平均数 × 所占用一般借款的资本化率

所占用一般借款的资本化率＝所占用一般借款加权平均利率＝所占用一般借款当期实际发生的利息之和 ÷ 所占用一般借款本金加权平均数

（3）每一会计期间的利息资本化金额不应当超过当期相关借款实际发生的利息金额。

【情景10-2】 北京市惠达股份有限公司于2021年1月1日正式动工兴建一幢厂房，工期预计为1年零6个月。工程采用出包方式，分别于2021年1月1日、2021年7月1日和2022年1月1日支付工程进度款。

北京市惠达股份有限公司为建造厂房于2021年1月1日专门借款40 000 000元，借款期限为3年，年利率为5%。另外，在2021年7月1日又专门借款70 000 000元，借款期限为5年，年利率为6%。借款利息按年支付（如无特别说明，本项目例题中的名义利率与实际利率相同）。

北京市惠达股份有限公司将闲置借款资金用于固定收益债券短期投资，该短期投资月收益率为0.5%。厂房于2022年6月30日完工，达到预定可使用状态。

甲公司为建造该厂房的支出金额如表10-1所示。

表10-1　厂房的支出金额　　　　　　　　　　　　　单位：元

日期	每期资产支出金额	累计资产支出金额	闲置借款资金用于短期投资金额
2021年1月1日	12 500 000	12 500 000	27 500 000
2021年7月1日	32 500 000	45 000 000	65 000 000
2022年1月1日	35 000 000	80 000 000	30 000 000
总计	80 000 000		122 500 000

由于北京市惠达股份有限公司使用了专门借款建造厂房，而且厂房建造支出没有超过专门借款金额，因此，北京市惠达股份有限公司2021年、2022年建造厂房应予资本化的利息金额计算如下：

（1）确定借款费用资本化期间为2021年1月

1日至2022年6月30日。

（2）计算在资本化期间内专门借款实际发生的利息金额：

2021年专门借款发生的利息金额=40 000 000×5%+70 000 000×6%×6÷12=4 100 000（元）

2022年1月1日至6月30日专门借款发生的利息金额=40 000 000×5%×6÷12+70 000 000×6%×6÷12=3 100 000（元）

（3）计算在资本化期间内利用闲置的专门借款资金进行短期投资的收益：

2021年短期投资收益=12 500 000×0.5%×6+65 000 000×0.5%×6=2 325 000（元）

2022年1月1日至6月30日短期投资收益=30 000 000×0.5%×6=900 000（元）

（4）由于在资本化期间内，专门借款利息费用的资本化金额应当以其实际发生的利息费用减去将闲置的借款资金进行短期投资取得的投资收益后的金额确定，因此：

2021年的利息资本化金额
=4 100 000−2 325 000=1 775 000（元）

2022年的利息资本化金额
=3 100 000−900 000=2 200 000（元）

（5）有关账务处理如下：

① 2021年12月31日。

借：在建工程——××厂房　　1 775 000
　　应收利息（或银行存款）　2 325 000
　　贷：应付利息——××银行　　4 100 000

② 2022年6月30日。

借：在建工程——××厂房　　2 200 000
　　应收利息（或银行存款）　900 000
　　贷：应付利息——××银行　　3 100 000

【情景10-3】 北京市鑫源公司拟在厂区内新建一幢新厂房，有关资料如下。

（1）2021年1月1日向银行专门借60 000 000元，期限为3年，年利率为6%，每年1月1日付息。

（2）除专门借款外，公司只有一笔一般借款，为公司于2021年4月1日借入的长期借款72 000 000元，期限为5年，年利率为8%，每年4月1日付息，假设北京市鑫源公司在2021年和2022年底均未支付当年利息。

（3）由于审批、办手续等原因，厂房于2021年4月1日开始动工新建，当日支付工程款24 000 000元。工程建设期间的支出情况如表10-2所示。工程于2022年9月30日完工，达到预定可使用状态。由于施工质量问题，工程于2021年9月1日至2021年12月31日停工4个月。

（4）专门借款中未支出部分全部存入银行，假定月利率为0.25%，全年按照360天，每月按照30天计算。

2021年北京市鑫源公司账务处理如下。

① 计算银行借款利息。

银行借款利息=60 000 000×6%+72 000 000×8%×9÷12=7 920 000（元）

② 计算投资收益。

投资收益=60 000 000×0.25%×3+36 000 000×0.25%×2+24 000 000×0.25%×1=690 000（元）

③ 计算资本化利息。

资本化利息=60 000 000×6%×5÷12+12 000 000×8%×2÷12=1 660 000（元）

④ 计算费用化利息。

财务费用=60 000 000×6%×7÷12+72 000 000×8%×3÷12+60 000 000×8%×2÷12+72 000 000×8%×4÷12−690 000=5 570 000（元）

⑤ 有关账务处理如下。

借：在建工程——厂房　　1 660 000
　　财务费用　　　　　　5 570 000
　　应收利息　　　　　　690 000
　　贷：应付利息　　　　　　7 920 000

2022年北京市鑫源公司账务处理如下。

① 计算银行借款利息。

银行借款利息=60 000 000×6%+72 000 000×8%=9 360 000（元）

② 计算资本化利息。

资本化利息=60 000 000×6%×9÷12+24 000 000×8%×3÷12+30 000 000×8%×3÷12+36 000 000×8%×3÷12=4 500 000（元）

③ 计算费用化利息。

财务费用=60 000 000×6%×3÷12+72 000 000×8%×3÷12+48 000 000×8%×3÷12+42 000 000×8%×3÷12+36 000 000×8%×3÷12=4 860 000（元）

2. 借款辅助费用资本化金额的确定

辅助费用是企业为了安排借款而发生的必要费用，包括借款手续费（如发行债券手续费）佣金等。如果企业不发生这些费用，就无法取得借款，辅助费用是企业借入款项所付出的一种代价，是借款费用的有机组成部分。

企业的专门借款辅助费用，在所购建或者生产的符合资本化条件的资产达到预定可使用或者可销售状态之前发生的，应当在发生时根据其发生额予以资本化；在所购建或者生产的符合资本化条件的资产达到预定可使用或者可销售状态之后所发生的，应当在发生时根据其发生额确认为费用，计入当期损益。借款实际与合同利率差异较小的，也可以采用合同利率计算确定利息费用。一般借款发生的辅助费用，也应当按照上述原则确定其发生额。因为借款辅助费用与金融负债交易费用是一致的，所以其会计处理相同。

为购建或者生产符合资本化条件的资产而借入的专门借款或者一般借款，通常都属于除公允价值计量且其变动计入当期损益的金融负债之外的其他金融负债。这些金融负债所发生的辅助费用需要计入借款的初始确认金额，即抵减相关借款的初始确认金额，因此会影响以后各期实际利息的计算。换句话说，辅助费用的发生将导致相关借款实际利率的上升，从而需要对各期利息费用做相应调整，在确定借款辅助费用资本化金额时可以结合借款利息资本化金额一并计算。

3. 外币专门借款汇兑差额资本化金额的确定

在资本化期间，外币专门借款本金及其利息的汇兑差额应当予以资本化，计入符合资本化条件的资产的成本；除外币专门借款之外的其他外币借款本金及其利息所产生的汇兑差额，应当作为财务费用计入当期损益。

项目小结

本项目主要讲述了借款费用的概念及范畴和借款费用的确认和计量。借款费用的确认和计量主要包括借款费用的确认和借款费用的计量。

思考与练习

一、单项选择题

1. 借款费用不包括（　）
   A. 借款利息　　B. 溢折价摊销　　C. 辅助费用　　D. 权益性融资费用
2. 借款费用是企业债权性融资所产生的，以下

不属于借款费用的是（　　）

A. 借款利息

B. 债券发行时的折价或溢价

C. 辅助费用

D. 外币汇兑差额

3. 计提长期借款利息，属于筹建期间应计入的科目是（　　）

A. 管理费用　　　　B. 财务费用

C. 长期借款　　　　D. 短期借款

4. 借款费用确认的核心问题是（　　）

A. 借款费用应当包括的内容

B. 借款费用应当资本化还是费用化

C. 借款费用资本化金额如何确定

D. 借款费用费用化金额如何确定

5. 在借款费用资本化期间为购建或者生产符合资本化条件的资产占用了一般借款的，下列关于占用的一般借款费用资本化的说法中不正确的是（　　）

A. 一般借款加权平均利率＝所占用一般借款当期实际发生的利息之和÷所占用一般借款本金之和

B. 应当根据累计资产支出超过专门借款部分的资产支出加权平均数，乘以所占用一般借款的资本化率，计算确定一般借款应予资本化的利息金额

C. 当只涉及一笔一般借款的时候此时该一般借款的实际利率就是一般借款的资本化率

D. 一般借款的借款费用的资本化金额的确定应当与资产支出相挂钩

二、多项选择题

1. 符合资本化条件的资产，指需要经过相当长时间的购建或者生产活动才能达到预定可使用或者可销售状态的资产，包括（　　）

A. 固定资产

B. 投资性房地产

C. 房地产开发企业开发的用于出售的房地产开发项目

D. 机械制造企业制造的用于对外出售的大型机械设备

2. 借款费用同时满足有关条件时才能开始资本化，其条件包括（　　）

A. 资产支出已经发生

B. 借款费用已经发生

C. 为使资产达到预定可使用或者可销售状态所必要的购建或者生产活动已经开始

D. 为使资产达到预定可使用或者可销售状态所必要的购建或者生产活动已经完成

3. 借款费用包括（　　）

A. 借款利息

B. 借款时辅助费用的摊销

C. 外币借款的汇总差额

D. 借款本金

4. 因安排专门借款而发生的辅助费用，下列选项中正确的有（　　）

A. 属于在所购建固定资产达到预定可使用状态之前发生的，应当在发生时予以资本化

B. 属于在所购建固定资产达到预定可使用状态之后发生的，应当于发生当期确认为费用

C. 无论属于在所购建固定资产达到预定可使用状态之前或之后发生的，均应当在发生时予以资本化

D. 因专门借款而发生的辅助费用，在开始资本化前，应将其作为当期财务费用处理

5. 关于借款费用准则中每一会计期间的利息资本化金额的确定，下列说法中正确的有（　　）

A. 为购建或者生产符合资本化条件的资产而借入专门借款的，应当以专门借款当期实际发生的利息费用，减去将尚未动用的借款资金存入银行取得的利息收入或进行暂时性投资取得的投资收益后的金额确定

B. 企业应当将累计资产支出加权平均数乘以资本化率，计算确定当期应予资本化的利息金额

C.为购建或者生产符合资本化条件的资产而占用了一般借款的,企业应当根据累计资产支出超过专门借款部分的资产支出加权平均数乘以所占用一般借款的资本化率,计算确定一般借款应予资本化的利息金额

D.借款存在折价或者溢价的,应当按照实际利率法确定每一会计期间应摊销的折价或者溢价金额,调整每期利息金额

三、判断题

1. 借款利息,仅包括企业从银行或者其他金融机构借入资金发生的利息,以及发行公司债券发生的利息。（　）

2. 借款费用指企业因借款而发生的利息及其他相关成本。（　）

3. 资本化期间,指从借款费用开始资本化时点到停止资本化时点的期间,借款费用暂停资本化的期间也包括在内。（　）

4. 企业发生的借款费用,可直接归属于符合资本化条件的资产的购建或者生产的,应当予以资本化,计入相关资本成本;其他借款费用,应当在发生时根据其发生额大小确认是否计入当期损益。（　）

5. 借款费用是企业因借入资金所付出的代价,包括借款利息、折价或者溢价、辅助费用以及因外币借款而发生的汇兑差额等。（　）

四、简答题

1. 什么是借款费用?

2. 借款费用的确认原则是什么?

项目 11 金融资产和金融负债

知识目标

◎ 掌握金融资产的分类；
◎ 掌握金融负债的分类；

◎ 掌握金融资产和金融负债的计量方法。

技能目标

◎ 掌握金融资产的具体分类；
◎ 掌握金融资产的终止确认；

◎ 掌握金融资产与金融负债后续计量方法。

案例导入

2021年5月，甲公司以480万元购入乙公司股票60万股作为交易性金融资产，另支付手续费10万元，2021年6月30日该股票每股市价为7.5元，2021年8月10日，乙公司宣告分派现金股利，每股0.20元，8月20日，甲公司收到分派的现金股利。至12月31日，甲公司仍持有该交易性金融资产，期末每股市价为8.5元，2022年1月3日以515万元出售该交易性金融资产。假定甲公司每年6月30日和12月31日对外提供财务报告。

案例评析

编制上述经济业务的会计分录。

本章导语

金融资产是一切可以在有组织的金融市场上进行交易的具有现实价格和未来估价的金融工具的总称。金融资产的最大特征是能够在市场交易中使其所有者获得即期或远期的收入。

任务 11.1 金融资产和金融负债的分类

11.1.1 金融资产的分类

1. 企业管理金融资产的业务模式

（1）业务模式评估

企业管理金融资产的业务模式，指企业如何管理其金融资产以产生现金流量。业务模式决定企业所管理金融资产现金流量的来源是收取合同现金流量还是出售金融资产，又或是两者兼有。

企业确定其管理金融资产的业务模式时，应当注意以下方面。

①应当在金融资产组合的层次上确定管理金融资产的业务模式，而不必按照单个金融资产逐项确定。金融资产组合的层次应当反映企业管理该金融资产的层次。有些情况下，企业可能将金融资产组合拆分为更小的组合，以合理反映企业管理该金融资产的层次。例如，企业购买一个抵押贷款组合，以收取合同现金流量为目标管理该组合中的一部分贷款，以出售为目标管理该组合中的其余贷款。

②一个企业可能会采用多个业务模式管理其金融资产。例如，企业持有一组以收取合同现金流量为目标的投资组合，同时还持有另一组既以收取合同现金流量为目标又以出售该金融资产为目标的投资组合。

③应当以企业关键管理人员决定的对金融资产进行管理的特定业务目标为基础，确定管理金融资产的业务模式。其中，"关键管理人员"指《企业会计准则第 36 号——关联方披露》中定义的关键管理人员。

④业务模式并非企业自愿指定，而是一种客观事实，通常可以从企业为实现其目标而开展的特定活动中反映出来。企业应当考虑在业务模式评估日可获得的所有相关证据，包括企业评价和向关键管理人员报告金融资产业绩的方式、影响金融资产业绩的风险及其管理方式和相关业务管理人员获得报酬的方式（例如，报酬是基于所管理资产的公允价值还是所收取的合同现金流量）等。

⑤不得按照合理预期不会发生的情形确定管理金融资产的业务模式。例如，对于某金融资产组合，如果企业预期仅会在压力情形下将其出售，且企业合理预期该压力情形不会发生，则该压力情形不得影响企业对该类金融资产的业务模式评估。

此外，如果金融资产实际现金流量的方式不同于评估业务模式时的预期，只要企业在评估业务模式时已经考虑了当时所有可获得的相关信息，这一差异不构成企业财务报表的前期差错，也不改变企业在该业务模式下持有的剩余金融资产的类别。但是，企业在评估新的金融资产的业务模式时，应当考虑这些信息。

（2）以收取合同现金流量为目标的业务模式

在以收取合同现金流量为目标的业务模式下，企业管理金融资产旨在通过在金融资产存续期内收取合同款来实现现金流量，而不是通过持有并出售金融资产产生整体回报。

在以收取合同现金流量为目标的业务模式下，金融资产的信用质量影响着企业收取合同现金流量的能力。为减少因信用恶化导致的潜在信用损失而进行的风险管理活动与以收取合同现金流量为目标的业务模式并不矛盾。因此，即使企业在金融资产的信用风险增加时为减少信用损失而将其出售，金融资产的业务模式仍然可能是以收取合同现金流量为目标的业务模式。

企业在金融资产到期日前出售金融资产，即使与信用风险管理活动无关，在出售只是偶然发生（即使价值重大），或者单独及汇总出售的价值非常小（即使频繁发生）的情况下，金融资产的业务模式仍然可能是以收取合同现金流量为目标。如果企业能够解释出售的原因并且证明出售并不反映业务模式的改变，出售频率或者出售价值在特定时期内增加不一定与以收取合同现金流量为目标的业务模式相矛盾，此外，如果出售发生在金融资产临近到期时，且出售所得接近待收取的剩余合同现金流量，金融资产的业务模式仍然可能是以收取合同现金流量为目标。

【情景11-1】甲企业购买了一个贷款组合，该组合中包含已发生信用减值的贷款。如果贷款不能按时偿付，甲企业将通过各种方式尽可能实现合同现金流量，例如通过邮件、电话或其他方法与借款人联系催收。同时，甲企业签订了一项利率互换合同，将贷款组合的利率由浮动利率转换为固定利率。

本例中，甲企业管理该贷款组合的业务模式是以收取合同现金流量为目标的，即使甲企业预期无法收取全部合同现金流量（部分贷款已发生信用减值），不影响其业务模式。此外，该公司签订利率互换合同也不影响贷款组合的业务模式。

（3）以收取合同现金流量和出售金融资产为目标的业务模式

在同时以收取合同现金流量和出售金融资产为目标的业务模式下，企业的关键管理人员认为收取合同现金流量和出售金融资产对实现其管理目标而言都是不可或缺的。例如，企业的目标是管理日常流动性需求的同时维持特定的收益率，或将金融资产的存续期与相关负债的存续期进行匹配。

与以收取合同现金流量为目标的业务模式相比，此业务模式涉及的出售通常频率更高、价值更大。因为出售金融资产是此业务模式的目标之一，在该业务模式下不存在出售金融资产的频率或者价值的明确界限。

【情景11-2】甲银行持有金融资产组合以满足其每日流动性需求。甲银行为了降低其管理流动性需求的成本，高度关注该金融资产组合的回报，包括收取的合同现金流量和出售金融资产的利得或损失。

本例中，甲银行管理该金融资产组合的业务模式以收取合同现金流量和出售金融资产为目标。

（4）其他业务模式

如果企业管理金融资产的业务模式，不是以收取合同现金流量为目标，也不是以收取合同现金流量和出售金融资产为目标，则该企业管理金融资产的业务模式是其他业务模式。例如，企业持有金融资产的目的是交易性的或者基于金融资产的公允价值作出决策并对其进行管理。在这种情况下，企业管理金融资产的目标是通过出售金融资产以实现现金流量。即使企业在持有金融资产的过程中会收取合同现金流量，企业管理金融资产的业务模式也不是以收取合同现金流量和出售金融资产为目标，因为收取合同现金流量对实现该业务模式目标来说只是附带性质的活动。

2. 金融资产的合同现金流量特征

金融资产的合同现金流量特征，指金融工具合同约定的、反映相关金融资产经济特征的现金流量属性。企业分类为以摊余成本计量的金融资产和以公允价值计量且其变动计入其他综合收益的金融资产，其合同现金流量特征应当与基本借贷安排相一致，即相关金融资产在特定日期产生的合同现金流量仅为对本金和以未偿付本金金额为基础的利息的支付（以下简称"本金加利息的合同现金流量特征"）。无论金融资产的法律形式是否为一项贷款，都可能是一项基本借贷安排。

本金指金融资产在初始确认时的公允价值，本金金额可能因提前还款等原因在金融资产的存续期内发生变动；利息包括对货币时间价值、与特定时期未偿付本金金额相关的信用风险，以及其他基本借贷风险、成本和利润的对价。其中，货币时间价值是利息要素中仅因为时间流逝而提供对价的部分，不包括为所持有金融资产的其他风险或成本提供的对价，但货币时间价值要素有时可能存在修正。在货币时间价值要素存在修正的情况下，企业应当对相关修正进行评估，以确定其是否满足上述本金加利息合同现金流量特征的要求。此外，金融资产包含可能导致其合同现金流量的时间分布或金额发生变更的合同条款（如包含提前还款特征）的，企业应当对相关条款进行评估（如评估提前还款特征的公允价值是否非常小），以确定其是否满足上述合同现金流量特征的要求。

3. 金融资产的具体分类

（1）以摊余成本计量的金融资产；

（2）以公允价值计量且其变动计入其他综合收益的金融资产；

（3）以公允价值计量且其变动计入当期损益的金融资产。

提示

上述分类一经确定，不得随意变更。

金融资产具体分类如表11-1所示。

表11-1 金融资产具体分类表

分类	业务模式	合同现金流量的特征	金融工具类型	核算科目
以摊余成本计量的金融资产	单纯收取本金和利息	本金+利息	债务工具	贷款 债权投资 应收账款 应收票据等
以公允价值计量且其变动计入其他综合收益的金融资产	收取本金和利息、出售	本金+利息	债务工具	其他债权投资
	以非交易为目的	直接指定	权益工具	其他权益工具投资
以公允价值计量且其变动计入当期损益的金融资产	不属于以上两类	不属于以上两类	债务工具 权益工具	交易性金融资产

4. 金融资产分类的特殊规定

权益工具投资一般不符合本金加利息的合同现金流量特征，因此应当归为以公允价值计量且其变动计入当期损益的金融资产。然而在初始确认时，企业可以将非交易性权益工具投资指定为以公允价值计量且其变动计入其他综合收益的金融资产，并按规定确认股利收入。该指定一经作出，不得撤销。企业投资其他上市公司股票或者非上市公司股权的，都可能属于这种情形。

（1）对"非交易性"和"权益工具投资"的界定。

金融资产或金融负债满足下列条件之一的，表明企业持有该金融资产或承担该金融负债的目的是交易性的。

①取得相关金融资产或承担相关金融负债的目的，主要是近期出售或回购。例如，企业以赚取差价为目的从二级市场购入的股票、债券和基金等，或者发行人根据债务工具的公允价值变动计划在近期回购的、有公开市场报价的债务工具。

②相关金融资产或金融负债在初始确认时属于集中管理的可辨认金融工具组合的一部分，且有客观证据表明近期实际存在短期获利模式。即使组合中有某个组成项目持有的期限稍长也不受影响。其中，"金融工具组合"指金融资产组合或金融负债组合。

（3）相关金融资产或金融负债属于衍生工具。但符合财务担保合同定义的衍生工具以及被指定为有效套期工具的衍生工具除外。例如，未作为套期工具的利率互换或外汇期权。

只有不符合上述条件的非交易性权益工具投资才可以进行该指定。

此处权益工具投资中的"权益工具"，指对工具发行方来说，符合本项目中权益工具定义的工具。例如，普通股对发行方而言，符合权益工具定义，而对投资方而言，属于权益工具投资。

符合金融负债定义但是被归类为权益工具的特殊金融工具（包括可回售工具和发行方仅在清算时才有义务向另一方按比例交付其净资产的金融工具），因此从投资方的角度也就不符合指定为以公允价值计量且其变动计入其他综合收益的金融资产的条件。例如某些开放式基金，基金持有人可将基金份额回售给基金，该基金发行的基金份额并不符合权益工具的定义，在这种情况下，投资人持有的该基金份额，不能指定为以公允价值计量且其变动计入其他综合收益的金融资产。

5. 不同类金融资产之间的重分类

企业改变其管理金融资产的业务模式时，应当对所有受影响的相关金融资产进行重分类。企业对金融资产进行重分类，应当自重分类日起采用未来适用法进行相关会计处理。不得对以前已经确认的利得、损失（包括减值损失或利得）或利息进行追溯调整。重分类日，指导致企业对金融资产进行重分类的业务模式发生变更后的首个报告期间的第一天。

【情景11-3】如甲上市公司决定于2021年3月22日改变其管理某金融资产的业务模式，则重分类日为2021年4月1日（即下一个季度会计期间的期初）；乙上市公司决定于2021年10月15日改变其管理某金融资产的业务模式，则重分类日为2022年1月1日。

企业管理金融资产业务模式的变更是一种极其少见的情形。该变更源自外部或内部的变化，必须由企业的高级管理层进行决策，且其必须对企业的经营非常重要，并能够向外部各方证实。

因此，只有当企业开始或终止某项对其经营影响重大的活动时（如当企业收购、处置或终止某一业务线时），其管理金融资产的业务模式才会发生变更。如某银行决定终止其零售抵押贷款业务，该业务线不再接受新业务，并且该银行正在积极寻求出售其抵押贷款组合，则该银行管理其零售抵押贷款的业务模式发生了变更。

【情景11-4】甲公司持有拟在短期内出售的某商业贷款组合。甲公司近期收购了一家资产管理公司（乙公司），乙公司持有贷款的业务模式是以收取合同现金流量为目标。甲公司决定，对该商业贷款组合的持有不再以出售为目标，而是将该组合与资产管理公司持有的其他贷款一起管理，以收取合同现金流量为目标，则甲公司管理该商业贷款组合的业务模式发生了变更。

以下情形不属于业务模式变更：

①企业持有特定金融资产的意图改变。企业即使在市场状况发生重大变化的情况下改变对特定资产的持有意图，也不属于业务模式变更。

②金融资产特定市场暂时性消失从而暂时影响金融资产出售。

③金融资产在企业具有不同业务模式的各部门之间转移。

需要注意的是，如果企业管理金融资产的业务模式没有发生变更，金融资产的条款发生变更但未导致终止确认的，不允许重分类。金融资产条款发生变更导致金融资产终止确认的，不涉及重分类问题，企业应当终止确认原金融资产，同时按照变更后的条款确认一项新金融资产。金融资产终止确认，指企业将之前确认的金融资产从其资产负债表中转出。

11.1.2 金融负债的分类

金融负债主要包括应付账款、长期借款、其他应付款、应付票据、应付债券、衍生金融负债等。

除下列各项外，企业应当将金融负债归类为以摊余成本计量的金融负债。

（1）以公允价值计量且其变动计入当期损益的金融负债，包括交易性金融负债（含属于金融负债的衍生工具）和指定为以公允价值计量且其变动计入当期损益的金融负债。

（2）不符合终止确认条件的金融资产转移或继续计入被转移金融资产所形成的金融负债。

（3）不属于上述（1）或（2）情形的财务担保合同，以及不属于上述（1）情形的、以低于市场利率贷款的贷款承诺。

在非同一控制下的企业合并中，企业作为购买方确认的或有对价形成金融负债的，该金融负债应当按照以公允价值计量且其变动计入当期损益进行会计处理。

企业对金融负债的分类一经确定，不得变更。

任务11.2 金融资产和金融负债的确认和终止确认

11.2.1 金融资产和金融负债确认条件

企业在成为金融工具合同的一方时，应当确认一项金融资产或金融负债。如果企业尚未成为合同一方，即使企业已有计划在未来交易，不管其发生的可能性有多大，都不是企业的金融资产或金融负债。

11.2.2 金融资产的终止确认

金融资产满足下列条件之一的，应当终止确认。

（1）收取该金融资产现金流量的合同权利终止。如企业买入一项期权，企业在到期日仍未行权，那么企业在向权利到期后应当终止确认该期权形成的金融资产。

（2）该金融资产已转移，且该转移满足《企业会计准则第23号——金融资产转移》关于金融资产终止确认的规定。

金融资产的一部分满足下列条件之一的，则该部分适用终止确认的规定，除此之外，该金融资产整体都适用终止确认的规定适用。

（1）该金融资产部分仅包括金融资产所产生的特定可辨认现金流量。如企业就某债务工具与转入方签订一项利息剥离合同，合同规定转入方有权获得该债务工具利息现金流量，但无权获得该债务工具本金现金流量，终止确认的规定适用于该债务工具的利息现金流量。

（2）该金融资产部分仅包括与该金融资产所产生的全部现金流量完全成比例的现金流量部分。如企业就某债务工具与转入方签订转让合同，合同规定转入方拥有获得该债务工具全部现金流量一定比例的权利，终止确认的规定适用于该债务工具全部现金流量一定比例的部分。

（3）该金融资产部分仅包括与该金融资产所产生的特定可辨认现金流量完全成比例的现金流量部分。如企业就某债务工具与转入方签订转让合同，合同规定转入方拥有获得该债务工具利息现金流量一定比例的权利，终止确认的规定适用于该债务工具利息现金流量一定比例的部分。

11.2.3 金融负债的终止确认

金融负债终止确认，指企业将之前确认的金融负债从其资产负债表中转出。金融负债（或其一部分）的现时义务已经解除的，企业应当终止确认该金融负债（或该部分金融负债）。

出现以下两种情况之一时，金融负债（或其一部分）的现时义务已经解除。

（1）债务人通过履行义务（如偿付债权人）解除了金融负债（或其一部分）的现时义务。债务人通常使用现金、其他金融资产等方式偿债。

（2）债务人通过法定程序（如法院裁定）或债权人（如债务豁免），合法解除了债务人对金融负债（或其一部分）的主要责任。

任务 11.3 金融资产和金融负债的计量

11.3.1 金融资产和金融负债的初始计量

企业初始确认金融资产或金融负债，应当按照公允价值计量。对于以公允价值计量且其变动计入当期损益的金融资产和金融负债，相关交易费用应当直接计入当期损益；对于其他类别的金融资产或金融负债，相关交易费用应当计入初始确认金额。但是，企业初始确认的应收账款未包含重大融资成分或不考虑不超过一年的合同中的融资成分的，应当按照交易价格进行初始计量。

交易费用，指可直接归属于购买、发行或处置金融工具的增量费用。增量费用指企业没有发生购买、发行或处置相关金融工具的情形就不会发生的费用，包括支付给代理机构、咨询公司、券商、证券交易所、政府有关部门等的手续费、佣金、相关税费以及其他必要支出，不包括债券溢价、折价、融资费用、内部管理成本和持有成本等与交易不直接相关的费用。

企业应当根据公允价值计量的规定，确定金融资产和金融负债在初始确认时的公允价值。公允价值通常为相关金融资产或金融负债的交易价格。金融资产或金融负债公允价值与交易价格存在差异的，企业应当区别下列情况进行处理。

（1）在初始确认时，金融资产或金融负债的公允价值依据相同资产或负债在活跃市场上的报价或者以仅使用可观察市场数据的估值技术确定的，企业应当将该公允价值与交易价格之间的差额确认为一项利得或损失。

（2）在初始确认时，金融资产或金融负债的公允价值以其他方式确定的，企业应当将该公允价值与交易价格之间的差额递延。初始确认后，企业应当根据某一因素在相应会计期间的变动程度将该递延差额确认为相应会计期间的利得或损失。该因素应当仅限于市场参与者对该金融工具定价时的考虑，包括时间等。

企业取得金融资产所支付的价款中包含的已宣告但尚未发放的债券利息或现金股利。应当单独确认为应收项目进行处理。

11.3.2 公允价值的确定

公允价值，是指市场参与者在计量日发生的有序交易中，出售一项资产所能收到或者购买一项负债所需支付的价格。

企业应当将公允价值计量所使用的输入值划分

为三个层次，并首先使用第一层次输入值，其次使用第二层次输入值，最后使用第三层次输入值。

1. 第一层次输入值

第一层次输入值是在计量日能够取得的相同资产或负债在活跃市场上未经调整的报价。活跃市场，指相关资产或负债的交易量和交易频率足以持续提供定价信息的市场。在活跃市场中交易对象具有同质性，可随时找到自愿交易的买方和卖方，且市场价格信息是公开的。

2. 第二层次输入值

第二层次输入值是除第一层次输入值外相关资产或负债直接或间接可观察的输入值。对于具有合同期限等具体期限的金融资产，第二层次输入值应当在整个期限内都是可观察的。第二层次输入值包括以下内容：

（1）活跃市场中类似金融资产的报价。

（2）非活跃市场中相同或类似金融资产的报价。

（3）除报价以外的其他可观察输入值，包括在正常报价间隔期间可观察的利率和收益率曲线、隐含的波动率和信用利差等。

（4）市场验证的输入值等。市场验证的输入值，指通过相关性分析或其他手段获得的主要来源于可观察市场数据或者经过可观察市场数据验证的输入值。

3. 第三层次输入值

第三层次输入值是相关资产或负债的不可观察输入值，主要包括不能直接观察和无法由可观察市场数据验证的利率、股票波动率、企业使用自身数据做出的财务预测等。

> **提示**
>
> 企业只有在金融资产不存在市场活动或者市场活动很少导致相关可观察输入值无法取得或取得不切实可行的情况下，才能使用第三层次输入值，即不可观察输入值。

11.3.3 金融资产和金融负债的初始计量

1. 金融资产的后续计量

（1）金融资产后续计量原则

金融资产的后续计量与金融资产的分类密切相关。企业应当针对不同类别的金融资产，分别以摊余成本和以公允价值计量且其变动计入其他综合收益或以公允价值计量且其变动计入当期损益进行后续计量。

需要注意的是，企业在对金融资产进行后续计量时，如果一项金融工具以前被确认为一项金融资产并以公允价值计量，而现在它的公允价值低于零时，企业应将其确认为一项负债。但对于主合同为资产的混合合同，即使整体公允价值可能低于零的，企业应当始终将混合合同整体作为一项金融资产进行分类和计量。

（2）以摊余成本计量的金融资产的账务处理

① 实际利率法

实际利率法，指计算金融资产或金融负债的摊余成本以及将利息收入或利息费用分摊计入各会计期间的方法。

实际利率，指将金融资产或金融负债在预计存续期的估计未来现金流量折现为该金融资产账面余额（不考虑减值）或该金融负债摊余成本所使用的利率。在确定实际利率时，应当在考虑金融资产或金融负债所有合同条款（如提前还款、展期、看涨期权或其他类似期权等）的基础上估计预期现金流量，但不应当考虑预期信用损失。

经信用调整的实际利率，指将购入或源生的已发生信用减值的金融资产在预计存续期的估计未来现金流量，折现为该金融资产摊余成本的利率。在确定经信用调整的实际利率时，应当在考虑金融资产的所有合同条款（例如提前还款、展期、看涨期权或其他类似期权等）以及初始预期信用损失的基础上估计预期现金流量。

企业通常能够可靠估计金融工具（或一组类似金融工具）的现金流量和预计存续期。在极少数情况下，金融工具（或一组金融工具）的估计未来现金流量或预计存续期无法可靠估计的，企业在计算确定其实际利率（或经信用调整的实际利率）时，应当基于该金融工具在整个合同期内的合同现金流量。

合同各方之间支付或收取的、属于实际利率或经信用调整的实际利率组成部分的各项费用、交易费用及溢价或折价等，应当在确定实际利率或经信用调整的实际利率时予以考虑。

②摊余成本

金融资产或金融负债的摊余成本，应当以该金融资产或金融负债的初始确认金额经下列调整确定。

A. 扣除已偿还的本金。

B. 加上或减去采用实际利率法将该初始确认金额与到期日金额之间的差额进行摊销形成的累计摊销额。

C. 扣除计提的累计信用减值准备（仅适用于金融资产）。

对于浮动利率金融资产或浮动利率金融负债，以反映市场利率波动而对现金流量的定期重估将改变实际利率。如果浮动利率金融资产或浮动利率金融负债的初始确认金额等于到期日应收或应付本金的金额，则未来利息付款额的重估通常不会对该资产或负债的账面价值产生重大影响。

企业与交易对手方修改或重新议定合同，未导致金融资产终止确认，但导致合同现金流量发生变化的，或者企业修正了对合同现金流量的估计的，应当重新计算该金融资产的账面余额，并将相关利得或损失计入当期损益。重新计算的该金融资产的账面余额，应当根据将重新议定或修改的合同现金流量按金融资产的原实际利率（或者购买或源生的已发生信用减值的金融资产应按经信用调整的实际利率）折现的现值确定。对于修改或重新议定合同产生的所有成本或费用，企业应当调整修改后的金融资产账面价值，并在修改后金融资产的剩余期限内摊销。

以摊余成本计量且不属于任何套期关系的金融资产所产生的利得或损失，应当在终止确认、重分类、按照实际利率法摊销或确认减值时，计入当期损益。

③具体账务处理

以摊余成本计量的金融资产的会计处理，主要包括该金融资产实际利率的计算、摊余成本的确定、持有期间的收益确认及将其处置时损益的处理。以摊余成本计量的金融资产所产生的利得或损失，应当在终止确认、按照规定重分类、按照实际利率法摊销或确认减值时，计入当期损益。

以摊余成本计量的与债权投资相关的账务处理如下：

企业取得的以摊余成本计量的债权投资，应按该投资的面值，借记"债权投资——成本"科目，按支付的价款中包含的已到付息期但尚未领取的利息，借记"应收利息"科目，按实际支付的金额，贷记"银行存款"等科目，按其差额，借记或贷记"债权投资——利息调整"科目。

资产负债表日，以摊余成本计量的债权投资为分期付息、一次还本债券投资的、应按票面利率计算确定的应收未收利息，借记"应收利息"科目，按该金融资产摊余成本和实际利率计算确定的利息收入，贷记"投资收益"科目，按其差额，借记或贷记"债权投资——利息调整"科目。

以摊余成本计量的债权投资为一次还本付息债券投资的，应按票面利率计算确定的应收未收利息，借记"债权投资——应计利息"科目，按该金融资产摊余成本和实际利率计算确定的利息收入，贷记"投资收益"科目，按其差额，借记或贷记"债权投资——利息调整"科目。

出售以摊余成本计量的债权投资，应按实际收到的金额，借记"银行存款"等科目，按其账面余额，贷记"债权投资——成本、应计利息"科目，贷记或借记"债权投资——利息调整"科目，按其差额，贷记或借记"投资收益"科目。已计提信用减值准备的，还应同时结转信用减值准备。

企业持有的以摊余成本计量的应收款项、贷款等的账务处理原则，与债权投资大致相同，企业可使用"应收账款""贷款"等科目进行核算。

（3）以公允价值计量且其变动计入其他综合收益的金融资产的账务处理

以公允价值计量且其变动计入其他综合收益的金融资产的会计处理，与以公允价值计量且其变动计入当期损益的金融资产的会计处理存在类似之处，如均要求按公允价值进行后续计量。但是，也有一些不同之处，以公允价值计量且其变动计入其他综合收益的金融资产所产生的利得或损失，除减值损失或利得和汇兑损益外，均应当计入其他综合收益，直至该金融资产终止确认或被重分类。但是，采用实际利率法计算的该金融资产的利息应当计入当期损益。终止确认时，之前计入其他综合收益的累计利得或损失应当从其他综合收益中转出，计入当期损益。

相关的账务处理如下：

①企业取得以公允价值计量且其变动计入其他综合收益的金融资产，应按该金融资产投资的面值，借记"其他债权投资——成本"科目；按支付的价款中包含的已到付息期但尚未领取的利息，借记"应收利息"科目；按实际支付的金额，贷记"银行存款"等科目；按其差额，借记或贷记"其他债权投资——利息调整"科目。

②资产负债表日，以公允价值计量且其变动计入其他综合收益的金融资产为分期付息、一次还本债券投资的，应按票面利率计算确定的应收未收利息，借记"应收利息"科目；按债券的摊余成本和实际利率计算确定的利息收入，贷记"投资收益"科目；按其差额，借记或贷记"其他债权投资——利息调整"科目。

以公允价值计量且其变动计入其他综合收益的金融资产为一次还本付息债券投资的，应按票面利率计算确定的应收未收利息，借记"其他债权投资——应计利息"科目；按债券的摊余成本和实际利率计算确定的利息收入，贷记"投资收益"科目；按其差额，借记或贷记"其他债权投资——利息调整"科目。

③资产负债表日，以公允价值计量且其变动计入其他综合收益的金融资产的公允价值高于其账面余额的差额，借记"其他债权投资——公允价值变动"科目，贷记"其他综合收益——其他债权投资公允价值变动"科目；公允价值低于其账面余额的差额作相反的会计分录。

确定以公允价值计量且其变动计入其他综合收益的金融资产发生减值的，应按减记的金额，借记"信用减值损失"，贷记"其他综合收益——信用减值准备"科目。

④出售以公允价值计量且其变动计入其他综合收益的金融资产，应按实际收到的金额，借记"银行存款"等科目，按其账面余额，贷记"其他债权投资——成本、应计利息"科目，贷记或借记"其他债权投资——公允价值变动、利息调整"科目；按应从其他综合收益中转出的公允价值累计变动额，借记或贷记"其他综合收益——其他债权投资公允价值变动"科目；按应从其他综合收益转出的信用减值准备累计金额，借记"其他综合收益——信用减值准备"，按其差额，贷记或借记"投资收益"科目。

（4）以公允价值计量且其变动计入当期损益的金融资产的账务处理

以公允价值计量且其变动计入当期损益的金融资产的会计处理，着重于反映该类金融资产公允价值的变化，以及对企业财务状况和经营成果的影响。

相关的账务处理如下：

①企业取得以公允价值计量且其变动计入当期损益的金融资产，按其公允价值，借记"交易性金融资产——成本"科目，按发生的交易费用，借记"投资收益"科目，按已到付息期但尚未领取的利息或已宣告但尚未发放的现金股利，借记"应收利息"或"应收股利"科目，按实际支付的金额，贷记"银行存款"等科目。

②以公允价值计量且其变动计入当期损益的金融资产持有期间收到被投资单位发放的现金股利，或在资产负债表日按分期付息、一次还本债券投资的票面利率计算的利息，或上述股利或利息已宣告但未发放，借记"库存现金""银行存款""应收股利""应收利息"等科目，贷记"投资收益"科目。

③资产负债表日，以公允价值计量且其变动计入当期损益的金融资产的公允价值高于其账面余额的差额，借记"交易性金融资产——公允价值变动"科目，贷记"公允价值变动损益"科目；公允价值低于其账面余额的差额作相反的会计分录。

④出售以公允价值计量且其变动计入当期损

益的金融资产，应按实际收到的金额，借记"银行存款"等科目；按该金融资产的账面余额，贷记"交易性金融资产成本"科目；贷记或借记"交易性金融资产——公允价值变动"等科目；按其差额，贷记或借记"投资收益"科目。

（5）以公允价值计量且其变动计入其他综合收益的非交易性权益工具投资的账务处理

指定为以公允价值计量且其变动计入其他综合收益的非交易性权益工具投资的会计处理，与以公允价值计量且其变动计入其他综合收益的金融资产的会计处理有相同之处，但也有明显不同。相同之处在于，公允价值的后续变动计入其他综合收益。不同之处在于，指定为以公允价值计量且其变动计入其他综合收益的非交易性权益工具投资不需计提减值准备，除获得的股利收入（作为投资成本部分收回的股利收入除外）计入当期损益外，其他相关的利得和损失（包括汇兑损益）均应当计入其他综合收益，且后续不得转入损益；当终止确认时，之前计入其让他综合收益的累计利得或损失应当从其他综合收益中转出，计入留存收益。

相关的账务处理如下：

（1）企业取得的指定为以公允价值计量且其变动计入其他综合收益的非交易性权益工具投资，应按该投资的公允价值与交易费用之和，借记"其他权益工具投资——成本"科目；按支付的价款中包含的已宣告但尚未发放的现金股利，借记"应收股利"科目；按实际支付的金额，贷记"银行存款"等科目。

（2）资产负债表日，指定为以公允价值计量且其变动计入其他综合收益的非交易性权益工具投资的公允价值高于其账面余额的差额，借记"其他权益工具投资——公允价值变动"科目，贷记"其他综合收益——其他权益工具投资公允价值变动"科目；公允价值低于其账面余额的差额作相反的会计分录。

（3）出售指定为以公允价值计量且其变动计入其他综合收益的非交易性权益工具投资，应按实际收到的金额，借记"银行存款"等科目；按其账面余额，贷记"其他权益工具投资——成本、公允价值变动"科目；按应从其他综合收益中转出的公允价值累计变动额，借记或贷记"其他综合收益——其他权益工具投资公允价值变动"科目，将其差额转入留存收益。

（6）金融资产之间重分类的账务处理

①以摊余成本计量的金融资产的重分类

企业将一项以摊余成本计量的金融资产重分类为以公允价值计量且其变动计入当期损益的金融资产的，应当按照该资产在重分类日的公允价值进行计量。原账面价值与公允价值之间的差额计入当期损益。

企业将一项以摊余成本计量的金融资产重分类为以公允价值计量且其变动计入其他综合收益的金融资产的，应当按照该金融资产在重分类日的公允价值进行计量。原账面价值与公允价值之间的差额计入其他综合收益。该金融资产重分类不影响其实际利率和预期信用损失的计量。

②以公允价值计量且其变动计入其他综合收益的金融资产的重分类

企业将一项以公允价值计量且其变动计入其他综合收益的金融资产重分类为以摊余成本计量的金融资产的，应当将之前计入其他综合收益的累计利得或损失转出，调整该金融资产在重分类日的公允价值，并以调整后的金额作为新的账面价值，即视同该金融资产一直以摊余成本计量。该金融资产重分类不影响其实际利率和预期信用损失的计量。

企业将一项以公允价值计量且其变动计入其他综合收益的金融资产重分类为以公允价值计量且其变动计入当期损益的金融资产的，应当继续以公允价值计量该金融资产。同时，企业应当将之前计入其他综合收益的累计利得或损失从其他综合收益转入当期损益。

③以公允价值计量且其变动计入当期损益的金融资产的重分类

企业将一项以公允价值计量且其变动计入当期损益的金融资产重分类为以摊余成本计量的金融资产的，应当以其在重分类日的公允价值作为新的账面余额。

企业将一项以公允价值计量且其变动计入当

期损益的金融资产重分类为以公允价值计量且其变动计入其他综合收益的金融资产的，应当继续以公允价值计量该金融资产。

对以公允价值计量且其变动计入当期损益的金融资产进行重分类，企业应当根据该金融资产在重分类日的公允价值确定其实际利率。同时，企业应当自重分类日起对该金融资产适用金融资产减值的相关规定，并将重分类日视为初始确认日。

2. 金融负债的后续计量

（1）金融负债后续计量原则

企业应当按照以下原则对金融负债进行后续计量。

①以公允价值计量且其变动计入当期损益的金融负债，应当按照公允价值进行后续计量。

②金融资产转移不符合终止确认条件或继续计入被转移金融资产所形成的金融负债。对此类金融负债，企业应当按照《企业会计准则第23号——金融资产转移》相关规定进行计量。

③不属指定为以公允价值计量且其变动计入当期损益的金融负债的财务担保合同或没有指定为以公允价值计量且其变动计入当期损益并将以低于市场利率贷款的贷款承诺，企业作为此类金融负债发行方的，应当在初始确认后按照损失准备金额以及初始确认金额扣除累计摊销额后的余额孰高进行计量。

④上述金融负债以外的金融负债，应当按摊余成本进行后续计量。

（2）金融负债后续计量账务处理

①对于以公允价值进行后续计量的金融负债，其公允价值变动形成利得或损失，除与套期会计有关外，应当计入当期损益。

【情景11-5】2021年7月1日，甲公司经批准在全国银行间债券市场公开发行12亿元短期融资券，期限为1年，票面年利率5.58%，每张面值为100元，到期一次还本付息。所募集资金主要用于公司购买生产经营所需的原材料及配件等。公司将该短期融资券指定为以公允价值计量且其变动计入当期损益的金融负债，假定不考虑发行短期融资券相关的交易费用以及企业自身的信用风险变动。

2021年12月31日，该短期融资券市场价格为每张120元（不含利息）；2022年6月30日，该短期融资券到期兑付完成。

据此，甲公司账务处理如下：

（1）2021年7月1日，发行短期融资券。

借：银行存款　　　　　　　　1 200 000 000
　　贷：交易性金融负债　　　　1 200 000 000

（2）2021年12月31日，年末确认公允价值变动和利息费用。

借：公允价值变动损益　　　　240 000 000
　　贷：交易性金融负债　　　　240 000 000

借：财务费用　　　　　　　　33 480 000
　　贷：应付利息　　　　　　　33 480 000

（3）2022年6月30日，短期融资券到期。

借：财务费用　　　　　　　　33 480 000
　　贷：应付利息　　　　　　　33 480 000

借：交易性金融负债　　　　1 400 000 000
　　应付利息　　　　　　　　66 960 000
　　贷：银行存款　　　　　　1 266 960 000
　　　　公允价值变动损益　　240 000 000

②以摊余成本计量且不属于任何套期关系一部分的金融负债所产生的利得或损失，应当在终止确认时计入当期损益或在按照实际利率法摊销时计入相关期间损益。

企业与交易对手方修改或重新议定合同，未导致金融负债终止确认，但导致合同现金流量发生变化的，应当重新计算该金融负债的账面价值，并将相关利得或损失计入当期损益。重新计算的该金融负债的账面价值，应当根据将重新议定或修改的合同现金流量按金融负债的原实际利率折现的现值确定。对于修改或重新议定合同所产生的所有成本或费用，企业应当调整修改后的金融负债账面价值，并在修改后金融负债的剩余期限内进行摊销。

项目小结

本项目主要讲述了企业金融资产和金融负债取得业务、持有期间会计处理以及出售业务的核算；期末计价、出售和到期收回等业务的核算；以公允价值计量且其变动计入当期损益的金融资产业务核算取得业务、资产负债表日的会计处理、出售业务的核算等。

思考与练习

一、单项选择题

1. 企业管理金融资产的业务模式如果不是以收取合同现金流量为目标，也不是既收取合同现金流量和出售金融资产来实现其目标，则企业应将该金融资产划分为（　）
   A. 以摊余成本计量的金融资产
   B. 以公允价值计量且其变动计入其他综合收益的金融资产
   C. 以公允价值计量且其变动计入当期损益的金融资产
   D. 长期借款

2. 下列属于金融负债的是（　）
   A. 应交税费　　　　B. 递延收益
   C. 预计负债　　　　D. 应付票据

3. 企业初始确认金融资产时，应当按照（　）
   A. 历史成本　　　　B. 可变现净值
   C. 公允价值　　　　D. 重置成本

4. 下列各项中，企业在资产负债表日计算确认所持有交易性金融资产的公允价值低于其账面余额的金额应借记的会计科目是（　）
   A. 营业外支出　　　B. 投资收益
   C. 公允价值变动损益　D. 其他业务成本

5. 资产负债表日，企业持有的以公允价值计量且其变动计入其他综合收益的非交易性权益工具投资的公允价值下跌，企业进行账务处理时贷记"其他权益工具投资——公允价值变动"科目，应借记的科目是（　）
   A. 其他权益工具投资——减值准备
   B. 资产减值损失
   C. 其他综合收益
   D. 投资收益

二、多项选择题

1. 管理金融资产的业务模式包括（　　）三种
   A. 以收取合同现金流量为目标的业务模式
   B. 以收取合同现金流量和出售金融资产为目标的业务模式
   C. 其他业务模式
   D. 以支付合同现金流量为目标的业务模式

2. 以下不属于业务模式变更的有（　　）
   A. 企业持有特定金融资产的意图改变
   B. 金融资产特定市场暂时性消失从而暂时影响金融资产出售
   C. 金融资产在企业具有不同业务模式的各部门之间转移
   D. 企业在市场状况发生重大变化的情况下改变对特定资产的持有意图

3. 金融资产终止确认的条件是（　　）
   A. 收取金融资产的现金流量的合同权利终止
   B. 收取金融资产的现金流量的合同权利没有终止
   C. 该项金融资产已转移，且转移满足关于终止确认的规定
   D. 该项金融资产已转移，且转移未满足关于终止确认的规定

4. 第二层次输入值包括（　　）
   A. 活跃市场中类似资产或负债的报价
   B. 非活跃市场中相同或类似资产或负债的报价
   C. 正常报价间隔期间可观察的利率
   D. 市场验证的输入值

5. 金融负债后续计量的计量属性包括（　　）
   A. 公允价值　　　B. 历史成本
   C. 摊余成本　　　D. 到期价值

三、判断题

1. 金融负债终止确认，指企业将之前确认的金融负债从其资产负债表中转出。（　　）

2. 交易费用，指可直接归属于购买、发行或处置金融工具的增量费用。（　　）

3. 第三层次输入值是在计量日能够取得的相同资产或负债在活跃市场上未经调整的报价。（　　）

4. 金融资产重分类应采用追溯调整法进行相关会计处理。（　　）

5. 以摊余成本计量的金融资产所产生的利得或损失，应当在终止确认、按照规定重分类、按照实际利率法摊销或确认减值时，计入当期损益。（　　）

四、简答题

1. 业务模式评估指的是什么？

2. 什么是实际利率法？

项目 12　收入

知识目标

◎ 掌握收入的概念；

◎ 掌握合同识别、合同变更等内容；

◎ 掌握合同成本的相关知识。

技能目标

◎ 掌握和识别合同中的单项履约义务；

◎ 掌握关于特定交易的会计处理方法。

案例导入

甲公司是一家咨询公司，其通过竞标赢得一个新客户，为取得和该客户的合同，甲公司发生下列支出：(1) 聘请外部律师进行尽职调查的支出为 16 000 元；(2) 因投标发生的差旅费为 10 000 元；(3) 销售人员佣金为 6 000 元。甲公司预期这些支出未来能够收回。此外，甲公司根据其年度销售目标、整体盈利情况及个人业绩等，向销售部门经理支付年度奖金 10 000 元。

案例评析

分析材料支出涉及合同取得成本？

本章导语

收入是财务会计的一个基本要素，通过对项目的学习，掌握收入的概念、收入的确认、合同成本和关于特定交易的会计处理方法。

任务 12.1 收入概述

12.1.1 收入的概念

收入指企业在日常经营活动中形成的、会导致所有者权益增加的、与所有者投入资本无关的经济利益的总流入。企业应当在履行了合同中的履约义务,即在客户取得相关商品控制权时确认收入。

12.1.2 收入的确认条件

当企业与客户之间的合同同时满足下列条件时,企业应当在客户取得相关商品控制权时确认收入:

1. 合同各方已批准该合同并承诺将履行各自义务;
2. 该合同明确了合同各方与所转让商品或提供劳务(转让商品)相关的权利和义务;
3. 该合同有明确的与所转让商品相关的支付条款;
4. 该合同具有商业实质,即履行该合同将改变企业未来现金流量的风险、时间分布或金额;
5. 企业因向客户转让商品而有权取得的对价很可能收回。

在合同开始日即满足前款条件的合同,企业在后续期间无须对其进行重新评估,除非有迹象表明相关事实和情况发生了重大变化。

12.1.3 收入的构成

1. 收入按其性质不同,分为商品销售收入、劳务收入以及让渡资产使用权取得的收入。

商品销售收入,指企业出售自行生产的产品或购入的商品而取得的收入;劳务收入,是指企业对外提供劳务而取得的收入;让渡资产使用权取得的收入,指企业将自有的资产出租或出借给他人而取得的收入。

2. 按企业经营业务的主次不同,将收入分为主营业务收入和其他业务收入。不同行业的主营业务收入所包括的内容也不同。

主营业务收入指销售库存商品、自制半成品、对外提供工业性劳务等取得的收入。

其他业务收入指企业从事主营业务以外的经营活动所取得的收入。由于各行业的经营业务范围不同,其主营业务也不同:工业企业的主营业务收入,指销售库存商品、自制半成品以及提供代制品、代修品等工业性劳务取得的收入;商业企业的主营业务收入,指销售商品取得的收入;施工企业、交通运输等企业的主营业务收入,指其提供工业性劳务取得的收入;服务企业的主营业务收入,指其提供非工业性劳务所取得的收入等。

工业企业的其他业务收入,指销售材料、转让技术、出租资产或提供非工业性劳务等所取得的收入。一般主营业务收入占企业营业收入的比重较大,对企业的经济效益产生的影响也较大;其他业务收入占企业营业收入的比重较小。

任务 12.2 收入的确认

12.2.1 识别与客户订立的合同

1. 合同的识别

合同,指双方或多方之间订立的有法律约束力的权利义务的协议。合同包括书面形式、口头形式以及其他形式(如隐含于商业惯例或企业以往的习惯做法中等)。企业与客户之间的合同同时满足下列五项条件的,企业应当在履行了合同中的履约义务,即在客户取得相关商品控制权时确认收入:一是合同各方已批准该合同并承诺将履行各自义务;二是该合同明确了合同各方与所转让商品相关的权利和义务;三是该合同有明确的与所转让商品相关的支付条款;四是该合同具有商业实质,即履行该合同将改变企业未来现金流量的风险、时间分布或金额;五是企业因向客户转让商品而有权取得的对价很可能收回。企业在进行上述判断时,需要注意下列三点:一是合同约定的权利和义务是否具有法律约束力,需要根据企业所处的法律环境和实务操作进行判断。二是合同具有商业实质,指履行该合同将改变企业未来现金流量的风险、时间分布或金额。三是企业在评估其因向客户转让商品而有权取得的对价是否很可能收回时,仅应考虑客户到期时支付对价的能力和意图(即客户的信用风险)。企业预期很可能无法收回全部合同对价时,应当判断其原因是客户的信用风险还是企业向客户提供了价格折让所致。

对于不符合上述五项条件的合同,企业只有在不再负有向客户转让商品的剩余义务(如合同已完成或取消),且已向客户收取的对价(包括全部或部分对价)无须退回时,才能将已收取的对价确认为收入;否则,应当将已收取的对价作为负债进行会计处理。企业向客户收取无须退回的对价的,应当在已经将该部分对价所对应的商品的控制权转移给客户,并已停止向客户转让额外的商品,且也不再负有此类义务,或者相关合同已经终止时,将该部分对价确认为收入。

> **提示**
>
> 没有商业实质的非货币性资产交换,无论何时,均不应确认收入。从事相同业务经营的企业之间,为便于向客户或潜在客户销售商品而进行的非货币性资产交换(如两家石油公司之间相互交换石油,以便及时满足各自不同地点客户的需求)。不应当确认收入。

企业与客户之间的合同,在合同开始日即满足上述五项条件的,企业在后续期间无须对其进行重新评估,除非有迹象表明相关事实和情况发生了重大变化。在合同开始日不符合上述五项条件的,企业应当在后续期间对其进行持续评估,以判断其能否满足上述五项条件,企业在此之前已经向客户转移部分商品的,当该合同在后续期间满足上述五项条件时,企业应当将在此之前已经转移商品所分摊的交易价格确认为收入。合同开始日,指合同开始赋予合同各方具有法律约束力的权利和义务的日期,通常是指合同生效日。

【情景12-1】甲公司与乙公司签订合同,将一项专利技术授权给乙公司使用,并按其使用情况收取特许权使用费。甲公司评估认为,该合同在合同开始日满足上述五项条件。该专利技术在合同开始日即授权给乙公司使用。在合同开始日后的第一年内,乙公司每季度向甲公司提供该专利技术的使用情况报告,并在约定的期间内支付特许权使用费。在合同开始日后的第二年内,乙公司继续使用该专利技术,但是,乙公司的财务状况下滑，融资能力下降，可用资金不足，因此，乙公司仅按合同支付了当年第一季度的特许权使用费，而后三个季度仅象征性支付了部分金额。在合同开始日后的第三年内，乙公司继续使用甲公司的专利技术。但是，甲公司得知，乙公司已经完全丧失了融资能力，且流失了大部分客户，因此，乙公司的付款能力进一步降低、信用风险显著升高。

本例中，该合同在合同开始日满足上述五项条件，因此，甲公司在乙公司使用该专利技术的行为发生时，按照约定的特许权使用费确认收入。合同开始后的第二年，由于乙公司的信用风险升高，甲公司在确认收入的同时，应对乙公司的应收款项进行减值测试。合同开始日后的第三年，由于乙公司的财务状况恶化，信用风险显著升高，甲公司对该合同进行了重新评估，认为不再满足"企业因向客户转让商品而有权取得的对价很可能收回"这一条件，因此，甲公司不再确认特许权使用费收入，同时，对现有应收款项是否发生减值继续进行评估。

2. 合同变更

此处所称的合同变更，指经合同各方同意对原合同范围或价格（或两者）作出的变更。企业应当区分下列三种情形对合同变更分别进行会计处理：

（1）合同变更部分作为单独合同进行会计处理的情形。合同变更增加了可明确区分的商品及合同价款，且新增合同价款反映了新增商品单独售价的，应当将该合同变更作为一份单独的合同进行会计处理。判断新增合同价款是否反映了新增商品的单独售价时，应当考虑为反映该特定合同的具体情况而对新增商品价格所作的适当调整。例如，在进行合同变更时，企业由于无须发生因发展新客户等而发生的相关销售费用，可能会向客户提供一定的折扣，从而在新增商品单独售价的基础上予以适当调整。

（2）合同变更作为原合同终止及新合同订立进行会计处理的情形。合同变更不属于上述第（1）种情形，且在合同变更日已转让商品与未转让商品可明确区分的，应当视为原合同终止，同时，将原合同未履约部分与合同变更部分合并为新合同进行会计处理。新合同的交易价格应当为下列两项金额之和：一是原合同交易价格中尚未确认为收入的部分（包括已从客户处收取的金额）；二是合同变更中客户已承诺的对价金额。

【情景12-2】A公司与客户签订合同，每周为客户的办公楼提供保洁服务，合同期限为三年，客户每年向A公司支付服务费10万元（假定该价格反映了合同开始日该项服务的单独售价）。在第二年末，合同双方对合同进行了变更，将第三年的服务费调整为8万元（假定该价格反映了合同变更日该项服务的单独售价），同时以20万元的价格将合同期限延长三年（假定该价格不反映合同变更日该三年服务的单独售价），即每年的服务费为6.67万元，于每年年初支付。上述价格均不包含增值税。

本例中，在合同开始日，A公司认为其每周为客户提供的保洁服务是可明确区分的，但由于A公司向客户转让的是一系列实质相同且转让模式相同的、可明确区分的服务，因此将其作为单项履约义务。在合同开始的前两年，即合同变更之前，A公司每年确认收入10万元。在合同变更日，由于新增的三年保洁服务的价格不能反映该项服务在合同变更时的单独售价，因此，该合同变更不能作为单独的合同进行会计处理。由于在剩余合同期间需提供的服务与已提供的服务是可明确区分的，A公司应当将该合同变更为原合同终止，同时，将原合同中未履约的部分与合同变更合并为一份新合同进行会计处理。该新合同的合同期限为四年，对价为28万元，即原合同下尚未确认的收入8万元与新增的三年服务相应的收入20万元之和，新合同中A公司每年确认的收入为7万元（280 000÷4）。

（3）合同变更部分作为原合同的组成部分进行会计处理的情形。合同变更不属于上述第（1）种情形，且在合同变更日已转让商品与未转让商品不可明确区分的，应当将该合同变更部分作为原合同的组成部分，在合同变更日重新计算履约进度，并调整当期收入和相应成本等。

【情景12-3】2021年1月15日，乙建筑公司和客户签订了一项总金额为1 600万元的固定造价合同，在客户自有土地上建造一幢办公楼，预计合同总成本为900万元。假定该建造服务属于在某一时段内履行的义务，并根据累计发生的合同成本占合同预计总成本的比例确定履约进度。

截至2021年末，乙公司累计已发生成本500万元，履约进度为55.56%(5 000 000÷9 000 000)。因此，乙公司在2021年确认收入888.96万元（1 600×55.56%）。

2022年初，合同双方同意更改该办公楼屋顶的设计，合同价格和预计总成本因此而分别增加300万元和120万元。

在本例中，由于合同变更后拟提供的剩余服务与在合同变更日或之前已提供的服务不可明确区分（即该合同仍为单项履约义务），因此，乙公司应当将合同变更作为原合同的组成部分进行会计处理。合同变更后的交易价格为1 900万元（16 000 000＋3 000 000），乙公司重新估计的履约进度为49.02%[5 000 000÷(9 000 000+1 200 000)]，乙公司在合同变更日应额外确认收入42.42万元（49.02%×19 000 000－8 889 600）。

如果在合同变更日未转让商品为上述第（2）和第（3）种情形的组合，企业应当分别相应按照上述第（2）或第（3）种情形的方式对合同变更后尚未转让（或部分未转让）商品进行会计处理。

企业应当区分交易价格变动的原因是合同变更还是可变对价。

【情景12-4】甲公司与客户乙公司签订合同，在一年内以固定单价120元向乙公司交付150件标准配件，无折扣、折让等金额可变条款，且根据甲公司已公开宣布的政策、特定声明或者以往的习惯做法等相关事实和情况，甲公司不会有价格折让等可能导致对价金额变动的安排。甲公司向乙公司交付80件配件后，市场新出现一款竞争产品，单价为每件90元。为了维系客户关系甲公司与乙公司达成协议，将剩余70件配件的价格降为每件85元，已转让的80件配件与未转让的70件配件可明确区分，假定不考虑亏损合同等其他因素。

本例中，由于合同无折扣、折让等金额可变条款，且根据甲公司已公开宣布的政策、特定声明或者以往的习惯做法等相关事实和情况，甲公司不会有价格折让等可能导致对价金额变动的安排，该价格折让是市场条件变化引发的，这种变化是甲公司在合同开始日根据其所获得的相关信息无法合理预期的，由此导致的合同各方达成协议批准对原合同价格作出的变动，不属于可变对价，应作为合同变更进行会计处理。该合同变更未增加可明确区分的商品，甲公司已转让的商品（已转让的80件配件）与未转让的商品（未转让的70件配件）可明确区分，因此，该合同变更应作为原合同终止及新合同订立进行会计处理，甲公司向乙公司交付剩余70件配件时，确认收入为5 950元（70×85）。本案例不涉及亏损合同的相关会计处理分析。

12.2.2 识别合同中的单项履约义务

合同开始日，企业应当识别合同中所包含的各单项履约义务，并确定各单项履约义务是在某一时段内履行，还是在某一时点履行，然后在履行各单项履约义务时分别确认收入。履约义务，指合同中企业向客户转让可明确区分商品的承诺。企业应当将下列向客户转让商品的承诺作为单项履约义务：

1. 企业向客户转让可明确区分商品（或者商品或服务的组合）的承诺

企业向客户承诺的商品同时满足下列条件的，应当作为可明确区分商品。

（1）客户能够从该商品本身或者从该商品与其他易于获得的资源一起在使用中受益。当客户能够使用、消耗或以高于残值的价格出售商品，或者以能够产生经济利益的其他方式持有商品时，表明客户能够从该商品本身获益。对某些商品而言，客户可能需要将其与其他易于获得的资源一起使用才能从中获益。在评估某项商品是否能够明确区分时，应当基于该商品自身的特征，无须考虑合同中可能存在的阻止客户从其他来源取得相关资源的限制性条款。

（2）企业向客户转让该商品的承诺与合同中其他承诺可单独区分，以识别企业承诺转让的是每一项商品，还是由这些商品组成的一个或多个组合产出。组合产出的价值通常高于或者显著不同于各单项商品的价值总和。

下列情形通常表明企业向客户转让该商品的承诺与合同中的其他承诺不可明确区分：

一是企业需提供重大的服务以将该商品与合同中承诺的其他商品进行整合，形成合同约定的某个或某些组合产出转让给客户。如在企业为客户建造写字楼的合同中，企业向客户提供的砖头、水泥、人工等都能够使客户获益，但是，企业对客户承诺的是为其建造一栋写字楼，而并非提供这些砖头、水泥和人工等，企业需提供重大的服务将这些商品或服务进行整合，以形成合同约定的一项组合产出（即写字楼）转让给客户。因此，在该合同中，砖头、水泥和人工等商品不能单独区分。

二是该商品将对合同中承诺的其他商品予以重大修改或定制。如企业承诺向客户提供其开发的一款现有软件，并提供安装服务，虽然该软件无须更新或技术支持也可直接使用，但是企业在安装过程中需要在该软件现有基础上对其进行定制化的重大修改，以使其能够与客户现有的信息系统相兼容。此时，转让软件的承诺与提供定制化重大修改的承诺在合同层面是不可明确区分的。

三是该商品与合同中承诺的其他商品具有高度关联性。即合同中承诺的每一项商品均受到合同中其他商品的重大影响。如企业承诺为客户设计一种新产品并负责生产10个样品，企业在生产和测试样品的过程中需要对产品的设计不断进行修正，因此已生产的样品均可能需要进行不同程度的返工。此时，企业提供的设计服务和生产样品的服务是不断交替反复进行的，二者高度关联，因此，在合同层面是不可明确区分的。

需要说明的是，企业向客户销售商品时，往往约定企业需要将商品运送至客户指定的地点。通常情况下，商品控制权转移给客户之前发生的运输活动不构成单项履约义务；相反，商品控制权转移给客户之后的运输活动可能表明企业向客户提供了一项运输服务，企业应当考虑该项服务是否构成单项履约义务。

【情景12-5】甲公司与乙公司签订合同，向其销售一批产品，并负责将该批产品运送至乙公司指定的地点，甲公司承担相关的运输费用。假定销售该产品属于在某一时点履行的义务，且控制权在出库时转移给乙公司。

本例中，甲公司向乙公司销售产品，并负责运输。该批产品在出库时，控制权转移给乙公司，在此之后，甲公司为将产品运送至乙公司指定的地点而进行的运输活动，属于为乙公司提供了一项运输服务；当该运输服务构成单项履约义务，且甲公司是运输服务的主要责任人时，甲公司应当按照分摊至该运输服务的交易价格确认收入。

假定该产品的控制权不是在出库时，而是在送达乙公司指定地点时转移给乙公司，由于甲公司的运输活动是在产品的控制权转移给客户之前发生的，因此不构成单项履约义务，而是甲公司为履行合同进行的必要活动。

2. 一系列实质相同且转让模式相同的、可明确区分的商品

当企业向客户连续转让某项承诺的商品时，如每天提供类似劳务的长期劳务合同等，如果这些商品属于实质相同且转让模式相同的一系列商品，企业应当将这一系列商品作为单项履约义务。其中，转让模式相同，指每一项可明确区分的商品均满足在某一时段内履行义务的条件，且采用相同方法确定其履约进度。

企业在判断所转让的一系列商品是否实质相同时，应当考虑合同中承诺的性质，当企业承诺的是提供确定数量的商品时，需要考虑这些商品本身是否实质相同；当企业承诺的是在某一期间内随时向客户提供某项服务时，需要考虑企业在该期间内的各个时间段（如每天或每小时）的承诺是否相同，而并非具体的服务行为本身，如企业向客户提供两年的酒店管理服务（包括保洁、维修、安保等），但没有具体的服务次数或时间的要求，尽管企业每天提供的具体服务不一定相同，但是企业每天对于客户的承诺都是相同的，即按照约定的酒店管理标准，随时准备根据需要为其提供相关服务，因此，该酒店管理服务符合实质相同的条件。

12.2.3 确定交易价格

交易价格，指企业因向客户转让商品而预期有权收取的对价金额。企业代第三方收取的款项（例如增值税）以及企业预期将退还给客户的款项，应当作为负债进行会计处理，不计入交易价格。合同标价并不一定代表交易价格，企业应当根据合同条款，结合以往的习惯做法等确定交易价格。企业在确定交易价格时，应当假定将按照现有合同的约定向客户转让商品，且该合同不会被取消、续约或变更。

1. 确定可变对价最佳估计数

企业应当按照期望值或最可能发生金额确定可变对价的最佳估计数。企业所选择的方法应当能够更好地预测其有权收取的对价金额，并且对于类似的合同，应当采用相同的方法进行估计。对于某一事项的不确定性对可变对价金额的影响，企业应当在整个合同期间一致地采用同一种方法进行估计。但是，当存在多个不确定性事项且均会影响可变对价金额时，企业可以采用不同的方法对其进行估计。期望值是按照各种可能发生的对价金额及相关概率计算的金额。如果企业拥有大量具有类似特征的合同，并估计可能产生多个结果时，通常按照期望值估计可变对价金额。最可能发生金额是一系列可能发生的对价金额中最可能发生的单一金额，即合同最可能产生的单一结果。当合同仅有两个可能结果时，通常按照最可能发生金额估计可变对价金额。

2. 计入交易价格的可变对价金额的限制

企业按照期望值或最可能发生金额确定可变对价金额后，计入交易价格的可变对价金额还应该满足限制条件，即包含可变对价的交易价格应当不超过在相关不确定性消除时，累计已确认的收入中极可能不会发生重大转回的金额。企业在评估是否极可能不会发生重大转回时，应当同时考虑收入转回的可能性及其比重。其中，"极可能"发生的概率应远高于"很可能"（即，可能性超过50%），但不要求达到"基本确定"（即，可能性超过95%），其目的是避免一些不确定性因素导致之前已经确认的收入发生转回；在评估收入转回金额的比重时，应同时考虑合同中包含的固定对价和可变对价，即可能发生的收入转回金额相对于合同总对价（包括固定对价和可变对价）的比重。企业应当将满足上述限制条件的可变对价的金额，计入交易价格。

> **提示**
>
> 将可变对价计入交易价格的限制条件不适用于企业向客户授予知识产权许可并约定按客户实际销售或使用情况收取特许权使用费的情况。

每一资产负债表日，企业应当重新估计应计入交易价格的可变对价金额，包括重新评估将估计的可变对价计入交易价格是否受到限制，以如实反映报告期末存在的情况以及报告期内发生的情况。

【情景12-6】2021年10月1日，甲公司签订合同，为一只股票型基金提供资产管理服务，合同期限为3年。甲公司所能获得的报酬包括两部分：一是每季度按照季度末该基金净值的1%收取管理费，该管理费不会因基金净值的后续变化而调整或被要求退回；二是该基金在三年内的累计回报如果超过10%，则对方公司将获得超额回报部分的20%作为业绩奖励。在2021年12月31日，该基金的净值为7亿元。假定不考虑相关税费影响。

本例中，甲公司在该项合同中收取的管理费

和业绩奖励均为可变对价，其金额极易受到股票价格波动的影响，这是在甲公司影响范围之外的，虽然甲公司过往有类似合同的经验，但是该经验在确定未来市场表现方面并不具有预测价值。因此，在合同开始日，甲公司无法对其能够收取的管理费和业绩奖励进行估计，不满足累计已确认的收入金额极可能不会发生重大转回的条件。

2021年12月31日，甲公司重新估计该合同的交易价格时，影响该季度管理费收入金额的不确定性已经消除，甲公司确认管理费收入700万元（7 000 000 000×1%）。甲公司未确认业绩奖励收入，这是因为，该业绩奖励仍然会受到基金未来累计回报的影响，有关将可变对价计入交易价格的限制条件仍然没有得到满足。甲公司应当在后续的每一资产负债表日，估计业绩奖励是否满足上述条件，以确定其收入金额。

【情景12-7】甲公司与乙公司签订合同，为其提供电力能源节的设备。甲公司向乙公司仅提供设备和安装服务，不参与乙公司电力能源供应的运营和管理，不提供其他服务，但是需要根据法定要求提供质量保证，该合同仅包含一项履约义务。在设备安装完成投入运营后，乙公司向甲公司支付固定价款，总金额为8 000万元（等于甲公司对设备生产安装的实际成本），8 000万元固定价款付清后，设备所有权移交给乙公司。在设备投入运营后的4年内，乙公司于每年结束后，按电力能源实际节约费用的20%支付给甲公司。假定不考虑其他因素。

本例中，该合同的对价金额由两部分组成，即8 000万元的固定价格以及在4年内按乙公司电力能源实际节约费用的20%计算的可变对价。对于固定价格，甲公司应当将8 000万元直接计入交易价格。对于可变对价，甲公司应当按照期望值或最可能发生金额确定该可变对价的最佳估计数，计入交易价格的可变对价金额还应该满足企业会计准则规定的限制条件（即包含可变对价的交易价格，应当不超过在相关不确定性消除时，累计已确认的收入极可能不会发生重大转回的金额）。为此，甲公司需要根据电力能源节约设备相关合同约定、项目可行性报告、乙公司的供电运营与管理历史情况、建设项目的最佳供电能力等因素，综合分析评估项目在合同约定的未来4年内预计电力能源节约成本，据此确定可变对价的最佳估计数，同时，计入交易价格的可变对价金额还应该满足企业会计准则规定的限制条件，并在不确定性消除之前的每一资产负债表日重新评估该可变对价的金额。

3. 合同中存在重大融资成分

当合同各方以在合同中（或者以隐含的方式）约定的付款时间为客户或企业就该交易提供了重大融资利益时，合同中即包含了重大融资成分。例如，企业以赊销的方式销售商品等。合同中存在重大融资成分的，企业应当按照假定客户在取得商品控制权时即以现金支付的应付金额（即，现销价格）确定交易价格。在评估合同中是否存在融资成分以及该融资成分对该合同而言是否重大时，企业应当考虑所有相关的事实和情况，包括：（1）已承诺的对价金额与已承诺商品的现销价格之间的差额；（2）下列两项的共同影响：一是企业将承诺的商品转让给客户与客户支付相关款项之间的预计时间间隔；二是相关市场的现行利率。

表明企业与客户之间的合同未包含重大融资成分的情形：一是客户就商品支付了预付款，且可以自行决定这些商品的转让时间（例如，企业向客户出售其发行的储值卡，客户可随时到该企业持卡购物；企业向客户授予奖励积分，客户可随时到该企业兑换这些积分等）；二是客户承诺支付的对价中有相当大的部分是可变的，该对价金额或付款时间取决于某一未来事项是否发生，且该事项实质上不受客户或企业控制（例如，按照实际销量收取的特许权使用费）；三是合同承诺的对价金额与现销价格之间的差额是向客户或企业提供融资利益以外的其他原因所导致的，且这一差额与产生该差额的原因是相称的（例如，合同约定的支付条款目的是向企业或客户提供保护，以防止另一方不依照合同充分履行其部分或全部义务）。

此外，在某些交易中企业向客户转让商品或服务的时间与收款的时间间隔可能较长，而导致该时间间隔的主要原因是国家有关部门需要履行相关的审批程序，且该时间间隔是履行上述程序所需经历的必要时间，其性质并非提供融资利益。例如，企业从事光伏发电业务，作为发电收入对价组成部分的可再生能源上网电价补贴款收取时间与企业并网发电并确认发电收入的时间间隔可能超过一年；又如，企业从事新能源汽车的生产与销售，作为新能源汽车销售对价组成部分的新能源汽车补贴款的收取时间与企业销售新能源汽车并确认收入的时间间隔可能超过一年等。这种情况下，可以认为企业取得的可再生能源电价补贴款和新能源汽车补贴款等款项不存在重大融资成分。

> **提示**
> 企业应当在单个合同层面考虑融资成分是否重大，而不应在合同组合层面考虑。

【情景12-8】 2022年1月，甲公司与乙公司签订了一项施工总承包合同。合同约定的工期为30个月，工程造价为9亿元（不含税价）。甲乙双方每季度进行一次工程结算，并于完工时进行竣工结算，每次工程结算款（除质保金及相应的增值税外）由客户于工程结算后5个工作日内支付；除质保金外的工程尾款于竣工结算后10个工作日内支付。

合同金额的3%作为质保金，用以保证项目在竣工后2年内正常运行，在质保期满后6个工作日内支付。

本例中，乙公司保留了3%的质保金直到项目竣工2年后支付，虽然服务完成时间与乙公司付款的时间间隔较长，但是，该质保金旨在为乙公司提供工程质量保证，以防甲公司未能完成其合同义务，而并非向乙公司提供融资。因此，甲公司认为该合同中不包含重大融资成分，无须就延期支付质保金的影响调整交易价格。

合同中存在重大融资成分的，企业在确定该重大融资成分的金额时，应使用将合同对价的名义金额折现为商品的现销价格的折现率。该折现率一经确定，不得因后续市场利率或客户信用风险等情况的变化而变更。企业确定的交易价格与合同承诺的对价金额的差额，应当在合同期间内采用实际利率法摊销。

为简化实务操作，如果在合同开始日，企业预计客户取得商品控制权与客户支付价款间隔不超过一年的，可以不考虑合同中存在的重大融资成分。企业应当对类似情形下的类似合同一致地应用这一简化处理方法。

4. 非现金对价

非现金对价包括实物资产、无形资产、股权、客户提供的广告服务等。客户支付非现金对价的，通常情况下，企业应当按照非现金对价在合同开始日的公允价值确定交易价格。非现金对价公允价值不能合理估计的，企业应当参照其承诺向客户转让商品的单独售价间接确定交易价格。

非现金对价的公允价值可能会因对价的形式而发生变动（例如，企业有权向客户收取的对价是股票，股票本身的价格会发生变动），也可能是其形式以外的原因导致变动。合同开始日后，非现金对价的公允价值出于对价形式以外的原因而发生变动的，应当作为可变对价，按照与计入交易价格的可变对价金额的限制条件相关的规定进行处理；合同开始日后，非现金对价的公允价值因对价形式而发生变动的，该变动金额不应计入交易价格。

5. 应付客户对价

企业存在应付客户对价的，应当用该应付对价冲减交易价格，但应付客户对价是为了自客户处取得其他可明确区分商品的除外。企业应付客户对价是为了向客户取得其他可明确区分商品的，应当采用与企业其他采购相一致的方式确认所购买的商品。企业应付客户对价超过向客户取得可明确区分商品公允价值的，超过金额应当冲减交易价格。向客户取得的可明确区分商品的公允价值不能合理估计的，企业应当将应付客户对价全额冲减交易价格。在将应付客户对价冲减交易价格时，企业应当在确认相关收入与支付（或承诺支付）客户对价二者孰晚的时点冲减当期收入。

12.2.4 将交易价格分摊至各单项履约义务

1. 分摊的一般原则

当合同中包含两项或多项履约义务时，为了使企业分摊至每一单项履约义务的交易价格能够反映其因向客户转让已承诺的相关商品（或提供已承诺的相关服务）而预期有权收取的对价金额，企业应当在合同开始日，按照各单项履约义务所承诺商品的单独售价的相对比例，将交易价格分摊至各单项履约义务。

单独售价，指企业向客户单独销售商品的价格。单独售价无法直接观察的，企业应当综合考虑其能够合理取得的全部相关信息，采用市场调整法、成本加成法、余值法等方法合理估计单独售价。市场调整法，指企业根据某商品或类似商品的市场售价，考虑本企业的成本和毛利等进行适当调整，确定其单独售价的方法。成本加成法，指企业根据某商品的预计成本加上其合理毛利后的价格，确定其单独售价的方法。余值法，指企业根据合同交易价格减去合同中其他商品可观察的单独售价后的余值，确定某商品单独售价的方法。企业应当最大限度地采用可观察的输入值，并对类似的情况采用一致的估计方法。

提示

企业在商品近期售价波动幅度巨大，或者因未定价且未曾单独销售而使售价无法可靠确定时，可采用余值法估计其单独售价。

【情景12-9】 2022年3月1日，甲公司与客户签订合同，向其销售A、B两项商品，A商品的单独售价为5 000元，B商品的单独售价为22 000元，合同价款为23 000元。合同约定，A商品于合同开始日交付，B商品在一个月之后交付，只有当两项商品全部交付之后，甲公司才有权收取23 000元的合同价款。假定A商品和B商品分别构成单项履约义务，其控制权在交付时转移给客户。上述价格均不包含增值税，且假定不考虑相关税费影响。

本例中，分摊至A商品的合同价款为4 259.26元 [5 000÷（5 000+22 000）×23 000]，分摊至B商品的合同价款为18 740.74元 [22 000÷（5 000+22 000）×23 000]。甲公司的账务处理如下。

（1）交付A商品时：

借：合同资产　　　　　　　　　4 259.26
　　贷：主营业务收入　　　　　　　　4 259.26

（2）交付B商品时：

借：应收账款　　　　　　　　　230 00
　　贷：合同资产　　　　　　　　　　4 259.26
　　　　主营业务收入　　　　　　　　18 740.74

合同资产，指企业已向客户转让商品而取得的收取对价的权利，且该权利取决于时间之外的其他因素。应收款项，指企业无条件收取合同对价的权利，该权利应当作为应收款项单独列示。二者的区别在于，应收款项代表的是无条件收取合同对价的权利，即企业仅仅随着时间的流逝即可收款，而合同资产并不是一项无条件收款权，该权利除了时间因素，还取决于其他条件（例如，履行合同中的其他履约义务）。因此，与合同资产和应收款项相关的风险是不同的，应收款项仅承担信用风险，而合同资产除信用风险之外，还可能承担其他风险，如履约风险等，合同资产减值的计量、列报和披露应当按照相关金融工具准则的要求进行。

2. 分摊合同折扣

合同折扣，指合同中各单项履约义务所承诺商品的单独售价之和高于合同交易价格的金额。对于合同折扣，企业应当在各单项履约义务之间按比例分摊。有确凿证据表明合同折扣仅与合同中一项或多项（而非全部）履约义务相关的，企业应当将该合同折扣分摊至相关的一项或多项履约义务。

同时满足下列条件时，企业应当将合同折扣全部分摊至合同中的一项或多项（而非全部）履约义务：（1）企业经常将该合同中的各项可明确区分的商品单独销售或者以组合的方式单独销售；（2）企业也经常将其中部分可明确区分的商品以组合的方式按折扣价格单独销售；(3) 上述第（2）项中的折扣与该合同中的折扣基本相同，且针对每一组合中的商品的分析为将该合同的全部折扣归属于某一项或多项履约义务提供了可观察的证据。有确凿证据表明合同折扣仅与合同中的一项或多项（而非全部）履约义务相关，且采用余值法估计单独售价的，企业应当首先在该一项或多项（而非全部）履约义务之间分摊合同折扣，然后再采用余值法估计单独售价。

【情景12-10】甲公司与客户签订合同，向其销售A、B、C三种产品，合同总价款为180万元，这三种产品构成3个单项履约义务。企业经常单独出售A产品，其可直接观察的单独售价为60万元；B产品和C产品的单独售价不可直接观察，企业采用市场调整法估计B产品的单独售价为35万元，采用成本加成法估计C产品的单独售价为85万元。甲公司经常以60万元的价格单独销售A产品，并且经常将B产品和C产品组合在一起以70万元的价格销售。假定上述价格均不包含增值税。

本例中，这三种产品的单独售价合计为210万元，而该合同的价格为180万元，因此该合同的折扣为30万元。由于甲公司经常将B产品和C产品组合在一起以70万元的价格销售，该价格与其单独售价的差额为30万元，与该合同的折扣一致，而A产品单独销售的价格与其单独售价一致，证明该合同的折扣仅应归属于B产品和C产品。因此，在该合同下，分摊至A产品的交易价格为60万元，分摊至B产品和C产品的交易价格合计为70万元，甲公司应当进一步按照B产品和C产品的单独售价的相对比例将该价格在二者之间进行分摊。因此，各产品分摊的交易价格分别为：A产品为60万元，B产品为20.42万元（350 000÷1 200 000×700 000），C产品为49.58万元（850 000÷1 200 000×700 000）。

3. 分摊可变对价

合同中包含可变对价的，该可变对价可能与整个合同相关，也可能仅与合同中的某一特定组成部分有关，后者包括两种情形：一是可变对价可能与合同中的一项或多项（而非全部）履约义务有关；二是可变对价可能与企业向客户转让的构成单项履约义务的一系列可明确区分商品中的一项或多项（而非全部）商品有关。

同时满足下列条件的，企业应当将可变对价及可变对价的后续变动额全部分摊至与之相关的某项履约义务，或者构成单项履约义务的一系列可明确区分商品中的某项商品：(1) 可变对价的条款专门针对企业为履行该项履约义务或转让该项可明确区分商品所作的努力（或者是履行该项履约义务或转让该项可明确区分商品所导致的特定结果）；(2) 企业在考虑了合同中的全部履约义务及支付条款后，将合同对价中的可变金额全部分摊至该项履约义务或该项可明确区分商品符合分摊交易价格的目标。对于不满足上述条件的可变对价及可变对价的后续变动额，以及可变对价及其后续变动额中未满足上述条件的剩余部分，企业应当按照分摊交易价格的一般原则，将其分摊至合同中的各单项履约义务。对于已履行的履约义务，其分摊的可变对价后续变动额应当调整变动当期的收入。

【情景12-11】甲公司与乙公司签订合同，将其拥有的两项专利技术X和Y授权给乙公司使用。假定两项授权均构成单项义务，且都属于在某一时点履行的履约义务。合同约定，授权使用X的价格为80万元，授权使用Y的价格为乙公司使用该专利技术所生产的产品销售额的3%。X和Y的单独售价分别为80万元和90万元。甲公司估计其就授权使用Y而有权收取的特许权使用费为90万元。假定上述价格均不包含增值税。

该合同中包含固定对价和可变对价，其中，授权使用X的价格为固定对价，且与其单独售价一致，授权使用Y的价格为乙公司使用该专利技术所生产的产品销售额的3%，属于可变对价，该可变对价全部与授权使用Y能够收取的对价有关，且甲公司估计基于实际销售情况收取的特许权使用费的金额接近Y的单独售价。因此，甲公司将可变对价部分的特许权使用费金额全部由Y承担符合交易价格的分摊目标。

4. 交易价格的后续变动

交易价格发生后续变动的，企业应当按照在合同开始日所采用的将该后续变动金额分摊至合同中的履约义务。企业不得因合同开始日之后单独售价的变动而重新分摊交易价格。对于合同变更导致的交易价格后续变动，应当按照有关合同变更的要求进行会计处理。合同变更之后发生可变对价后续变动的，企业应当区分下列三种情形分别进行会计处理。

（1）合同变更属于本节合同变更第（1）种规定情形的，企业应当判断可变对价后续变动与哪一项合同相关，并按照分摊可变对价的相关规定进行会计处理。

（2）合同变更属于本节合同变更第（2）种规定情形，且可变对价后续变动与合同变更前已承诺可变对价相关的，企业应当首先将该可变对价后续变动额以原合同开始日确定的单独售价为基础进行分摊，然后再将分摊至合同变更日尚未履行义务的该可变对价后续变动额以新合同开始日确定的方法进行二次分摊。

（3）合同变更之后发生除上述第（1）和（2）种情形以外的可变对价后续变动的，企业应当将该可变对价后续变动额分摊至合同变更日尚未履行（或部分未履行）的履约义务。

【情景12-12】2021年9月1日，甲公司与乙公司签订合同，向其销售A产品和B产品。A产品和B产品均为可明确区分商品，其单独售价相同，且均属于在某一时点履行的履约义务。合同约定，A产品和B产品分别于2021年11月1日和2022年3月31日交付给乙公司。合同约定的对价包括1 400元的固定对价和估计金额为340元的可变对价。假定甲公司将340元的可变对价计入交易价格，满足本节有关将可变对价金额计入交易价格的限制条件。因此，该合同的交易价格为1 740元。假定上述价格均不包含增值税。

2021年12月1日，双方对合同范围进行了变更，乙公司向甲公司额外采购C产品，合同价格增加300元，C产品与A、B两种产品可明确区分，但该增加的价格不反映C产品的单独售价。C产品的单独售价与A产品和B产品相同。C产品将于2022年6月30日交付给乙公司。

2021年12月31日，企业预计有权收取的可变对价的金额由340元变更为360元，该金额符合计入交易价格的条件。因此，合同的交易价格增加了20元，且甲公司认为该增加额与合同变更前已承诺的可变对价相关。

假定上述三种产品的控制权均随产品交付而转移给乙公司。

本例中，在合同开始日，该合同包含两个单项履约义务，甲公司应当将估计的交易价格分摊至这两项履约义务。由于两种产品的单独售价相同，且可变对价不符合分摊至其中一项履约义务的条件，因此，甲公司将交易价格1 740元平均分摊至A产品和B产品，即A产品和B产品各自分摊的交易价格均为870元。

2021年11月1日，将A产品交付给客户时，甲公司相应确认收入870元。

2021年12月1日，双方进行了合同变更。该合同变更属于本节合同变更的第（2）种情形，因此该合同变更应当作为原合同终止，并将原合同的未履约部分与合同变更部分合并为新合同进行会计处理。在该新合同下，合同的交易价格为1 170元（870＋300），由于B产品和C产品的单独售价相同，分摊至B产品和C产品的交易价格的金额均为585元。

2021年12月31日，甲公司重新估计可变对价，增加了交易价格20元。由于该增加额与合同变更前已承诺的可变对价相关，因此应首先将该增加分摊给A产品和B产品，之后再将分摊给B产品的部分在B产品和C产品形成的新合同中进行二次分摊。在本例中，由于A、B和C产品的单独售价相同，在将20元的可变对价后续变动分摊至A产品和B产品时，各自分摊的金额为10元。由于甲公司已经转让了A产品，在交易价格发生变动的当期即应将分摊至A产品的10元确认为收入。之后，甲公司将分摊至B产品的10元平均分摊至B产品和C产品，即各自分摊的金额为5元，经过上述分摊后，B产品和C产品的交易价格金额均为590元（585＋5）。因此，甲公司分别在B产品和C产品控制权转移时确认收入590元。

12.2.5 履行每一单项履约义务时确认收入

企业应当在履行了合同中的履约义务，即客户取得相关商品控制权时确认收入，控制权转移是确认收入的前提。企业的履约义务有两种情形：在某一时段内履行履约义务和在某一时点履行履约义务，具体如表12-1所示。

表12-1 企业的履约义务

顺序	种类	企业处理方法
1	某一时段内的履约义务	应当选取恰当的方法来确定履约进度
2	某一时点的履约义务	应当综合分析控制权转移的迹象，判断其转移时点

1. 在某一时段内履行履约义务

（1）在某一时段内履行履约义务的条件。满足下列条件之一的，属于在某一时段内履行的履约义务。

①客户在企业履约的同时即取得并消耗企业履约所带来的经济利益。企业在履约过程中持续地向客户转移履约所带来的经济利益的，该履约义务属于在某一时段内履行的履约义务。企业在进行判断时，可以假定在企业履约的过程中更换为其他企业继续履行剩余履约义务时，如果继续履行合同的其他企业实质上无须重新执行企业累计至今已经完成的工作，则表明客户在企业履约的同时即取得并消耗了企业履约所带来的经济利益。如甲企业承诺将客户的一批货物从 A 市运送到 B 市，假定该批货物在途经 C 市时，由乙运输公司接替甲企业继续提供该运输服务，由于 A 市到 C 市之间的运输服务是无须重新执行的，表明客户在甲企业履约的同时即取得并消耗了甲企业履约所带来的经济利益，因此，甲企业提供的运输服务属于在某一时段内履行的履约义务。

（2）客户能够控制企业履约过程中在建的商品。企业在履约过程中在建的商品包括在产品、在建工程、尚未完成的研发项目、正在进行的服务等，由于客户控制了在建的商品，客户在企业提供商品的过程获得其利益，因此，该履约义务属于在某一时段内履行的履约义务，应当在该义务履行的期间确认收入。

（3）企业履约过程中所产出的商品具有不可替代用途，且企业在整个合同期间有权就累计至今已完成的履约部分收取款项。

①商品具有不可替代用途。具有不可替代用途，是指因合同限制或实际可行性限制，企业不能轻易地将商品用于其他用途。企业在判断商品是否具有不可替代用途时，需要注意下列四点：

一是判断时点是合同开始日。

二是当合同中存在实质性的限制条款，导致企业不能将合同约定的商品用于其他用途时，该商品满足具有不可替代用途的条件。

三是虽然合同中没有限制条款，但是，当企业将合同中约定的商品用作其他用途，将导致企业遭受重大的经济损失时，企业将该商品用作其他用途的能力实际上受到了限制。

四是基于最终转移给客户的商品的特征判断。

②有权就累计至今已完成的履约部分收取款项，指在由于客户或其他方原因终止合同的情况下，企业有权就累计至今已完成的履约部分收取能够补偿其已发生成本和合理利润的款项，并且该权利具有法律约束力。需要强调的是，合同终止必须是由于客户或其他方而非企业自身的原因所致，在整个合同期间的任一时点，企业均应当拥有此项权利。企业在进行判断时，需要注意以下五点。

一是企业有权收取的款项应当能够补偿企业已经发生的成本和合理利润。下列两种情形都属于补偿企业的合理利润：A. 根据合同终止前的履约进度对该合同的毛利水平进行调整后确定的金额作为补偿金额；B. 如果该合同的毛利水平高于企业同类合同的毛利水平，以企业从同类合同中能够获取的合理资本回报或者经营毛利作为利润补偿。

二是该规定并不意味着企业拥有现时可行使

的无条件收款权。企业在判断时应当考虑，假设在出于客户或其他方原因导致合同在合同约定的重要时点、重要事项完成前或合同完成前终止时，企业是否有权要求客户补偿其累计至今已完成的履约部分应收取的款项。

三是当客户只有在某些特定时点才有权终止合同，或者根本无权终止合同时，客户终止了合同（包括客户没有按照合同约定履行其义务），但是，合同条款或法律法规仍要求企业继续向客户转移合同中承诺的商品并因此有权要求客户支付对价的，也符合"企业有权就累计至今已完成的履约部分收取款项"的要求。

四是企业在进行判断时，既要考虑合同条款的约定，还应当充分考虑适用的法律法规、补充或者凌驾于合同条款之上的以往司法实践以及类似案例的结果等。

五是企业和客户之间在合同中约定的付款时间进度表，不一定表明企业有权就累计至今已完成的履约部分收取款项。

2. 在某一时段内履行的履约义务的收入确认

对于在某一时段内履行的履约义务，企业应当在该段时间内按照履约进度确认收入，但是，履约进度不能合理确定的除外。企业应当考虑商品的性质，采用产出法或投入法确定恰当的履约进度，并且在确定履约进度时，应当扣除那些控制权尚未转移给客户的商品和服务。企业按照履约进度确认收入时，通常应当在资产负债表日按照合同的交易价格总额乘以履约进度，扣除以前会计期间累计已确认的收入后的金额，确认为当期收入。

（1）使用产出法确定履约进度

①产出法。产出法是根据已转移给客户的商品对客户的价值确定履约进度的方法，通常可采用实际测量的完工进度、评估已实现的结果、已达到的工程进度节点、时间进度、已完工或交付的产品等产出指标确定履约进度。企业在评估是否采用产出法确定履约进度时，应当考虑具体的情况，并选择能够如实反映企业履约进度和对客户转移商品控制权的产出指标。当选择的产出指标无法计量控制权已转移给客户的商品时，不应采用产出法。

（2）投入法确定履约进度

②投入法。投入法是根据企业为履行履约义务的投入确定履约进度的方法，通常可采用投入的材料数量、花费的人工工时或机器工时、发生的成本和时间进度等投入指标确定履约进度。当企业从事的工作或发生的投入是在整个履约期间平均发生时，企业也可以按照直线法确认收入。产出法下有关产出指标的信息有时可能无法直接观察获得，或者企业为获得这些信息需要花费很高的成本时，可能需要采用投入法来确定履约进度。

对于同一合同下属于在一时段内履行的履约义务涉及与客户结算对价的，通常情况下，企业对其已向客户转让商品而有权收取的对价金额应当确认为合同资产或应收账款，对于其已收或应收客户对价而应向客户转让商品的义务，应当按照已收或应收的金额确认合同金额。由于同一合同下的合同资产和合同负债应当以净额列示，企业也可以设置"合同结算"科目（或其他类似科目）以核算同一合同下属于在一时段内履行的履约义务涉及与客户结算对价所产生的合同资产或合同负债，并在此科目下设置"合同结算——价款结算"科目反映定期与客户进行结算的金额，设置"合同结算——收入结转"科目反映按履约进度结转的收入。资产负债表日，"合同结算"科目的期末余额在借方的，根据其流动性，在资产负债表中分别列示为"合同资产"或"其他非流动资产"项目；期末余额在贷方的，根据其流动性，在资产负债表中分别列示为"合同负债"或"其他非流动负债"项目。

由于投入法下的投入指标与企业向客户转移商品的控制权之间未必存在直接的对应关系，企业在采用投入法时，应当扣除那些虽然已经发生，但是未导致向客户转移商品的投入。实务中，企业通常按照累计实际发生的成本占预计总成本的比例（即成本法）确定履约进度，累计实际发生的成本包括企业向客户转移商品时程中所发生的直接成本和间接成本，如直接人工、直接材料、分包成本以及其他与合同相关的成本。在下列情形下，企业在采用成本法确定履约进度时，需要对已发生的成本进行适当的调整：①已发生的成本并未反映企业履行履约义务的进度。如因企业生产效率低下等导致的非正常消耗，包括非正常消耗的直接材料、直接人工及制造费用等，不应包括在累计实际发生的成本中，除非企业和客户在订立合同时已经预见会发生这些成本并将其包括在合同价款中。②已发生的成本与企业履行履约义务的进度不成比例。当企业已发生的成本与履约进度不成比例，企业在采用成本法确定履约进度时需要进行适当调整。对于施工中尚未安装、使用或耗用的商品（本段的商品不包括服务）或材料成本等，当企业在合同开始日就预期将满足下列所有条件时，应在采用成本法确定履约进度时不包括这些成本：第一，该商品或材料不可明确区分，即不构成单项履约义务；第二，客户先取得该商品或材料的控制权，之后才接受与之相关的服务；第三，该商品或材料的成本相对于预计总成本而言是重大的；第四，企业自第三方采购该商品或材料，且未深入参与其设计和制造，对于包含该商品的履约义务而言，企业是主要责任人。

每一资产负债表日，企业都应当对履约进度进行重新估计。当客观环境发生变化时，企业需要重新评估履约进度是否发生变化，以确保履约进度能够反映履约情况的变化。对于每一项履约义务，企业只能采用一种方法来确定其履约进度，并加以一贯运用。对于类似情况下的类似履约义务，企业应当采用相同的方法（例如，成本法）确定履约进度。

对于在某一时段内履行的履约义务，只有当其履约进度能够合理确定时，才应当按照履约进度确认收入。当履约进度不能合理确定时，企业已经发生的成本预计能够得到补偿的，应当按照已经发生的成本金额确认收入，直到履约进度能够合理确定为止。

3. 在某一时点履行履约义务

当一项履约义务不属于在某一时段内履行的义务时，应当属于在某一时点履行的履约义务。企业应当在客户取得相关商品控制权时点确认收入。在判断客户是否已取得商品控制权时，企业应当考虑下列迹象。

（1）企业就该商品享有现时收款权利，即客户就该商品负有现时付款义务。如果企业就该商品享有现时的收款权利，则可能表明客户已经有能力主导该商品的使用并从中获得几乎全部的经济利益。

（2）企业已将该商品的法定所有权转移给客户，即客户已拥有该商品的法定所有权。客户如果取得了商品的法定所有权，则可能表明其已经有能力主导该商品的使用并从中获得几乎全部的经济利益，或者能够阻止其他企业获得这些经济利益。如果企业仅仅是为了确保到期收回货款而保留商品的法定所有权，那么企业所保留的这项权利通常不会对客户取得对该商品的控制权构成障碍。

（3）企业已将该商品实物转移给客户，即客户已实际占有该商品实物。客户如果已经实际占有商品实物，则可能表明其有能力主导该商品的使用并从中获得其几乎全部的经济利益，或者使其他企业无法获得这些利益。需要说明的是，客户占有了某项商品实物并不意味着一定取得了该商品的控制权，反之亦然。例如，采用支付手续费方式的委托代销安排下，虽然企业作为委托方已将商品发送给受托方，但是受托方并未取得该商品的控制权，因此，企业不应在向受托方发货时确认销售商品的收入，而仍然应当根据控制权是否转移来判断何时确认收入，通常应当在受托方售出商品时确认销售商品收入；受托方应当在商品销售后，按合同或协议约定的方法计算确定的手续费确认收入。表明一项安排是委托代销安排的迹象包括但不限于：①在特定事件发生之前（例如，向最终客户出售产品或指定期间到期之前），企业拥有对商品的控制权；②企业能够要求将委托代销的商品退回或者将其销售给其他方（如其他经销商）；③尽管经销商可能被要求向企业支付一定金额的押金，但是其并没有承担对这些商品无条件付款的义务。

实务中，企业有时根据合同就销售的商品向客户收款或取得了收款权利，但是，客户缺乏足够的仓储空间或生产进度延迟等原因，导致企业仍然持有该商品实物，这种情况通常称为"售后代管商品"安排。此时，企业除了考虑客户是否取得商品控制权的迹象之外，还应当同时满足下列四项条件，才表明客户取得了该商品的控制权：①该安排必须具有商业实质，例如该安排是应客户的要求而订立的；②属于客户的商品必须能够单独识别，例如，将属于客户的商品单独存放在指定地点；③该商品可以随时交付给客户；④企业不能自行使用该商品或将该商品提供给其他客户。企业根据上述条件对尚未发货的商品确认了收入的，还应当考虑是否承担了其他履约义务，例如，向客户提供保管服务等，从而应当将部分交易价格分摊至该其他履约义务。越是通用的、可以和其他商品互相替换的商品，可能越难满足上述条件。

【情景12-13】2021年1月1日，甲公司与乙公司签订合同，向其销售一台设备和专用零部件。该设备和零部件的制造期为2年。甲公司在完成设备和零部件的生产之后，能够证明其符合合同约定的规格。假定企业向客户转让设备和零部件为两个单项履约义务，且都属于在某一时点履行的义务。

2022年12月31日，乙公司支付了该设备和零部件的合同价款，并对其进行了验收。乙公司运走了设备，但是考虑到其自身的仓储能力有限，且其工厂紧邻甲公司的仓库，因此要求将零部件存放于甲公司的仓库中，并且要求甲公司按照其指令随时安排发货。乙公司已拥有零部件的法定所有权，且这些零部件可明确识别为属于乙公司的物品。

甲公司在其仓库内的单独区域内存放这些零部件，并且应乙公司的要求可随时发货，甲公司不能使用这些零部件，也不能将其提供给其他客户使用。

本例中，2022年12月31日，该设备的控制权转移给乙公司；对零部件而言，甲公司已经收取了合同价款，但是应乙公司的要求尚未发货，乙公司已拥有零部件的法定所有权并且对其进行了验收，虽然这些零部件实物尚由甲公司持有，但是其满足在"售后代管商品"的安排下客户取得商品控制权的条件，这些零部件的控制权也已转移给了乙公司。因此，甲公司应当确认销售设备和零部件的相关收入。除销售设备和零部件之外，甲公司还为乙公司提供了仓储保管服务，该服务与设备和零部件可明确区分，构成单项履约义务，甲公司需要将部分交易价格分摊至该项服务，并在提供该项服务的期间确认收入。

（4）企业已将该商品所有权上的主要风险和报酬转移给客户，即客户已取得该商品所有权上的主要风险和报酬。企业在判断时，不应当考虑保留了除转让商品之外产生其他履约义务的风险的情形。例如，企业将产品销售给客户，并承诺提供后续维护服务的安排中，销售产品和维护服务均构成单项履约义务，企业保留的因维护服务而产生的风险并不影响企业有关主要风险和报酬转移的判断。

（5）客户已接受该商品。企业在判断是否已经将商品的控制权转移给客户时，应当考虑客户是否已接受该商品。如果企业能够客观地确定其已经按照合同约定的标准和条件将商品的控制权转移给客户，那么客户验收可能只是一项例行程序，并不会影响企业判断客户取得该商品控制权的时点。实务中，企业应当考虑在过去执行类似合同的过程中已经积累的经验以及客户验收的结果取得相应证据，以证明其所提供的商品是否能够满足合同约定的具体条件。如果在取得客户验收之前已经确认了收入，企业应当考虑是否还存在剩余的履约义务，例如设备安装、运输等，并且评估是否应当对其单独进行会计处理。相反地，如果企业无法客观地确定其向客户转让商品是否符合合同规定的条件，那么在客户验收之前，企业不能认为已经将该商品的控制权转移给了客户。例如，客户主要基于主观判断进行验收时，在验收完成之前，企业无法确定其商品是否能够满足客户的主观标准，因此，企业应当在客户完成验收接受该商品时才能确认收入。实务中，定制化程度越高的商品，可能越难证明客户验收仅仅是一项例行程序。此外，如果企业将商品发送给客户供其试用或者测评，且客户并未承诺在试用期结束前支付任何对价，则在客户接受该商品或者在试用期结束之前，该商品的控制权并未转移给客户。

(6) 其他表明客户已取得商品控制权的迹象。需要强调的是，在上述迹象中，并没有哪一个或哪几个迹象是决定性的，企业应当根据合同条款和交易实质进行分析，综合判断其是否以及何时将商品的控制权转移给客户，从而确定收入确认的时点。此外，企业应当从客户的角度进行评估，而不应当仅考虑自身的看法。

任务 12.3 合同成本

12.3.1 合同履约成本

企业为履行合同会发生各种费用，企业在确认收入的同时应当对这些费用进行分析。属于本书其他项目范围的，应当按照相关项目的要求进行会计处理；不属于本书其他项目范围且同时满足下列条件的，应当作为合同履约成本确认为一项资产：

1. 该成本与一份当前或预期取得的合同直接相关。

预期取得的合同应当是企业能够明确识别的合同，如现有合同续约后的合同、尚未获得批准的特定合同等。与合同直接相关的成本包括直接人工（如，支付给直接为客户提供所承诺服务的人员的工资、奖金等）、直接材料（如，为履行合同耗用的原材料、辅助材料、构配件、零件、半成品的成本和周转材料的摊销及租赁费用等）、制造费用或类似费用（如，组织和管理相关生产、施工、服务等活动发生的费用，包括管理人员的职工薪酬、劳动保护费、固定资产折旧费及修理费、物料消耗、取暖费、水电费、办公费、差旅费、财产保险费、工程保修费、排污费、临时设施摊销费等）、明确由客户承担的成本以及仅因该合同而发生的其他成本（如，支付给分包商的成本、机械使用费、设计和技术援助费用、施工现场二次搬运费、生产工具和用具使用费、检验试验费、工程定位复测费、工程点交费用、场地清理费等）。

2. 该成本增加了企业未来用于履行（或持续履行）履约义务的资源。

3. 该成本预期能够收回。

下列支出不属于合同履约成本。企业应当在下列支出发生时，将其计入当期损益。

一是管理费用，除非这些费用明确由客户承担。

二是非正常消耗的直接材料、直接人工和制造费用（或类似费用），这些支出是因履行合同而发生，但未反映在合同价格中。

三是与履约义务中已履行（包括已全部履行或部分履行）部分相关的支出，即该支出与企业过去的履约活动相关。

四是无法在尚未履行的与已履行（或已部分履行）的履约义务之间区分的相关支出。

满足上述条件确认为资产的合同履约成本，初始确认时摊销期限不超过一年或一个正常营业周期的，在资产负债表中列示为存货；初始确认时摊销期限在一年或一个正常营业周期以上的，在资产负债表中列示为其他非流动资产。

12.3.2 合同取得成本

企业为取得合同发生的增量成本预期能够收回的，应当作为合同取得成本确认为一项资产。增量成本，指企业不取得合同就不会发生的成本，例如销售佣金等。为简化实务操作，该资产摊销期限不超过一年的，可以在发生时计入当期损益。企业采用该简化处理方法的，应当对所有类似合同一致采用。企业为取得合同发生的、除预期能够收回的增量成本之外的其他支出，例如，无论是否取得合同均会发生的差旅费、投标费、为准备投标资料发生的相关费用等，应当在发生时计入当期损益，除非这些支出明确由客户承担。

【情景12-14】甲公司是一家咨询公司，通过竞标赢得一个新客户，为取得和该客户的合同，甲公司发生下列支出：(1) 聘请外部律师进行尽职调查的支出为18 000元；(2) 因投标发生的差旅费为12 000元；(3) 销售人员佣金为8 000元，甲公司预期这些支出未来能够收回。此外，甲公司根据其年度销售目标、整体盈利情况及个人业绩等，向销售部门经理支付年度奖金12 000元。

本例中，甲公司向销售人员支付的佣金属于为取得合同发生的增量成本，应当将其作为合同取得成本确认为一项资产。甲公司聘请外部律师进行尽职调查发生的支出以及为投标发生的差旅费，无论是否取得合同都会发生，不属于增量成本，因此，应当于发生时直接计入当期损益。甲公司向销售部门经理支付的年度奖金也不是为取得合同发生的增量成本，因为该奖金的发放与否以及发放金额还取决于其他因素（包括公司的盈利情况和个人业绩），并不能直接归属于可识别的合同。

实务中，涉及合同取得成本的安排可能会比较复杂，例如，合同续约或合同变更时需要支付额外的佣金，企业支付的佣金金额取决于客户未来的履约情况，或者取决于累计取得的合同数量或金额等，企业需要运用判断，对发生的合同取得成本进行恰当的会计处理。企业因现有合同续约或发生合同变更需要支付的额外佣金，也属于为取得合同发生的增量成本。

【情景12-15】甲公司相关政策规定，销售部门的员工每取得一份新的合同，可以获得提成300元，现有合同每续约一次，员工可以获得提成180元。甲公司预期上述提成均能够收回。

本例中，甲公司为取得新合同支付给员工的提成300元，属于为取得合同发生的增量成本，且预期能够收回，因此，应当确认为一项资产。同样的，甲公司为现有合同续约支付给员工的提成180元，也属于为取得合同发生的增量成本，因为如果不发生合同续约，就不会支付相应的提成，由于该提成预期能够收回，甲公司应当在每次续约时将应支付的相关提成确认为一项资产。

除上述规定外，甲公司相关政策规定，当合同变更时，如果客户在原合同的基础上，向甲公司支付额外的对价以购买额外的商品，甲公司需根据该新增的合同金额向销售人员支付一定的提成，此时，无论相关合同变更属于本节合同变更的哪一种情形，甲公司均应当将应支付的提成视同为取得合同（变更后的合同）发生的增量成本进行会计处理。

12.3.3 与合同成本有关的资产的摊销与合同成本有关的资产的减值

1. 与合同成本有关的资产的摊销

确认为企业资产的合同履约成本和合同取得成本（以下简称"与合同成本相关的资产"），应当采用与确认该资产相关的商品收入相同的方法（即在义务履行的时点或按照义务的进度）进行摊销、计入当期损益。

2. 与合同成本有关的资产的减值

与合同成本相关的资产，其账面价值高于下列第一项减去第二项的差额的，应按超出部分的金额计提减值准备，并确认为资产减值损失：一是企业因转让与该资产相关的商品预期能够取得的剩余对价;二是为转让该相关商品估计将要发生的成本。以前期间减值的因素之后发生变化,使得第一项减去第二项的差额高于该资产账面价值的,应当转回原已计提的资产减值准备,并计入当期损益,但转回后的资产账面价值不应超过假定不计提减值准备情况下该资产在转回日的账面价值。在确定上述资产的减值损失时,企业应当首先对相关的其他资产确定减值损失,然后再按上述要求确定上述资产的减值损失。

任务 12.4 关于特定交易的会计处理

12.4.1 附有销售退回条款的销售

企业将商品控制权转让给客户之后,可能会因为各种原因(如客户对所购商品的款式不满意等)允许客户依照有关合同、法律要求、声明或承诺、以往的习惯做法等选择退货,此销售为附有销售退回条款的销售。

企业应当在客户取得相关商品控制权时,按照因向客户转让商品而预期有权收取的对价金额(即不包含预期因销售退回将退还的金额)确认收入,按照预期因销售退回将退还的金额确认负债;同时,按照预期将退回商品转让时的账面价值,扣除收回该商品预计发生的成本(包括退回商品的价值减损)后的余额,确认为一项资产,按照商品转让时的账面价值,扣除上述资产成本的净额结转成本。每一资产负债表日,企业应当重新估计未来销售退回情况,并对上述资产和负债进行重新计量。如有变化,应当作为会计估计变更进行会计处理。

【情景12-16】甲公司是一家健身器材销售公司。2021年10月1日,甲公司向乙公司销售6 000件健身器材,单位销售价格为500元,单位成本为400元,开出的增值税专用发票上注明的销售价格为250万元,增值税税额为39万元。健身器材已经发出,但款项尚未收到。根据协议约定,乙公司应于2021年12月1日之前支付货款,在2022年3月31日之前有权退还健身器材。甲公司根据过去的经验,估计该批健身器材的退货率约为20%。在2021年12月31日,甲公司对退货率进行了重新评估,认为只有10%的健身器材会被退回。甲公司为增值税一般纳税人,健身器材发出时纳税义务已经发生,实际发生退回时取得税务机关开具的红字增值税专用发票。假定健身器材发出时控制权转移给乙公司。甲公司的账务处理如下。

(1)2021年10月1日发出健身器材。

借:应收账款　　　　　　　3 390 000
　贷:主营业务收入　　　　　2 400 000
　　　预计负债——应付退货款　600 000
　　　应交税费——应交增值税(销项税额)
　　　　　　　　　　　　　　390 000
借:主营业务成本　　　　　1 920 000
　　应收退货成本　　　　　480 000
　贷:库存商品　　　　　　2 400 000

(2)2021年12月1日前收到货款。

借:银行存款　　　　　　　3 390 000
　贷:应收账款　　　　　　　3 390 000

(3)2021年12月31日,甲公司对退货率进行重新评估。

借：预计负债——应付退货款　　300 000
　　　贷：主营业务收入　　　　　　300 000
借：主营业务成本　　　　　　　240 000
　　　贷：应收退货成本　　　　　　240 000

(4) 2022年3月31日发生销售退回。假定实际退货量为600件，退货款项已经支付。

借：库存商品　　　　　　　　　240 000
　　应交税费——应交增值税（销项税额）
　　　　　　　　　　　　　　　　31 200
　　预计负债——应付退货款　　300 000
　　　贷：应收退货成本　　　　　　240 000

　　　主营业务收入　　　　　　　60 000
　　　银行存款　　　　　　　　 271 200
借：主营业务成本　　　　　　　 24 000
　　　贷：应收退货成本　　　　　　24 000

需要说明的是，客户以一项商品换取类型、质量、状况及价格均相同的另一项商品，不应视为退货。如果合同约定客户可以将质量有瑕疵的商品退回以换取合格的商品，企业应当按照附有质量保证条款的销售进行会计处理。对于具有类似特征的合同组合，企业也可以在确定退货率、坏账率、合同存续期间等方面运用组合法进行估计。

12.4.2　附有质量保证条款的销售

对于附有质量保证条款的销售，企业应当评估该质量保证是否在向客户保证所销售商品符合既定标准之外提供了一项单独的服务。企业提供额外服务的，应当作为单项履约义务，按照本节进行会计处理，否则质量保证责任应当按照或有事项的要求进行会计处理。在评估质量保证是否在向客户保证所销售商品符合既定标准之外提供了一项单独的服务时，企业应当考虑该质量保证是否为法定要求、质量保证期限以及企业承诺履行任务的性质等因素。客户能够选择单独购买质量保证的，该质量保证构成单项履约义务。法定要求通常是为了保护客户避免其购买瑕疵或缺陷商品的风险，而并非为客户提供一项单独的质量保证服务。质量保证期限越长，越有可能是单项履约义务。如果企业必须履行某些特定的任务以保证所转让的商品符合既定标准（例如企业负责运输被客户退回的瑕疵商品），则这些特定的任务可能不构成单项履约义务。企业提供的质量保证同时包含上述两类的，应当分别对其进行会计处理，无法合理区分的，应当将这两类质量保证一起作为单项履约义务进行会计处理。

12.4.3　主要责任人和代理人

当企业向客户销售商品有其他方参与其中时，企业应当判断自身在该交易中的身份是主要责任人还是代理人。在判断时，企业应当首先识别向客户提供的特定商品，然后，应评估在将该特定商品转让给客户之前，是否控制这些商品。企业在将特定商品转让给客户之前控制该商品的，企业为主要责任人；相反，企业在特定商品转让给客户之前不控制该商品的，则企业为代理人。这里的特定商品，指向客户提供的可明确区分的商品或可明确区分的"一揽子"商品。如果企业仅仅是在特定商品的法定所有权转移给客户之前，暂时性地获得该特定商品的法定所有权，并不能确定企业一定控制了该商品。

1. 企业作为主要责任人的情况

（1）企业自第三方取得商品或其他资产控制权后，再转让给客户。这里的商品或其他资产也包括企业向客户转让的未来享有由第三方提供服务的权利，企业应当评估该权利在转让给客户前，是否控制该权利。

【情景12-17】甲公司经营一购物网站，在该网站购物的消费者可以明确获知在该网站上销售的商品均为其他零售商直接销售的商品,这些零售商负责发货以及售后服务等。甲公司与零售商签订的合同约定,该网站所售商品的采购、定价、发货以及售后服务等均由零售商自行负责,甲公司仅负责协助零售商和消费者结算货款,并按照每笔交易的实际销售额收取6%的佣金。

本例中,甲公司经营的购物网站是一个购物平台。消费者在该网站所购买的特定商品为零售商在网站上销售的商品,除此之外,甲公司并未提供任何其他的商品。这些特定商品在转移给消费者之前,甲公司没有能力主导这些商品的使用,例如,甲公司不能将这些商品提供给购买该商品的消费者之外的其他方,也不能阻止零售商向该消费者转移这些商品,因此,在相关商品转移给消费者之前,甲公司并未控制这些商品,甲公司的履约义务是安排零售商向消费者提供相关商品,而非自行提供这些商品,甲公司在该交易中的身份是代理人。

（2）企业能够主导第三方代表本企业向客户提供服务。当企业承诺向客户提供服务,并委托第三方（如分包商、其他服务提供商等）代表企业向客户提供服务时,如果企业能够主导该第三方代表本企业向客户提供服务,则表明企业在相关服务提供给客户之前能够控制该相关服务。

【情景12-18】甲公司与乙公司签订合同,为其写字楼提供保洁服务,并商定了服务范围及价格。甲公司每月按照约定的价格向乙公司开具发票,乙公司按照约定的日期向甲公司付款。双方签订合同后,甲公司委托服务供应商丙公司代表其为乙公司提供该保洁服务,并与其签订了合同,甲公司和丙公司商定了服务价格,双方签订的合同付款条款大致上与甲公司和乙公司约定的付款条款一致。当丙公司按照与甲公司的合同约定提供了服务时,无论乙公司是否向甲公司付款,甲公司都必须向丙公司付款。乙公司无权主导丙公司提供未经甲公司同意的服务。

本例中,甲公司向乙公司提供的特定服务是写字楼的保洁服务,根据甲公司与丙公司签订的合同,甲公司能够主导丙公司所提供的服务,包括要求丙公司代表甲公司向乙公司提供保洁服务,相当于甲公司利用其自身资源履行了该合同。乙公司无权主导丙公司提供未经甲公司同意的服务。因此,甲公司在丙公司向乙公司提供保洁服务之前控制了该服务,甲公司在该交易中的身份为主要责任人。

（3）企业自第三方取得商品控制权后,通过提供重大的服务将该商品与其他商品整合成合同约定的某组合产出转让给客户。此时,企业承诺提供的特定商品就是合同约定的组合产出。企业只有获得为生产该特定商品所需要的投入（包括从第三方取得的商品）的控制权,才能够将这些投入加工整合为合同约定的组合产出。

【情景12-19】甲公司与乙公司签订合同,向其销售一台特种设备,并商定了该设备的具体规格和销售价格。甲公司负责按照约定的规格设计该设备,并按双方商定的销售价格向乙公司开具发票。该特种设备的设计和制造高度相关。为履行该合同,甲公司与其供应商丙公司签订合同,委托丙公司按照其设计方案制造该设备,并安排丙公司直接向乙公司交付设备。丙公司将设备交付给乙公司后,甲公司按与丙公司约定的价格向丙公司支付制造设备的对价;丙公司负责设备质量问题,甲公司负责设备由于设计原因导致的问题。

本例中,甲公司向乙公司提供的特定商品是其设计的专用设备。虽然甲公司将设备的制造工作分包给丙公司进行,但是,甲公司认为该设备的设计和制造高度相关,不能明确区分,应当作为单项履约义务。由于甲公司负责该合同的整体管理,在设备制造过程中如果发现需要对设备规格作出调整,则需要由甲公司负责制订相关的修订方案,通知丙公司进行相关调整,并确保任何调整均符合修订后的规格要求。甲公司主导了丙公司的制造服务,并通过必需的重大整合服务,将其整合作为向乙公司转让的组合产出（专用设备）的一部分,在该专用设备向客户转让前控制了该专用设备,因此,甲公司在该交易中的身份为主要责任人。

> **提示**
>
> 企业无论是主要责任人还是代理人，均应当在履约义务履行时确认收入。企业为主要责任人的，应当按照其自行向客户提供商品而有权收取的对价总额确认收入；企业为代理人的，按照既定的佣金金额或按比例计算的金额确认收入，或者按照已收或应收对价总额扣除应支付给提供该特定商品的第三方的价款后的净额确认收入。

2. 需要考虑的相关事实和情况

实务中，企业在判断其在向客户转让特定商品之前是否已经拥有对该商品的控制权时，不应局限于合同的法律形式，而应当综合考虑所有相关事实和情况进行判断。这些事实和情况包括但不限于以下几项：

（1）转让商品的主要责任是企业还是第三方。该主要责任包括就特定商品的可接受性（如确保商品的规格满足客户的要求）承担责任等。企业在判断时，应当从客户的角度进行评估。如客户认为谁对商品的质量或性能负责、谁负责提供售后服务、谁负责解决客户投诉等。

（2）该商品的存货风险在商品转让前后由企业还是第三方承担。如果企业在与客户订立合同之前已经购买或者承诺将自行购买特定商品，这可能表明企业在将该特定商品转让给客户之前，承担了该特定商品的存货风险。在附有销售退回条款的销售中，企业将商品销售给客户之后，客户有权要求退货，这可能表明企业在转让商品之后仍然承担了该商品的存货风险。

（3）所交易商品的价格由企业还是第三方决定。代理人有时在一定程度上也拥有定价权（如在主要责任人规定的某一价格范围内决定价格）。当代理人向主要责任人的客户提供一定折扣优惠，以激励该客户购买主要责任人的商品时，即使代理人有一定的定价能力，也并不表明其身份是主要责任人，代理人只是放弃了一部分自己应当赚取的佣金或手续费而已。

需要强调的是，企业在判断其是主要责任人还是代理人时，应当以该企业在特定商品转让给客户之前是否能够控制该商品为原则。上述相关情况仅支持对控制权的评估，不能取代控制权的评估，也不能凌驾于控制权评估之上，更不是单独或额外的评估。并且这些情况并无权重之分，其中某一项或几项也不能被孤立地用于支持某一结论。企业应当根据相关商品的性质、合同条款的约定以及其他具体情况，综合判断不同的合同可能需要由上述不同的情况提供支持证据。

12.4.4　附有客户额外购买选择权的销售

有时企业在销售商品的同时，会向客户授予选择权，允许客户据此免费或者以折扣价格购买额外的商品，此种情况称为附有客户额外购买选择权的销售。企业向客户授予的额外购买选择权的形式包括销售激励、客户奖励积分、未来购买商品的折扣券以及合同续约选择权等。

对于附有客户额外购买选择权的销售，企业应当评估该选择权是否向客户提供了一项重大权利。如果客户在订立了一项合同的前提下才取得了额外购买选择权，并且客户行使该选择权购买额外商品时，能够享受到超过该地区或该市场中其他同类客户所能够享有的折扣，则通常认为该选择权向客户提供了一项重大权利。对于该项重大权利，企业应当将其与原购买的商品单独区分，作为单项履约义务，按照各单项履约义务的单独售价的相对比例，将交易价格分摊至各单项履约义务。其中，分摊至重大选择权的交易价格与未来的商品相关，企业应当在客户未来行使该选择权取得相关商品的控制权时，或者在该选择权失效时确认为收入。

在考虑授予客户的该项权利是否重大时，应根据其金额和性质综合判断。如企业实施一项奖励积分计划，客户每消费10元便可获得1个积分，每个积分的单独售价为0.1元，该积分可累积使用，用于换取企业销售的产品。虽然客户每笔消费所获取的积分的价值对消费金额而言并不重大，但是由于该积分可以累积使用，基于企业的历史数据，客户通常能够累积足够的积分来免费换取产品，这可能表明该积分向客户提供了重大权利。

当企业向客户提供了额外购买选择权，客户在行使该选择权购买商品的价格反映了该商品的单独售价时，即使客户只能通过与企业订立特定合同才能获得该选择权，该选择权也不应被视为企业向该客户提供了一项重大权利，企业无须分摊交易价格，只有在客户行使选择权购买额外的商品时才需要进行相应的会计处理。

12.4.5 授予知识产权许可

1. 授予知识产权许可是否构成单项履约义务

企业向客户授予知识产权许可时，可能也会同时销售商品，企业应当评估该知识产权许可是否构成单项履约义务。不构成单项履约义务的，企业应当将该知识产权许可和所售商品一起作为单项履约义务进行会计处理。知识产权许可与所售商品不可明确区分的情形包括：一是该知识产权许可构成有形商品的组成部分并且对该商品的正当使用不可或缺，如企业向客户销售设备和相关软件，该软件内嵌于设备之中，该设备必须安装了该软件之后才能正常使用；二是客户只有将该知识产权许可和相关服务一起使用才能够从中获益，如客户取得授权许可，但是只有通过企业提供的在线服务才能访问相关内容。

2. 授予知识产权许可属于在某一时段履行的义务

授予客户的知识产权许可构成单项履约义务的，企业应当根据该履约义务的性质，进一步确定是在某一时段内履行还是在某一时点履行。企业向客户授予的知识产权许可，同时满足下列三项条件的，应当作为在某一时段内履行的义务确认相关收入；否则，应当作为在某一时点履行的义务确认相关收入。

（1）合同要求或客户能够合理预期企业将从事对该项知识产权有重大影响的活动。企业向客户授予知识产权许可之后，还可能会从事市场推广、继续开发等后续活动。这些活动存在下列情况之一的将会对该项知识产权有重大影响，一是这些活动预期将显著改变该项知识产权的形式（如知识产权的设计、内容）或者功能（如执行某任务的能力）；二是客户从该项知识产权中获益的能力在很大程度上来源于或者取决于这些活动。如果该项知识产权具有重大的独立功能，且该项知识产权绝大部分的经济利益来源于该项功能，则客户从该项知识产权中获益的能力通常不会受到企业从事的相关活动的重大影响，除非这些活动显著改变了该项知识产权的形式或者功能。具有重大独立功能的知识产权主要包括软件、生物合成物或药物配方以及已完成的媒体内容（如电影、电视节目以及音乐录音）版权等。

（2）该活动对客户将产生有利或不利影响。

（3）该活动不会导致向客户转让某项商品。

3. 授予知识产权许可属于在某一时点履行的履约义务

授予知识产权许可不属于在某一时段内履约义务的，应当作为在某一时点履行的义务，在履行该义务时确认收入。在客户能够使用某项知识产权许可并开始从中获利之前，企业不能对此类知识产权许可确认收入。如企业授权客户在一定期间内使用软件，但是，在企业向客户提供该软件的密钥之前，客户都无法使用该软件，因此，企业在向客户提供该密钥之前虽然已经得到授权，但也不应确认收入。

4. 基于销售或使用情况的特许权使用费

企业向客户授予知识产权许可，并约定按客

户实际销售或使用情况（如按照客户的销售额）收取特许权使用费的，应当在客户后续销售或使用行为实际发生与企业履行相关义务二者孰晚的时点确认收入。这是估计可变对价的一个例外规定，该例外规定只有在下列两种情形下才能使用：一是特许权使用费仅与知识产权许可相关；二是特许权使用费可能与合同中的知识产权许可和其他商品都相关，但是，与知识产权许可相关的部分占主导地位。当企业能够合理预期，客户认为知识产权许可的价值远高于合同中与之相关的其他商品时，该知识产权许可通常占主导地位。对于不适用该例外规定的特许权使用费，应当按照估计变对价的一般原则进行处理。

12.4.6　售后回购

售后回购，指企业销售商品的同时承诺或有权选择日后再将该商品（包括相同或几乎相同的商品，或以该商品作为组成部分的商品）购回的销售方式。对于不同类型的售后回购交易，企业应当区分下列两种情形分别进行会计处理。

1. 企业因存在与客户的远期安排而负有回购义务或企业享有回购权利的，表明客户在销售时点并未取得相关商品控制权，企业应当作为租赁交易或融资交易进行相应的会计处理。其中，回购价格低于原售价的，应当视为租赁交易。会计处理：回购价格不低于原售价的，应当视为融资交易，在收到客户款项时确认金融负债，并将该款项和回购价格的差额在回购期间确认为利息费用等。企业到期未行使回购权利的应当在该回购权利到期时终止确认金融负债，同时确认收入。

2. 企业负有应客户要求回购商品义务的，应当在合同开始日评估客户是否具有行使该要求权的重大经济动因。客户具有行使该要求权重大经济动因的，企业应当将售后回购作为租赁交易或融资交易，按照上述第（1）种情形进行会计处理；否则，企业应当将其作为附有销售退回条款的销售交易进行会计处理。在判断客户是否具有行权的重大经济动因时，企业应当综合考虑各种相关因素，包括回购价格与预计回购时市场价格之间的比较，以及权利的到期日等。例如，如果回购价格明显高于该资产回购时的市场价值，则表明客户有行权的重大经济动因。

12.4.7　客户未行使的权利

企业因销售商品向客户收取的预收款，赋予了客户一项在未来从企业取得该商品的权利，并使企业承担了向客户转让该商品的义务，因此，企业应当将预收的款项确认为合同负债，待未来履行了相关义务，即向客户转让相关商品时，再将该负债转为收入。

在某些情况下，企业收取的预收款无须退回，但是客户可能会放弃其全部或部分合同权利，如放弃储值卡的使用权等。企业预期将有权获得与客户所放弃的合同权利相关的金额的，应当按照客户行使合同权利的模式按比例将上述金额确认为收入，否则，企业只有在客户要求其履行剩余义务的可能性极低时，才能将相关负债余额转为收入。企业在确定其是否有权获得与客户所放弃的合同权利相关的金额时，应当考虑将估计的可变对价计入交易价格的限制要求。

> **提示**
>
> 如果有相关法律规定，企业所收取的与客户未行使权利相关的款项须转交给其他方的（如法律规定无人认领的财产须上交政府），企业不应将其确认为收入。

【情景12-20】甲公司经营连锁面包店。2022年，甲公司向客户销售了6 000张储值卡，每张卡的面值为200元，总额为120万元。客户可在甲公司经营的任何一家门店使用该储值卡进行消费。根据历史经验，甲公司预期客户购买的储值卡中将有大约5%（即60 000元）的部分不会被消费。截至2021年12月31日，客户使用该储值卡消费的金额为500 000元。假定甲公司为增值税一般纳税人，在客户使用该储值卡消费时发生增值税纳税义务。

本例中，甲公司预期将有权获得与客户未行使的合同权利相关的金额为60 000元，该金额应当按照客户行使合同权利的模式按比例确认为收入。因此，甲公司在2021年销售的储值卡应当确认的收入金额为465 766元［(500 000+60 000×500 000÷1 140 000)÷(1+13%)］。甲公司的账务处理如下。

(1) 销售储值卡：

借：库存现金　　　　　　　1 200 000
　贷：合同负债　　　　　　　1 061 947
　　　应交税费——待转销项税额 138 053

(2) 根据储值卡的消费金额确认收入，同时将对应的待转销项税额确认为销项税额：

借：合同负债　　　　　　　　465 766
　　应交税费——待转销项税额
　　［500 000÷(1+13%)×13%］ 57 522
　贷：主营业务收入　　　　　465 766
　　　应交税费——应交增值税（销项税额）
　　　　　　　　　　　　　　 57 522

12.4.8　无须退回的初始费

企业在合同开始（或接近合同开始）日向客户收取的无须退回的初始费（如俱乐部的入会费等）应当计入交易价格，企业应当评估该初始费是否与向客户转让已承诺的商品相关。该初始费与向客户转让已承诺的商品相关，并且该商品构成单项履约义务的，企业应当在转让该商品时，按照分摊至该商品的交易价格确认收入；该初始费与向客户转让已承诺的商品相关，但该商品不构成单项履约义务的，企业应当在包含该商品的单项履约义务履行时，按照分摊至该单项履约义务的交易价格确认收入；该初始费与向客户转让已承诺的商品不相关的，该初始费应当作为未来将转让商品的预收款，在未来转让该商品时确认为收入。

企业收取了无须退回的初始费，为履行合同应开展初始活动，但这些活动本身并没有向客户转让已承诺的商品的，例如，企业为履行会员健身合同开展了一些行政管理性质的准备工作，该初始费与未来将转让的已承诺商品相关，应当在未来转让该商品时确认为收入，企业在确定履约进度时不应考虑这些初始活动；企业为该初始活动发生的支出应当按照本节合同成本部分的要求确认为一项资产或计入当期损益。

项目小结

本项目主要讲述了收入、收入的确认、合同成本、关于特定交易的会计处理。收入概述主要包括收入的概念、收入的确认条件、收入的构成；收入的确认条件主要包括识别与客户订立的合同、识别合同中的单项履约义务、确定交易价格、将交易价格分摊至各单项履约义务等；合同成本主要包括合同履约成本、合同取得成本等；关于特定交易的会计处理主要包括附有销售退回条款的销售、附有质量保证条款的销售、主要责任人和代理人等。

思考与练习

一、单项选择题

1. 下列关于收入的说法不正确的是（ ）
   A. 收入是企业日常经营活动所形成的
   B. 收入的发生会导致经济利益的流入
   C. 收入表现为所有者投入资本的增加
   D. 收入会导致所有者权益的增加

2. 下列关于收入的确认说法不正确的是（ ）
   A. 该合同有明确的与所转让商品相关的支付条款
   B. 企业因向客户转让商品而有权取得的对价很可能收回
   C. 该合同明确了合同各方与所转让商品或提供劳务（转让商品）相关的权利和义务
   D. 合同各方未批准该合同且承诺将履行各自义务

3. 当合同中包含两项或多项履约义务时，企业应当在合同开始日，按照一定的方法，将交易价格分摊至各单项履约义务。这里的方法是指（ ）
   A. 各单项履约义务所承诺商品的单独售价的相对比例
   B. 平均摊销
   C. 各单项履约义务所承诺商品的成本的相对比例
   D. 各单项履约义务所承诺商品的毛利的相对比例

4. 下列各项关于合同履约成本表述正确的有（ ）
   A. 非正常消耗的直接材料、直接人工和制造费用应记入合同履约成本
   B. 行政管理部门的管理费用支出应记入合同履约成本
   C. 履约义务中已履行（包括已全部履行或部分履行）部分相关的支出，即该支出与企业过去的履约活动相关计入合同履约成本
   D. 与合同直接相关直接人工、直接材料、制造费用计入合同履约成本

5. 下列各项中，应确认为合同取得成本的是（ ）
   A. 投标费
   B. 销售佣金
   C. 投标发生的差旅费
   D. 聘请外部律师尽职调查费

二、多项选择题

1. 下列各项目中，应作为单项履约义务的有（　）

A. 企业与客户签订合同，向其销售商品并提供安装服务，该安装服务生产简单，除该企业外其他供应商也可提供此类服务。

B. 企业与客户签订合同，向其销售商品并提供安装服务，该安装服务复杂且商品需要按客户定制要求修改。

C. 酒店管理服务

D. 保洁服务

2. 确定合同交易价格时，应考虑的因素有（　）

A. 可变对价

B. 合同中存在的重大融资成分

C. 非现金对价

D. 应付客户对价

3. 按企业经营业务的主次不同，可将收入分为（　）

A. 主营业务收入

B. 其他业务收入

C. 商品销售收入

D. 劳务收入

4. 下列有关售后回购处理正确的有（　）

A. 采用售后回购方式销售商品的，一般情况下收到的款项应确认为负债；回购价格大于原售价的，差额应在回购期间按期计提利息，计入财务费用

B. 有确凿证据表明售后回购交易满足销售商品收入确认条件的，销售的商品按售价确认收入，回购的商品作为购进商品处理

C. 有确凿证据表明售后回购交易满足销售商品收入确认条件的，仍然将回购价格大于原售价的差额在回购期间按期计提利息，计入财务费用

D. 售后回购在任何情况下都不确认收入的

5. 企业向客户授予知识产权许可，下列表述中正确的有（　）

A. 如果授予许可证的承诺无法与合同中其他已承诺的商品或服务明确区分，企业应将授予许可证的承诺与此类其他已承诺的商品或服务合并为一项单独的履约义务进行会计处理

B. 如果授予许可证的承诺可与合同中其他已承诺的商品或服务明确区分，授予许可证的承诺是一项单独的履约义务

C. 由企业提供在线服务，通过授予许可证使客户能够访问相关内容，则许可证构成单项履约业务

D. 授予知识产权许可不属于在某一时段内履行的履约义务的，应当作为在某一时点履行的履约义务，在履行该履约义务时确认收入

三、判断题

1. 确定交易价格和将交易价格分摊至各单项履约义务与收入计量无关。（　）

2. 企业按照期望值或最可能发生金额确定可变对价金额之后，计入交易价格的可变对价金额还应该满足限制条件，即包含可变对价的交易价格。（　）

3. 企业应当在客户取得相关商品控制权时，按照因向客户转让商品而预期有权收取的对价金额确认收入。（　）

4. 当企业向客户销售商品有其他方参与其中时，企业应当判断自身在该交易中的身份是主要责任人还是代理人。（　）

5. 企业在合同开始（或接近合同开始）日向客户收取的无须退回的初始费应当计入交易价格，企业应当评估该初始费是否与向客户转让已承诺的商品相关。（　）

四、简答题

1. 什么是客户未行使的权利？

2. 在某一时段内履行履约义务的条件有哪些？

项目 13　所有者权益

知识目标

◎ 掌握所有者权益的概念和构成；

◎ 掌握资本公积和其他综合收益；

◎ 掌握实收资本账务处理方法。

技能目标

◎ 掌握盈余公积的知识；

◎ 掌握其他综合收益的账务处理方法。

案例导入

甲公司为国家控股股份公司，2022 年 1 月以 4 元的发行价格向社会公众发行了面值为 2 元的普通股 1500 万股。该公司溢价发行股票总金额为 1500 万股 ×（4-2）元 / 股 =3000 万元，因而在账面上记录资本公积金增加 3000 万元。其发行股票手续费 150 万元则列支在财务费用账户中，分录如下。

借：财务费用——手续费　　　　1 500 000
　　贷：银行存款　　　　　　　　　1 500 000

案例评析

财政部门责令该公司调整，请作出对发行股票手续费进行调整的账务处理。

本章导语

所有者权益的确定条件是什么？按经济内容所有者权益可以分为哪几类？所有者权益是反映企业所有者对企业资产的索取权，因此有关所有者权益的问题往往比较复杂。

任务 13.1 所有者权益概述

13.1.1 所有者权益的概念和构成

1. 所有者权益的概念

所有者权益指企业资产扣除负债后，由所有者享有的剩余权益。公司所有者权益又称为股东权益。所有者权益可分为实收资本（或股本）、资本公积、盈余公积和未分配利润。其中，盈余公积和未分配利润统称为留存收益。

2. 所有者权益的构成

（1）所有者投入的资本

所有者投入的资本，指企业实际收到的各投资者以现金、实物资产、无形资产等形式投入企业的资本总额，即实收资本或股本。

企业要开展经营活动，必须有充足的资金作保证，这就需要通过一定的渠道筹集资金。企业对外筹资，按出资者所拥有的权益不同可分为权益性筹资和债务性筹资。权益性筹资指企业以发行股票、直接吸收投资等方式中筹集生产经营所需资金。权益性筹资一般不用还本，因而称为企业的自有资金或权益资金。这部分资金即所有者投入的资本。企业以吸收自有资金的方式筹集资金，财务风险小，但付出的资金成本相对较高。债务性筹资是企业通过发行债券、向银行借款、融资租赁等方式筹集资金。企业以债务性筹资方式筹集的资金，到期要归还本金和利息，因而财务风险比较大，但付出的资金成本较低。

（2）直接计入所有者权益的利得和损失

直接计入所有者权益的利得和损失，指不应计入当期损益、会导致所有者权益发生增减变动、与所有者投入资本或者向所有者分配利润无关的利得或者损失，即资本公积。这既不是投资者投入企业的资本，也不是企业生产经营活动产生的盈余，无须偿还，也不分享企业的利润或承担企业的亏损。

利得，指由企业非日常活动所形成的、会导致所有者权益增加的，与所有者投入资本无关的经济利益的流入。利得包括长期股权投资权益法核算时，被投资单位除净损益以外的所有者权益的增加，企业按持有比例应享有的份额；以权益结算的股份支付换取职工或其他方提供服务所确定的金额；将自用房地产或存货转换为采用公允价值模式计量的投资性房地产时因公允价值计量所产生的利得；资产负债表日，可供出售金融资产的公允价值高于其账面余额的差额等。

损失，指由企业非日常活动所发生的，会导致所有者权益减少的、与向所有者分配利润无关的经济利益的流出。损失包括长期股权投资权益法核算时，被投资单位除净损益以外的所有者权益的减少，企业按持股比例应承担的份额；权益结算的股份支付在行权日转出的利得；资产负债表日，可供出售金融资产的公允价值低于其账面余额的差额等。

（3）留存收益

留存收益，指企业历年实现的净利润留存于企业的部分，主要包括计提的盈余公积和未分配利润。盈余公积是企业按照规定从税后利润（净利润）中提取的各种积累资金。未分配利润指未指定用途、留待以后年度处理的利润。相对于其他所有者权益项目，未分配利润的使用与分配具有较大的灵活性和自主权。

13.1.2 所有者权益的确认

所有者权益的确认主要依赖于其他会计要素，尤其是资产和负债的确认；所有者权益金额的确定也要取决于资产和负债的计量。

任务13.2 实收资本（股本）

13.2.1 实收资本概念

按照我国有关法律规定，投资者设立企业首先必须投入资本。实收资本是投资者投入的资本形成的法定资本的价值，所有者向企业投入的资本，在一般情况下无须偿还，可以长期周转使用。实收资本的构成比例，即投资者的出资比例或股东的股份比例，通常是确定所有者在企业所有者权益中所占的份额和参与企业财务经营决策的基础，也是企业进行利润分配或股利分配的依据，同时还是企业清算时确定所有者对净资产的要求权的依据。

13.2.2 实收资本账务处理

对实收资本的确认和计量要求企业设置"实收资本"科目，核算企业接受投资者投入的实收资本，股份有限公司应将科目改为"股本"。投资者可以用现金投资，也可以用现金以外的其他有形资产投资，符合国家规定比例的，还可以用无形资产投资。企业收到投资时，一般应作如下会计处理：以现金方式投资的，应在实际收到或者存入企业开户银行时，按实际收到的金额，借记"银行存款"科目；以实物资产投资的，应在办理实物产权转移手续时，借记有关科目；以无形资产投资的，应按照合同、协议或公司章程规定，在移交有关凭证时，借记"无形资产"科目；按投入资本在注册资本或股本中所占份额，贷记"实收资本"或"股本"科目，按其差额，贷记"资本公积——资本溢价"或"资本公积——股本溢价"等科目。

1. 账户设置

初建有限责任公司时，各投资者按照合同、协议或公司章程投入企业的资本，应全部记入"实收资本"科目，注册资本为在公司登记的全体股东认缴的出资额。在企业增资时，如有新投资者介入，新介入的投资者缴纳的出资额大于其按约定比例计算的其在注册资本中所占的份额部分，不记入"实收科目"，而作为资本公积，记入"资本公积"科目。

2. 账务处理

（1）接受现金资产投资

企业收到投资者投入的现金资产时如下。

借：库存现金、银行存款（按实际收到的金额）

贷：实收资本

    资本公积——资本溢价（实际收到的现金资产大于投资者在企业中所占份额的部分）

【情景13-1】坤宁腐乳加工厂是由坤宁调料加工厂、坤宁烘焙厂、坤宁酱菜加工厂三个公司共同投资成立的有限责任公司，其中，坤宁调料加工厂投资4 500万元，坤宁烘焙厂投资2 600万元，坤宁酱菜加工厂投资3 200万元。2022年1月5日，坤宁腐乳加工厂如期收到各投资者一次缴足的款项。坤宁腐乳加工厂应编制会计分录如下。

借：银行存款　　　　　　　　　103 000 000
　　贷：实收资本
　　　　——坤宁调料加工厂　　　45 000 000
　　　　——坤宁烘焙厂　　　　　26 000 000
　　　　——坤宁酱菜加工厂　　　32 000 000

（2）接受非现金资产投资

企业收到投资者非现金资产投资时如下。

借：固定资产、无形资产等（按其投资合同或协议约定额价值入账，但合同或协议不允许的除外）
　　贷：实收资本（应按投资合同或协议约定的价值入账）
　　　　资本公积——资本溢价（非现金资产入账价值超过企业在注册资本中享有的份额部分）

【情景13-2】坤宁调料加工厂于设立时收到坤宁机械股份有限公司作为资本投入的不需要安装的机器设备一台，合同约定该机器设备的价值为250万元，增值税进项税额为32.5万元。合同约定的固定资产价值与公允价值相符，不考虑其他因素，坤宁调料加工厂应编制会计分录如下。

借：固定资产——机器设备　　　2 500 000
　　应交税费
　　　　——应交增值税（进项税额）325 000
　　贷：实收资本
　　　　——坤宁机械股份有限公司 2 825 000

股份有限公司指全部资本等额股份构成并通过发行股票筹集资本、股东以其认购的股份为限对公司承担责任、公司以其全部财产对公司债务承担责任的企业法人。股份有限公司有两种设立方式，即发起式和募集式。发起式设立的特点是公司的股份全部由发起人认购，不向发起人之外的任何人募集股份；募集式设立的特点是公司股份除发起人认购外，还可以采用向其他法人或自然人发行股票的方式进行募集。公司设立方式不同，筹集资本的风险也不同。发起式设立公司，其所需资本由发起人一次认足，一般不会发生设立公司失败的情况，因此，其筹资风险小。社会募集股份，其筹资对象广泛，在资本市场不景气或股票的发行价格不恰当的情况下，有发行失败（即股票未被全部认购）的可能，因此，其筹资风险大。按照有关规定，发行失败损失由发起人负担，包括承担筹建费用、公司筹建过程中的债务和对认股人已缴纳的股款支付银行同期存款利息等责任。

股份有限公司与其他企业相比较，最显著的特点就是将企业的全部资本划分为等额股份，并通过发行股票的方式来筹集资本。股东以其所认购股份对公司承担有限责任。股票的面值与股份总数的乘积为股本。股本应等于企业的注册资本，股本是很重要的指标。为了直观地反映这一指标，在会计处理上，股份有限公司应设置"股本"科目。

"股本"科目核算股东投入股份有限公司的股本，企业应将核定的股本总额、股份总数、每股面值在股本账户中作备查记录。为提供企业股份的构成情况，企业可在"股本"科目下按股东单位或姓名设置明细账。企业的股本应在核定的股本总额范围内，以发行股票的方式取得。但值得注意的是，企业以发行股票的方式取得的收入与股本总额往往不一致，公司发行股票取得的收入大于股本总额，称为溢价发行；小于股本总额的额，称为折价发行；等于股本总额的，为面值发行。我国不允许企业折价发行股票。在溢价发行股票的情况下，企业应将相当于股票面值的部分计入"股本"科目，其余部分在扣除发行手续费、佣金等发行费用后记入"资本公积——股本溢价"科目。

【情景13-3】诚心啤酒股份有限公司的母公司坤宁食品股份有限公司发行普通股1 200万股，每股面值1元，每股发行价格5元，假定股票发行成功，股款6 000万元已全部收到，不考虑发行过程中的税费等因素。根据上述资料，该公司做出如下账务处理。

借：银行存款　　　　　　　　　60 000 000
　　贷：股本　　　　　　　　　12 000 000
　　　　资本公积——股本溢价　 48 000 000

任务 13.3 资本公积和其他综合收益

13.3.1 资本公积的概述

资本公积是企业收到投资者的超出其在企业注册资本（或股本）中所占份额的投资，以及直接计入所有者权益的利得和损失等。资本公积包括资本溢价（或股本溢价）和直接计入所有者权益的利得和损失等。

13.3.2 资本公积的账务处理

1. 账户设置

为了核算和监督资本公积的增减变动情况，企业应设置"资本公积"账户。该账户属于所有者权益类，贷方登记因投资者资本溢价（或股本溢价）或其他原因而增加的资本，借方登记资本公积的减少数，期末贷方余额反映资本公积的结余数。该账户下应当分别设置"资本溢价（股本溢价）""其他资本公积"科目进行明细核算。

2. 资本溢价（或股本溢价）

资本溢价指投资者的实际出资额超出其在注册资本中所占份额的金额。除股份有限公司外的其他类型企业，在企业创立时，投资者认缴的出资额与注册资本一致，一般不会产生资本溢价。但在企业重组或有新的投资者加入时，为了维护原有投资者的权益，新加入投资者的出资额，并不一定全部作为实收资本处理。这是因为，企业创建时的资金投入和企业已走向经营正轨时期的资金投入，即使在数量上相等，但其盈利能力却不一致；企业在正常生产经营后，其资本利润率通常都要高于企业初创阶段。另外，企业可能有一定的内部积累，如从净利润中提取的盈余公积、未分配利润等，新投资者加入企业后，与原投资者一样有权参与原有留存收益的分配，所以，只有新的出资额大实收资本，才能维护原投资者的已有权益，投资者多交的这部分资金就形成了资本溢价。

【情景13-4】兴业公司为扩大生产经营规模，准备吸收新的投资者，使注册资本总额达到1 500万元。兴业公司愿意出资425万元拥有该公司25%的股份。接银行的通知收到兴业公司的投资。

兴业公司出资额中应计入实收资本的金额为
15 000 000×25% = 3 750 000（元）

计入资本溢价的金额
=4 250 000－3 750 000=500 000（元）

兴业公司的账务处理如下。

借：银行存款   4 250 000
    贷：实收资本——宏发公司   3 750 000
          资本公积——资本溢价   500 000

股本溢价指股份有限公司溢价发行股票时实际收到的股款超出股票面值的数额。与其他类型的企业不同，股份有限公司在成立时可能溢价发行股票，因而在成立之初，就可能会产生股本溢价。在溢价发行股票的情况下，按实际收到投资者投入货币资金的金额，借记"银行存款"等账户，按股票面值和核定的股份总额的乘积计算的金额；贷记"股本"账户，按扣除发行费用后的溢价收入，贷记"资本公积——股本溢价"账户。

3. 其他资本公积

其他资本公积指除资本溢价（或股本溢价）项目以外所形成的资本公积，其中主要包括直接计入所有者权益的利得和损失。例如，企业长期股权投资采用权益法核算的，在持股比例不变的情况下对因被投资单位除净损益、其他综合收益和利润分配以外所有者权益的其他变动，企业持股比例计算应享有或应分担的份额，借记或贷记"长期股权投资——其他权益变动"账户，贷记或借记"资本公积——其他资本公积"账户。在处置采用权益法核算的长期股权投资时，还应按转销与该笔投资相关的其他资本公积，借记或贷记"资本公积——其他资本公积"账户，贷记或借记"投资收益"账户。

【情景13-5】北京市惠达股份有限公司于2021年1月1日向远大股份有限公司投资900万元，拥有该公司25%的股份，并对该公司有重大影响，因而对远大股份有限公司长期股权投资采用权益法核算。2021年12月31日，远大股份有限公司除净损益、其他综合收益和利润分配之外的所有者权益增加了120万元。假定除此以外，远大股份有限公司的所有者权益没有变化，北京市惠达股份有限公司的持股比例没有变化，远大股份有限公司资产的账面价值与公允价值一致。不考虑其他因素，北京市惠达股份有限公司应编制如下会计分录。

借：长期股权投资
　　——远大股份有限公司　　　300 000
　贷：资本公积
　　——其他资本公积　　　　　300 000

4. 资本公积转增资本

经股东大会或类似机构决议，用资本公积转增资本时，应冲减资本公积，同时按照转增前的实收资本（或股本）的结构或比例，将转增的金额计入"实收资本"（或"股本"）账户下各所有者的明细分类账。

【情景13-6】2022年3月10日，报经股东会表决批准，北京市惠达股份有限公司董事会决定，将15万元资本公积转增资本，北京市惠达股份有限公司应编制会计分录如下。

借：资本公积　　　　　　　　150 000
　贷：股本　　　　　　　　　150 000

13.3.2 其他综合收益的账务处理

其他综合收益，指企业根据企业会计准则规定未在当期损益中确认的各项利得和损失。主要包括以下两类。

（1）以后会计期间不能重分类进损益的其他综合收益项目。主要包括重新计量设定受益计划净负债或净资产导致的变动的税后净额项目，以及按照权益法核算的在被投资单位以后会计期间不能重分类进损益的其他综合收益中所享有份额的税后净额项目。

（2）以后会计期间满足规定条件时将重分类进损益的其他综合收益项目，具体又可以分为以下几种情况。

①其他债权投资（其他权益工具投资）相关核算。企业购入其他债权投资（其他权益工具投资）后，持有期间公允价值会发生变动，由此形成的利得或损失，应当通过"其他综合收益"账户核算。如果企业购入其他债权投资（其他权益工具投资），按会计准则要求应当以公允价值计量，但购入当时公允价值不能确定，待公允价值能够确定时，应当改按公允价值计量，此时公允价值与账面价值往往不相等，其差额应当记入"其他综合收益"账户。企业购入时分类为"债权投资"，以后又重分类为其他债权投资（其他权益工具投资）公允价值与账面价值的差额，也应计入"其他综合收益"账户。

②可供出售外币非货币性项目的汇兑差额。如果企业的可供出售外币非货币性项目是以公允价值计量的，在会计期末，需要把外币计量的公允价值，换算成记账本位币表示的金额，这种汇兑可能会形成企业的利得和损失。由于汇率的变动，原记账本位币金额间的差额与外币折算后的金额往往并不相等，二者之间的差额计入其他综

合收益。

③存货或自用房地产转换为投资性房地产。企业的房地产，如果原来自用或作为存货，后来转换为投资性房地产，而且以公允价值计量的，在转换时，其公允价值大于账面价值的差额，计入其他综合收益。

④长期股权投资权益法。母公司对合营联营企业的长期股权投资，按规定采用权益法核算时，子公司所有者权益的其他变动（净损益变动除外），应通过"其他综合收益"账户核算。

【情景13-7】北京市惠达股份有限公司对唯美股份有限公司的长期股权投资采用权益法核算，唯美股份有限公司的其他综合收益减少900万元，北京市惠达股份有限公司持有唯美股份有限公司30%的股权，北京市惠达股份有限公司所有者权益减少270万元。

借：其他综合收益　　　　　　2 700 000
　　贷：长期股权投资
　　　　——其他综合收益　　　　2 700 000

假如没有其他的相关业务，则该项长期股权投资被处置时如下。

借：投资收益　　　　　　　　2 700 000
　　贷：其他综合收益　　　　　　2 700 000

任务13.4　留存收益

13.4.1　盈余公积

1. 相关规定

根据《公司法》等有关法规，企业当年实现的净利润，一般按照如下顺序进行分配。

（1）提取法定公积金。公司制企业的法定公积金按照税后利润10%的比例提取（非公司制企业也可按照超过10%的比例提取），在计算提取法定盈余公积的基数时，不应包括企业年初未分配利润。公司法定公积金累计额为公司注册资本的50%以上时，可以不再提取法定公积金。

公司的法定公积金不足以弥补以前年度亏损的，在提取法定公积金之前，应当先用当年利润弥补亏损。

（2）提取任意公积金。公司从税后利润中提取法定公积金后，经股东会或者股东大会决议，还可以从税后利润中提取任意公积金。非公司制企业经类似权力机构批准，也可提取任意盈余公积。

（3）向投资者分配利润或股利。公司弥补亏损和提取公积金后所余税后利润，有限责任公司股东按照实缴的出资比例分取红利，但是，全体股东约定不按照出资比例分取红利的除外；股份有限公司按照股东持有的股份比例分配，但股份有限公司章程规定不按持股比例分配的除外。

股东会、股东大会或者董事会违反规定，在公司弥补亏损和提取法定公积金之前向股东分配利润的，股东必须将违反规定分配的利润退还公司。公司持有的本公司股份不得分配利润。

盈余公积指企业按照规定从净利润中提取的各种积累资金。公司制企业的盈余公积分为法定盈余公积和任意盈余公积。两者的区别在于各自计提的依据不同。前者以国家的法律或行政规章为依据提取；后者则由企业自行决定提取。

企业提取盈余公积主要用于以下几个方面。

（1）弥补亏损。企业发生亏损时，应由企业自行弥补。弥补亏损的渠道主要有三条：一是用以后年度税前利润弥补。按照现行制度，企业发生亏损时，可以用以后五年内实现的税前利润弥补，即税前利润弥补亏损的期间为五年。二是用以后年度税后利润弥补。企业发生的亏损经过五年未足额弥补的，尚未弥补的亏损应用所得税后的利润弥补。三是以盈余公积弥补亏损。企业以提取的盈余公积弥补亏损时，应当由公司董事会提议，并经股东大会批准。

（2）转增资本。企业将盈余公积转增资本时，必须经股东大会决议批准。在实际将盈余公积转增资本时，要按股东原有持股比例结转。企业提取的盈余公积，无论是用于弥补亏损，还是用于转增资本，只不过是在企业所有者权益内部作结构上的调整，比如企业以盈余公积弥补亏损时，实际是减少盈余公积留存的数额，以此抵补未弥补亏损的数额，并不引起企业所有者权益总额的变动；企业以盈余公积转增资本时，只是减少盈余公积结存的数额，但同时增加企业实收资本或股本的数额，也并不引起所有者权益总额的变动。

（3）扩大企业生产经营。盈余公积的用途，并不是指其实际占用形态，提取盈余公积也并不是单独将这部分资金从企业资金周转过程中抽出。企业盈余公积的结存数，实际只表现为企业所有者权益的组成部分，表明企业生产经营资金的一个来源而已。其形成的资金可能表现为一定的货币资金，也可能表现为一定的实物资产，如存货和固定资产等，随同企业的其他来源所形成的资金进行循环周转，用于企业的生产经营。

2. 盈余公积的确认和计量

为了反映盈余公积的形成及使用情况，企业应设置"盈余公积"科目。企业应当分别设置"法定盈余公积""任意盈余公积"进行明细核算。外商投资企业还应分别设置"储备基金""企业发展基金"科目进行明细核算。

企业提取盈余公积时，借记"利润分配——提取法定盈余公积""利润分配——提取任意盈余公积"科目，贷记"盈余公积——法定盈余公积""盈余公积——任意盈余公积"科目。

外商投资企业按规定提取的储备基金、企业发展基金、职工奖励及福利基金，借记"利润分配——提取储备基金""利润分配——提取企业发展基金""利润分配——提取职工奖励及福利基金"科目，贷记"盈余公积——储备基金""盈余公积——企业发展基金""应付职工薪酬"科目。

企业用盈余公积弥补亏损或转增资本时，借记"盈余公积"科目，贷记"利润分配——盈余公积补亏""实收资本"或"股本"科目。经股东大会决议，用盈余公积派送新股，即按派送新股计算的金额，借记"盈余公积"科目；按股票面值和派送新股总数计算的股票面值总额，贷记"股本"科目。

13.4.2 未分配利润

未分配利润是企业留待以后年度进行分配的结存利润，也是企业所有者权益的组成部分，相对于所有者权益的其他部分，企业对未分配利润的使用分配有较大的自主权。从数量上来讲，未分配利润是期初未分配利润，加上本期实现的净利润，减去提取的各种盈余公积和分出利润后的余额。

在会计处理上，未分配利润是通过"利润分配"科目进行核算的，"利润分配"科目下应当分别设置"提取法定盈余公积""提取任意盈余公积""应付现金股利或利润""转作股本的股利""盈余公积补亏""未分配利润"等科目进行明细核算。

（1）分配股利或利润的会计处理。经股东大会或类似机构决议，分配给股东或投资者的现金股利或利润，借记"利润分配——应付现金股利或利润"科目，贷记"应付股利"科目。经股东大会或类似机构决议，分配给股东的股票股利，应在办理增资手续后，借记"利润分配——转作股本的股利"科目，贷记"股本"科目。

（2）期末结转的会计处理。企业期末结转利润时，应将各损益类科目的余额转入"本年利润"科目，结平各损益类科目。结转后"本年利润"的贷方余额为当期实现的净利润，借方余额为当期发生的净亏损。年度终了，应将本年收入和支出相抵后结出的本年实现的净利润或净亏损，转入"利润分配——未分配利润"账户。同时，将"利润分配"科目所属的其他明细账户的余额，转入"未分配利润"明细账户。结转后，"未分配利润"明细账户的贷方余额，就是未分配利润的金额；如出现借方余额，则表示未弥补亏损的金额。"利润分配"科目所属的其他明细账户应无余额。

（3）弥补亏损的会计处理。企业在生产经营过程中既有可能发生盈利，也有可能出现亏损。企业在当年发生亏损的情况下，与实现利润的情况相同，应当将本年发生的亏损自"本年利润"账户转入"利润分配——未分配利润"账户，借记"利润分配——未分配利润"账户，贷记"本年利润"科目，结转后"利润分配"账户的借方余额，即为未弥补亏损的数额。然后通过"利润分配"账户核算有关亏损的弥补情况。

由于未弥补亏损形成的时间长短不同等，以前年度未弥补亏损有的可以用当年实现的税前利润弥补，有的则须用税后利润弥补。以当年实现的利润弥补以前年度结转的未弥补亏损，不需要进行专门的账务处理。企业应将当年实现的利润自"本年利润"账户转入"利润分配——未分配利润"账户的贷方，其贷方发生额与"利润分配——未分配利润"的借方余额自然抵补。无论以税前利润还是以税后利润弥补亏损，其会计处理方法均相同，但是，两者在计算交纳所得税时的处理是不同的。在以税前利润弥补亏损的情况下，其弥补的数额可以抵减当期企业应纳税所得额，而以税后利润弥补的数额，则不能作为纳税所得扣除处理。

【情景13-8】 北京市惠达股份有限公司的股本为120 000 000元，每股面值1元。2021年初"未分配利润"贷方为90 000 000元，2021年实现净利润65 000 000元。

假定公司按照2021年实现净利润的10%提取法定盈余公积，5%提取任意盈余公积，同时向股东按每股0.4元派发现金股利。按每10股送3股的比例派发股票股利。

2022年3月15日，公司以银行存款支付了全部现金股利，新增股本也已经办理完股权登记和相关增资手续。北京市惠达股份有限公司的账务处理如下。

（1）2021年度终了时，企业结转本年实现的净利润如下。

借：本年利润　　　　　　　　65 000 000
　　贷：利润分配——未分配利润 65 000 000

（2）提取法定盈余公积和任意盈余公积如下。

借：利润分配
　　——提取法定盈余公积　　6 500 000
　　——提取任意盈余公积　　3 250 000
　　贷：盈余公积
　　　　——法定盈余公积　　　6 500 000
　　　　——任意盈余公积　　　3 250 000

（3）结转"利润分配"的明细账户如下。

借：利润分配——未分配利润　9 750 000
　　贷：利润分配
　　　　——提取法定盈余公积　6 500 000
　　　　——提取任意盈余公积　3 250 000

北京市惠达股份有限公司2021年末"利润分配——未分配利润"账户的余额为：

90 000 000+65 000 000-9 750 000=145 250 000（元）

即贷方余额为145 250 000元，反映企业的累计未分配利润为145 250 000元。

（4）批准发放现金股利时如下。

借：利润分配——应付现金股利 48 000 000
　　贷：应付股利
　　　　（120 000 000×0.4）48 000 000

2022年3月15日，发放现金股利如下。

借：利润分配
　　——转作股本的股利　　36 000 000
　　　贷：股本
　　　　（120 000 000×1×30%）36 000 000

项目小结

本项目主要讲述了所有者权益概述、实收资本（股本）、资本公积和其他综合收益、留存收益。其中所有者权益概述包括所有者权益的概念和构成、所有者权益的确认；实收资本（股本）包括实收资本概念、实收资本账务处理；资本公积和其他综合收益包括资本公积的概述、资本公积的账务处理、其他综合收益的账务处理；留存收益包括盈余公积、未分配利润。

思考与练习

一、单项选择题

1. 下列属于所有者权益的项目是（　　）
A. 长期借款
B. 长期应付款
C. 未分配利润
D. 长期股权投资

2. 下列各项中，属于直接计入所有者权益的利得和损失的是（　　）
A. 可供出售金融资产的公允价值暂时性变动
B. 交易性金融资产的公允价值变动
C. 公允价值模式计量的投资性房地产的公允价值变动
D. 接受投资者投资时形成的资本溢价

3. 关于实收资本的表述，正确的是（　　）
A. 实收资本是企业资产中的主要组成部分
B. 实收资本是企业负债中的主要组成部分
C. 实收资本是企业收入中的主要组成部分
D. 实收资本是企业所有者权益中的主要组成部分

4. 资本公积不包括（　　）
A. 资本溢价

B. 直接计入所有者权益的利得
C. 直接计入所有者权益的损失
D. 盈余公积

5. 下列关于盈余公积的说法正确的是（　　）
A. 盈余公积指企业按照规定从净利润中提取的各种积累资金
B. 所有企业的盈余公积都可分为法定盈余公积和任意盈余公积
C. 企业将盈余公积转增资本时，不需要股东大会决议批准
D. 任意盈余公积是指企业按照规定的比例从净利润中提取的盈余公积

二、多项选择题

1. 下列关于所有者权益概念表述准确的有（　　）
A. 所有者权益是指企业所有者对企业净资产的要求权
B. 净资产是指企业资产减去负债之后的余额
C. 所有者权益是一种剩余权益
D. 所有者权益又称之为股东权益

2. 下列各项中，属于所有者权益构成的有（　　）
A. 所有者投入企业的资本
B. 不计入当期损益的利得
C. 未分配利润
D. 不计入当期损益的损失

3. 所有者投入资本主要包括（　　）
A. 实收资本　　　　B. 股本
C. 长期借款　　　　D. 短期借款

4. 所有者权益确认的依据有（　　）
A. 收入　　　　　　B. 费用
C. 资产　　　　　　D. 负债

5. 实收资本账户核算的内容有（　　）
A. 投资者以非现金资产投入的资本
B. 投资者投入的外币
C. 投资者以现金投入的资本
D. 企业对外投资

三、判断题

1. 对实收资本的确认和计量要求企业设置"实收资本"科目，核算企业接受投资者投入的实收资本，股份有限公司应将科目改为"股本"。（　　）

2. 从数量上来讲，未分配利润是期初未分配利润，加上本期实现的净利润，减去提取的各种盈余公积和分出利润后的余额。（　　）

3. 其他资本公积指除资本溢价（或股本溢价）项目以外所形成的资本公积，其中主要包括直接计入所有者权益的利得和损失。（　　）

4. 股份有限公司指全部资本由等额股份构成并通过发行股票筹集资本、股东以其认购的股份为限对公司承担责任、公司以其全部财产对公司债务承担责任的企业法人。（　　）

5. 留存收益，指企业历年实现的净利润留存于企业的部分，主要包括计提的盈余公积和未分配利润。（　　）

四、简答题

1. 什么是未分配利润？

2. 什么是资本溢价？

项目 14 会计政策、会计估计变更和差错更正

知识目标

◎ 掌握会计政策概念；

◎ 掌握会计政策的变更的概念。

◎ 掌握会计估计与会计估计变更的概念。

技能目标

◎ 能编制调整后的资产负债表、利润表等；

◎ 掌握会计政策变更的账务处理方法。

案例导入

2021年12月31日，甲公司发现2020年公司漏记一项管理用固定资产的折旧费用400 000元，所得税申报表中也未扣除该项费用。假定2020年甲公司适用所得税税率为25%，无其他纳税调整事项。该公司按净利润的10%和5%提取法定盈余公积和任意盈余公积。假定税法允许调整应交所得税。

案例评析

（1）分析前期差错的影响数。

（2）编制有关项目的调整分录。

本章导语

会计政策是会计工作的依据，在企业财务信息系统中扮演了越来越重要的角色，由于企业经营活动的不确定性，因此，往往对会计估计作出变更。

任务 14.1　会计政策及其变更

14.1.1　会计政策概述

会计政策，指企业在会计确认、计量和报告中所采用的会计原则、会计基础和会计处理方法。原则，指国家统一的会计制度规定的、适合于企业会计核算的特定会计原则。基础，指为了将会计原则应用于交易或者事项而采取的会计基础。会计处理方法，指企业在会计核算中从诸多可选择的会计处理方法中所选择的、适合于本企业的具体会计处理方法。

会计原则包括一般原则和特定原则，会计政策所指的会计原则是某一类会计业务的核算所应遵循的特定原则，而不是笼统地指所有的会计原则。如借款费用是费用化还是资本化，即属于特定会计原则。可靠性、相关性、实质重于形式等属于会计信息质量要求，是为了满足会计信息质量要求而制定的原则，是统一的、不可选择的，不属于特定原则。

会计基础包括会计确认基础和会计计量基础。可供选择的会计确认基础包括权责发生制和收付实现制。会计计量基础主要包括历史成本、重置成本、可变现净值、现值和公允价值等。由于我国企业应当采用权责发生制作为会计确认基础，不具备选择性，所以会计政策所指的会计基础，主要是会计计量基础（即计量属性）。

具体的会计处理方法，指企业根据国家统一的会计准则制度选择的、对某一类会计业务的具体处理方法。如《企业会计准则第1号——存货》允许企业在先进先出法、加权平均法和个别计价法中选择出适合自己的发出存货计价方法，这些方法就是具体会计处理方法。

会计原则、会计基础和会计处理方法三者是一个具有逻辑性的、密不可分的整体，通过这个整体，会计政策才能得以应用和落实。

1. 企业会计政策选择和运用的要求

（1）企业应在国家统一的会计制度规定的范围内选择适用的会计政策。

会计政策是在允许的会计原则、计量基础和会计处理方法中作出指定或具体选择。由于企业经济业务的复杂性和多样化，某些经济业务在符合会计原则和计量基础要求的情况下，可以有多种会计处理方法，即存在不止一种可供选择的会计政策。

同时，我国的会计准则和会计制度属于行政规章，会计政策所包括的会计原则、计量基础和具体会计处理方法由会计准则或会计制度规定，具有一定的强制性。企业必须在法规所允许的范围内选择适合本企业实际情况的会计政策。即企业在发生某项经济业务时，必须从允许的会计原则、计量基础和会计处理方法中选择出适合本企业的会计政策。

（2）会计政策应当在前后各期保持一致。

企业通常应在每期采用相同的会计政策。企业选用的会计政策一般情况下不能随意变更，以保持会计信息的可比性。

2. 企业会计政策披露的要求

企业在会计核算中所采用的会计政策，通常应在报表附注中加以披露，需要披露的会计政策主要有以下几项。

（1）财务报表的编制基础、计量基础和会计政策的确定依据等。

（2）存货的计价，指企业存货的计价方法。如企业发出存货成本的计量是采用先进先出法，还是采用其他计量方法。

（3）固定资产的初始计量，指对取得的固定资产初始成本的计量。如固定资产初始成本是购买价款，还是以购买价款的现值为基础进行计量。

（4）无形资产的确认，是指对无形项目的支出是否确认为无形资产。如企业内部研究开发项目开发阶段的支出是确认为无形资产，还是在发生时计入当期损益。

（5）投资性房地产的后续计量，指企业在资产负债表日对投资性房地产进行后续计量所采用的会计处理方法。如企业对投资性房地产的后续计量是采用成本模式，还是公允价值模式。

（6）长期股权投资的核算，指对长期股权投资的会计处理方法。如企业对被投资单位的长期股权投资是采用成本法，还是采用权益法核算。

（7）收入的确认，指收入确认所采用的会计方法。

（8）借款费用的处理，指借款费用的处理方法，即确定借款费用是采用资本化还是采用费用化。

（9）外币折算，指外币折算所采用的方法以及汇兑损益的处理。

（10）合并政策，指编制合并财务报表所采用的原则。如母公司与子公司的会计年度不一致的处理原则、合并范围的确定原则等。

14.1.2　会计政策变更

1. 会计政策变更的概念

会计政策变更，指企业对相同的交易或者事项由原来采用的会计政策改用另一会计政策的行为。一般情况下，为保证会计信息的可比性，使财务报告使用者在比较企业一个以上期间的财务报表时，能够正确判断企业的财务状况、经营成果和现金流量的趋势，企业在不同的会计期间应采用相同的会计政策，不能随意变更。

需要注意的是，企业不能随意变更会计政策并不意味着企业的会计政策在任何情况下均不能变更。

2. 会计政策变更的条件

会计政策变更，并不意味着以前期间的会计政策是错误的，而是由于情况发生了变化，或者掌握了新的信息、积累了更多的经验，采用新的会计政策能够更好地反映企业的财务状况、经营成果和现金流量。如果以前期间会计政策的选择和运用是错误的，则属于前期差错，应按前期差错更正的会计处理方法进行处理。符合下列条件之一，企业可以变更会计政策。

（1）法律、行政法规或国家统一的会计制度等要求变更

这种情况指按照法律、行政法规以及国家统一的会计准则的规定，要求企业采用新的会计政策。在这种情况下，企业应按规定改变原有会计政策，采用新的会计政策。如《企业会计准则第16号——政府补助》在2017年修订实施以后，对财政贴息采用新的会计政策；再如采用2017年修订的《企业会计准则第14号——收入》的企业，应在履行了合同义务，即在客户取得相关商品控制权时确认收入。

（2）会计政策的变更能够提供更可靠、更相关的会计信息

这种情况指由于经济环境、客观情况的改变，企业原来采用的会计政策所提供的会计信息，已不能恰当地反映企业的财务状况、经营成果和现金流量等情况。在这种情况下，应改变原有会计政策，按新的会计政策进有核算，以对外提供更可靠、更相关的会计信息。

需要注意的是，除法律、行政法规或者国家统一的会计准则等要求变更会计政策应当按照规定执行和披露外，企业因满足上述第（2）条的变更会计政策时，必须有充分、合理的证据表明其变更的合理性，并说明变更会计政策后，能够提供关于企业财务状况、经营成果和现金流量等更可靠、更相关会计信息的理由。对会计政策的变更，应经股东大会或董事会等类似机构批准。如无充分、合理的证据表明会计政策变更的合理性

或者未经股东大会等类似机构批准擅自变更会计政策的,或者连续、反复地自行变更会计政策的,视为滥用会计政策,应按照前期差错更正的方法进行处理。

(3) 不属于会计政策变更的情形

对会计政策变更的认定,直接影响对会计处理方法的选择。实务中,企业应当分清哪些属于会计政策变更,哪些不属于会计政策变更。下列情况不属于会计政策变更。

①本期发生的交易或者事项与以前相比具有本质差别而对其采用新的会计政策。如将自用的办公楼改为出租,不属于会计政策变更,而是采用新的会计政策。

②对初次发生的或不重要的交易或者事项采用新的会计政策。如某企业第一次签订一项建造合同,为另一企业建造三栋厂房,该企业对该项建造合同采用完工百分比法确认收入。由于该企业初次发生该项交易,采用完工百分比法确认该项交易的收入,不属于会计政策变更。

14.1.3 会计政策变更的账务处理

1. 企业依据法律、行政法规或者国家统一的会计制度等的要求变更会计政策的,应当按照国家相关规定执行。如财政部2006年2月15日发布并于2007年1月1日起实施的《企业会计准则第38号——首次执行企业会计准则》对首次执行企业会计准则涉及职工薪酬的会计调整作了如下规定:对于首次执行日存在的解除与职工的劳动关系,满足《企业会计准则第9号——职工薪酬》预计负债确认条件的,应当确认因解除与职工的劳动关系给予补偿而产生的负债,并调整留存收益。

2. 会计政策变更能够提供更可靠、更相关的会计信息的,应当采用追溯调整法处理,以会计政策变更累积影响数调整列报前期最早期初留存收益,其他相关项目的期初余额和列报前期披露的其他比较数据也应当一并调整,但确定该项会计政策变更累积影响数不切实可行的除外。

追溯调整法,指对某项交易或事项变更会计政策,视同该项交易或事项初次发生时即采用变更后的会计政策,并以此对财务报表相关项目进行调整的方法。

追溯调整法的运用通常由以下几个步骤构成。

(1) 计算会计政策变更的累积影响数。

会计政策变更累积影响数,是指按照变更后的会计政策对以前各期追溯计算的列报前期最早期初留存收益应有金额与现有金额之间的差额。会计政策变更的累积影响数,是假设与会计政策变更相关的交易或事项在初次发生时即采用新的会计政策,而得出的列报前期最早期初留存收益应有金额与现有金额之间的差额。这里的留存收益,包括当年和以前年度的未分配利润和按照相关法律规定提取并累积的盈余公积,不需要考虑由于会计政策变更使以前期间净利润的变化而需要分派的股利。如由于会计政策变化,增加了以前期间的净利润100万元,该企业通常按净利润的10%分派股利。在计算调整会计政策变更当期期初的留存收益时,应当按照100万元计算,而不是90万元。会计政策变更的累积影响数,是变更会计政策所导致的对净利润的累积影响,以及由此导致的对利润分配及未分配利润的累积影响金额,不包括分配的利润或股利。

上述变更会计政策当期期初现有的留存收益金额,即上期资产负债表所反映的留存收益期末数,可以从上期资产负债表中获得。追溯调整后的留存收益金额,指扣除所得税后的净额,即按新的会计政策计算确定留存收益时,应当考虑由于损益变化所导致的所得税影响的情况。

会计政策变更的累积影响数,通常可以通过以下步骤计算获得:

第一步,根据新的会计政策重新计算受影响的前期交易或事项;

第二步,计算两种会计政策下的差异;

第三步,计算差异的所得税影响金额;

第四步,确定前期中每一期的税后差异;

第五步,计算会计政策变更的累积影响数。

【情景14-1】甲公司2019年、2020年分别以5 000 000元和1 500 000元的价格从股票市场购入A、B两只以交易为目的的股票（假设不考虑购入股票发生的交易费用），市价一直高于购入成本。公司采用成本与市价孰低法对购入股票进行计量，公司从2021年起对其以交易为目的购入的股票由成本与市价孰低改为公允价值计量，公司保存的会计资料比较齐备，可以通过会计资料追溯计算。假设所得税税率为25%，公司按净利润的10%提取法定盈余公积，按净利润的5%提取任意盈余公积。公司发行普通股4 500万股。未发行任何稀释性潜在普通股。两种方法计量的交易性金融资产账面价值如表14-1所示。

表14-1 两种方法计量的交易性金融资产账面价值

单位：元

会计政策 股票	成本与市价孰低	2019年末公允价值	2020年末公允价值
A股票	5 000 000	5 500 000	5 500 000
B股票	1 500 000	—	1 700 000

根据上述资料，甲公司的会计处理如下。

①计算改变交易性金融资产计量方法后的累积影响数（见表14-2）

表14-2 改变交易性金融资产计量方法后的累积影响数（2020年末）

单位：元

股票	公允价值	成本与市价孰低	税前差异	所得税影响	税后差异
A股票	5 500 000	5 000 000	500 000	125 000	375 000
B股票	1 700 000	1 500 000	200 000	50 000	150 000
合计	7 200 000	6 500 000	700 000	175 000	525 000

甲公司2021年12月31日的比较财务报表列报前期最早期初为2020年1月1日。甲公司在2019年末按公允价值计量的账面价值为5 500 000元，按成本与市价孰低计量的账面价值为5 000 000元，两者的所得税影响合计为125 000元，两者差异的税后净影响额为375 000元，即为该公司2020年期初由成本与市价孰低计量改为公允价值计量的累积影响数。

甲公司在2020年末按公允价值计量的账面价值为7 200 000元，按成本与市价孰低计量的账面价值为6 500 000元，两者的所得税影响合计为175 000元，两者差异的税后净影响额为525 000元，其中，375 000元是调整2020年年初累积影响数，150 000元是调整2020年当期金额。

甲公司按照公允价值重新计量2020年末B股票账面价值，其结果为公允价值变动收益少计了200 000元，所得税费用少计了50 000元，净利润少计了150 000元。

②编制有关项目的调整分录

A. 对2019年有关事项的调整分录

调整会计政策变更累积影响数如下。

借：交易性金融资产——公允价值变动
　　　　　　　　　　　　　500 000
　贷：利润分配——未分配利润　375 000
　　　递延所得税负债　　　　125 000

调整利润分配：

按照净利润的10%提取法定盈余公积，按照净利润的5%提取任意盈余公积，共计提取盈余公积375 000×15%=56 250（元）。

借：利润分配——未分配利润　56 250
　贷：盈余公积　　　　　　　56 250

B. 对2020年有关事项的调整分录

调整交易性金融资产如下。

借：交易性金融资产——公允价值变动
　　　　　　　　　　　　　　　　200 000
　　贷：利润分配——未分配利润　150 000
　　　　递延所得税负债　　　　　　50 000

调整利润分配：

按照净利润的10%提取法定盈余公积，按照净利润的5%提取任意盈余公积。共计提取盈余公积150 000×15%=22 500（元）。

借：利润分配——未分配利润　　　22 500
　　贷：盈余公积　　　　　　　　22 500

③财务报表调整和重述（财务报表略）

甲公司在列报2022年财务报表时，应调整2022年资产负债表有关项目的年初金额、利润表有关项目的上年金额及所有权益变动表有关项目的上年金额和本年金额。

资产负债表项目的调整：

调增交易性金融资产年初余额700 000元；调增递延所得税负债年初余额175 000元；调增盈余公积年初余额78 750元；调增未分配利润年初余额446 250元。

利润表项目的调整：

调增公允价值变动收益上年金额200 000元；调增所得税费用上年金额50 000元；调增净利润上年金额150 000元；调增基本每股收益上年金额0.0033元。

所有者权益变动表项目的调整：

调增盈余公积上年年初金额56 250元，未分配利润上年年初金额318 750元，所有者权益合计上年年初金额375 000元。

调增盈余公积上年金额22 500元，未分配利润上年金额127 500元，所有者权益合计上年金额150 000元。

调增盈余公积本年年初金额78 750元，未分配利润本年年初金额446 250元，所有者权益合计本年年初金额525 000元。

(2) 相关的账务处理。

(3) 调整财务报表相关项目。

(4) 财务报表附注说明。

采用追溯调整法时，会计政策变更的累积影响数应包括在变更当期期初留存收益中。但是，如果提供可比财务报表，对比较财务报表期间的会计政策变更，应调整各该期间净利润各项目和财务报表其他相关项目，视同该政策在比较财务报表期间一直采用。对于比较财务报表可比期间以前的会计政策变更的累积影响数，应调整比较财务报表最早期间的期初留存收益，财务报表其他相关项目也应一并调整。

【情景14-2】甲股份有限公司是一家海洋石油开采公司，于2015年开始建造一座海上石油开采平台，根据法律法规，在该开采平台在使用期满后要将其拆除，并对其造成的环境污染进行整治。2016年12月5日，该开采平台建造完成并交付使用，建造成本共110 000 000元，预计使用寿命10年，采用平均年限法计提折旧。2022年1月1日甲公司开始执行企业会计准则，按要求将相关弃置费用计入固定资产成本，对之前尚未计入资产成本的弃置费用，进行追溯调整。已知甲公司保存的会计资料比较齐备，可以通过会计资料追溯计算。甲公司预计该开采平台的弃置费用为9 000 000元。假定折现率（即为实际利率）为10%。不考虑企业所得税和其他税法因素影响。该公司按净利润的10%提取法定盈余公积。

根据上述资料，甲公司的会计处理如下。

①计算确认弃置义务后的累积影响数（见表14-3）

2017年1月1日，该开采平台计入资产成本弃置费用的现值=9 000 000×(P/F，10%，10)=9 000 000×0.3855=3 469 500（元）；每年应计提折旧=3 469 500÷10=346 950（元）。

表14-3 确认弃置义务后的累积影响数

年份	计息金额（元）	实际利率（%）	利息费用（元）①	折旧（元）②	税前差异（元）-（①+②）	税后差异（元）
2017	3 469 500	10	346 950	346 950	-693 900	-693 900
2018	3 816 450	10	381 645	346 950	-728 595	-728 595
2019	4 198 095	10	419 809.5	346 950	-766 759.5	-766 759.5
2020	4 617 904.5	10	461 790.45	346 950	-808 740.45	-808 740.45
小计	—	—	1 610 194.95	1 387 800	-2 997 994.95	-2 997 994.95
2021	5 079 694.50	10	507 969.50	346 950	-854 919.50	-854 919.50
合计	—	—	2 118 164.45	1 734 750	-3 852 914.45	-3 852 914.45

甲公司确认该开采平台弃置费用后的税后累积净影响额为 -3 852 914.45 元（累积影响数）。

②会计处理

调整确认的弃置费用。

借：固定资产——开采平台弃置义务 3 469 500
　　贷：预计负债——开采平台弃置义务
　　　　　　　　　　　　　　　　 3 469 500

调整会计政策变更累积影响数。

借：利润分配——未分配利润
　　　　　　　　　　　　 4 045 664.45
　　贷：累计折旧　　　　 1 927 500
　　　　预计负债——开采平台弃置义务
　　　　　　　　　　　　 2 118 164.45

调整利润分配。

借：盈余公积——法定盈余公积
　　　　　　　　　　　　 404 566.44
　　贷：利润分配——未分配利润
　　　　　　　　　　　　 404 566.44

③报表调整

甲公司在编制2022年度的财务报表时，应调整资产负债表的年初数（见表14-4），利润表、所有者权益变动表的上年数（见表14-5、表14-6）也应做相应调整。2022年12月31日资产负债表的期末数栏、所有者权益变动表的未分配利润项目上年数栏应以调整后的数字为基础编制。

表14-4 资产负债表（简表）

编制单位：甲股份有限公司　　　2022年12月31日　　　单位：元

资产	年初余额 调整前	年初余额 调整后	负债和股东权益	年初余额 调整前	年初余额 调整后
……			……		
固定资产	60 000 000	61 542 000	预计负债	0	5 587 664.45
开采平台	60 000 000	61 542 000	……		
			盈余公积	1 700 000	1 295 433.56
			未分配利润	4 000 000	358 902
……			……		

在利润表中，根据账簿的记录，甲公司重新确认了2022年度营业成本和财务费用分别调增346 950元和507 969.50元，其结果为净利润调减854 919.50元。

表 14-5 利润表（简表）

编制单位：甲股份有限公司　　　　　　2022 年度　　　　　　　　　　　　单位：元

项目	上期金额	
	调整前	调整后
一．营业收入	18 000 000	18 000 000
减：营业成本	13 000 000	13 346 950
……		
财务费用	260 000	767 969.5
……		
二．营业利润	3 900 000	3 045 080.51
……		
四、净利润	4 060 000	3 205 080.51
……		

表 14-6 所有者权益变动表（简表）

编制单位：甲股份有限公司　　　　　　2022 年度　　　　　　　　　　　　单位：元

项目	……	本年金额		……
	……	盈余公积	未分配利润	
一、上年年末余额		1 700 000	4 000 000	
加：会计政策变更		-404 566.44	-3 641 098	
前期差错更正				
二、本年年初余额		1 295 433.56	147 085.56	
……				

④附注说明

2018 年 1 月 1 日，甲股份有限公司按照企业会计准则规定，对 2012 年 12 月 15 日建造完成并交付使用的开采平台的弃置义务进行确认。此项会计政策变更采用追溯调整法，2017 年的比较报表已重新表述。2017 年运用新的方法追溯计算的会计政策变更累积影响数为 -4 281 016.05 元。会计政策变更对 2017 年度报告的损益的影响为减少净利润 949 910.55 元，调减 2017 年的期末留存收益 4 281 016.05 元，其中，调减盈余公积 428 101.61 元，调减未分配利润 3 852 914.44 元。

3. 确定会计政策变更对列报前期影响数不切实可行的，应当从可追溯调整的最早期间期初开始应用变更后的会计政策。在当期期初确定会计政策变更对以前各期累积影响数不切实可行的，应当采用未来适用法处理。

（1）不切实可行的判断。

不切实可行，指企业在作出所有合理努力后仍然无法采用某项规定。即企业在采取所有合理的方法后，仍然不能获得采用某项规定所必需的信息，导致无法采用该项规定，则该项规定在此时是不切实可行的。

对于以下特定前期，对某项会计政策变更应用追溯调整法或进行追溯重述以更正一项前期差错是不切实可行的：

①应用追溯调整法或追溯重述法的累积影响数不能确定；

②应用追溯调整法或追溯重述法要求对管理层在当时的意图作出假定；

③应用追溯调整法或追溯重述法要求对有关金额进行重新估计，并且提供有关交易发生时存在状况的证据（如有关金额确认、计量或披露日期存在事实的证据，以及在受变更影响的当期和未来期间确认会计估计变更的影响的证据）和该期间财务报告批准报出时能够取得的信息，这两类信息与其他信息应客观地加以区分。

在某些情况下，调整一个或者多个前期比较信息以获得与当期会计信息的可比性是不切实可行的。如企业因账簿、凭证超过法定保存期限而销毁,或因不可抗力而毁坏、遗失,使当期期初确定会计政策变更对以前各期累积影响数无法计算,即不切实可行,此时会计政策变更应当采用未来适用法进行处理。

(2)未来适用法。

未来适用法,指将变更后的会计政策应用于变更日及以后发生的交易或者事项,或者在会计估计变更当期和未来期间确认会计估计变更影响数的方法。

在未来适用法下,不需要计算会计政策变更产生的累积影响数,也无须重编以前年度的财务报表。对于企业会计账簿记录及财务报表上反映的金额,在变更之日仍保留原有的金额,不因会计政策变更而改变以前年度的既定结果,在现有金额的基础上再按新的会计政策进行核算。

14.1.4 会计政策变更的披露

企业应当在附注中披露与会计政策变更有关的下列信息如下。

1. 会计政策变更的性质、内容和原因。包括:对会计政策变更的简要阐述、变更的日期、变更前采用的会计政策和变更后所采用的新会计政策及会计政策变更的原因。

2. 当期和各个列报前期财务报表中受影响的项目名称和调整金额。包括:采用追溯调整法时,计算出的会计政策变更的累积影响数;当期和各个列报前期财务报表中需要调整的净损益及其影响金额,以及其他需要调整的项目名称和调整金额。

3. 无法进行追溯调整的,说明该事实和原因以及开始应用变更后会计政策的时点、具体应用情况。包括:无法进行追溯调整的事实;确定会计政策变更对列报前期累积影响数不切实可行的原因;在当期期初确定会计政策变更对以前各期累积影响数不切实可行的原因;开始应用新会计政策的时点和具体应用情况。

> 在以后期间的财务报表中,不需要重复披露已披露的会计政策变更的信息。

任务 14.2 会计估计及其变更

14.2.1 会计估计与会计估计变更

1. 会计估计概述

会计估计,指企业对结果不确定的交易或者事项以最近可利用的信息为基础所作的判断。会计估计具有以下特点。

第一,会计估计的存在是经济活动中内在的不确定性因素引起的。在会计核算中,企业总是力求保持会计核算的可靠性,但有些经济业务本身具有不确定性。例如,坏账、固定资产折旧年限、固定资产残余价值、无形资产摊销年限等，因而需要根据经验作出估计。

第二，进行会计估计时，往往以最近可利用的信息或资料为基础，企业在会计核算中，由于经营活动中内在的不确定性，不得不经常进行估计。一些估计的主要目的是确定资产或负债的账面价值，例如，坏账准备、担保责任引起的负债；另一些估计的主要目的是确定将在某一期间记录的收益或费用的金额，例如，某一期间的折旧、摊销的金额。企业在进行会计估计时，通常应根据当时的情况和经验、以一定的信息或资料为基础。但是，随着时间的推移、环境的变化，进行会计估计的基础可能会发生变化，因此，进行会计估计所依据的信息或者资料不得不经常发生变化。由于最新的信息是最接近目标的信息，以其为基础所作的估计最接近实际，所以进行会计估计时，应以最近可利用的信息或资料为基础。

第三，进行会计估计并不会削弱会计确认和计量的可靠性。企业为了定期、及时地提供有用的会计信息，将延续不断的经营活动人为地划分为一定的期间，并在权责发生制的基础上对企业的财务状况和经营成果进行定期确认和计量。例如，在会计分期的情况下，许多企业的交易跨越若干会计年度，以致需要在一定程度上作出决定，即某一年度发生的开支，哪些可以合理地预期能够产生其他年度以收益形式表示的利益，从而全部或部分向后递延；哪些可以合理地预期在当期能够得到补偿，从而确认为费用。由于会计分期和货币计量的前提，在确认和计量的过程中，不得不对许多尚在延续中、其结果未确定的交易或事项予以估计入账。

企业应当披露重要的会计估计，不具有重要性的会计估计可以不披露。判断会计估计是否重要，应当考虑与会计估计相关项目的性质和金额。企业应当披露的重要会计估计包括以下内容。

（1）存货可变现净值的确定。

（2）采用公允价值模式的投资性房地产公允价值的确定。

（3）固定资产的预计使用寿命与净残值；固定资产的折旧方法。

（4）生产性生物资产的预计使用寿命与净残值；各类生产性生物资产的折旧方法。

（5）寿命有限的无形资产的预计使用寿命与净残值。

（6）可收回金额按照资产组的公允价值减去处置费用后的净额确定的，确定公允价值减去处置费用后的净额的方法。

可回收金额是按照资产组预计的未来现金流量的现值确定的。

（7）合同完工进度的确定。

（8）权益工具公允价值的确定。

（9）债务人债务重组中转让的非现金资产的公允价值、由债务转成的股份的公允价值和修改其他债务条件后债务的公允价值的确定。

债权人债务重组中受让的非现金资产的公允价值、由债权转成的股份的公允价值和修改其他债务条件后债权的公允价值的确定。

（10）预计负债初始计量的最佳估计数的确定。

（11）金融资产公允价值的确定。

（12）承租人对未确认融资费用的分摊；出租人对未实现融资收益的分配。

（13）探明矿区权益、井及相关设施的折耗方法；与油气开采活动相关的辅助设备及设施的折旧方法。

（14）非同一控制下企业合并成本的公允价值的确定。

（15）其他重要的会计估计。

2. 会计估计变更概述

会计估计变更，指由于资产和负债的当前状况及预期经济利益和义务发生了变化，从而对资产或负债的账面价值或者资产的定期消耗金额进行调整。

由于企业经营活动内在的不确定因素，许多财务报表项目不能准确地计量，只能进行估计，估计过程涉及以最近可以得到的信息为基础所作的判断。但是，估计毕竟是就现有资料对未来所作的判断，随着时间的推移，如果赖以进行估计的基础发生变化，或者取得了新的信息、积累了更多的经验或后来的发展可能不得不对估计进行修正。会计估计变更的依据应当真实、可靠。会计估计变更的情形包括以下几种。

第一，赖以进行估计的基础发生了变化。企业进行会计估计，总是依赖于一定的基础。如果其所依赖的基础发生了变化，则会计估计也应发生变化。例如，企业的某项无形资产摊销年限原定为8年，而之后发生的情况表明，该资产的受益年限已不足6年，所以需相应地调减摊销年限。

第二，取得了新的信息、积累了更多的经验。企业进行会计估计是就现有资料对未来所作的判断，随着时间的推移，企业有可能取得新的信息、积累更多的经验，在这种情况下，企业将不得不对会计估计进行修正，即发生会计估计变更。例如，企业原根据当时能够得到的信息，对应收账款每年按其余额的10%计提坏账准备。现在掌握了新的信息，判定不能收回的应收账款比例已达20%，改按20%的比例计提坏账准备。

会计估计变更，并不意味着以前期间会计估计是错误的，只是由于情况发生变化，或者掌握了新的信息，积累了更多的经验，使得变更会计估计能够更好地反映企业的财务状况和经营成果。如果以前期间的会计估计是错误的，则属于前期差错，按前期差错更正的会计处理方法处理。

14.2.2 会计政策变更与会计估计变更的划分

企业应当在符合我国现行会计准则、制度和其他相关法律法规的前提下，以一贯性、适用性和成本效益原则为基础，正确选择和确定本企业采用的会计政策与会计估计，并正确划分会计政策变更与会计估计变更，按照不同的方法进行相关会计处理。

企业应当以变更事项的会计确认、计量基础和列报项目是否发生变更作为判断该变更是会计政策变更还是会计估计变更的基础。

第一，以会计确认是否发生变更作为判断基础。《企业会计准则——基本准则》规定了资产、负债、所有者权益、收入、费用和利润六项会计要素的确认标准，是会计处理的首要环节。一般地，对会计确认的指定或选择是会计政策。其相应的变更是会计政策变更。会计确认的变更一般会引起列报项目的变更。例如，企业在前期将某项内部研究开发项目开发阶段的支出计入当期损益，而当期按照《企业会计准则第6号——无形资产》的规定，该项支出符合无形资产的确认条件，应当确认为无形资产。该事项的会计确认发生变更，即前期将研发费用确认为一项费用，而当期将其确认为一项资产。该事项中会计确认发生了变化，所以该变更是会计政策变更。

第二，以计量基础是否发生变更作为判断基础。《企业会计准则——基本准则》规定了历史成本、重置成本、可变现净值、现值和公允价值五项会计计量属性，是会计处理的计量基础，一般对计量基础的指定或选择是会计政策，其相应的变更是会计政策变更。例如，企业在前期对购入款超过正常信用条件延期支付的固定资产初始计量采用历史成本，而当期按照《企业会计准则第4号——固定资产》的规定，该类固定资产的初始成本应以购买价款的现值为基础确定。该事项的计量基础发生了变化，所以该变更是会计政策变更。

第三，以列报项目是否发生变更作为判断基础。《企业会计准则第30号——财务报表列报》规定了财务报表项目应采用的列报原则。一般对列报项目的指定或选择是会计政策，其相应的变更是会计政策变更，例如，某商业企业在前期按原会计准则规定将商品采购费用列入销售费用，当期根据新发布的《企业会计准则第1号——存货》的规定，将采购费用列入存货成本。因为列报项目发生了变化，所以该变更是会计政策变更。

第四，根据会计确认、计量基础和列报项目所选择的，为取得与资产负债表项目有关的金额或数值（如预计使用寿命、净残值等）所采用的处理方法，不是会计政策，而是会计估计，其相应的变更是会计估计变更。例如，企业需要对某项资产采用公允价值进行计量，而公允价值的确定需要根据市场情况选择不同的处理方法。相应地，当企业面对的市场情况发生变化时，其采用的确定公允价值的方法变更是会计估计变更，不是会计政策变更。

企业可以采用以下具体方法划分会计政策变更与会计估计变更：分析并判断该事项是否涉及会计确认、计量基础选择或列报项目的变更，当至少涉及上述一项划分基础变更时，该事项是会计政策变更；不涉及上述划分基础变更时，该事项可以判断为会计估计变更。例如，企业在前期按原会计准则规定将与购建固定资产相关的一般借款利息计入当期损益，当期根据新的会计准则的规定，将其予以资本化，企业因此将对该事项进行变更。该事项的计量基础未发生变更，即都是以历史成本作为计量基础；该事项的会计确认发生变更，即前期将借款费用确认为一项费用，而当期将其确认为一项资产。

同时，会计确认的变更导致该事项在资产负债表和利润表相关项目的列报也发生变更。该事项涉及会计确认和列报的变更，所以属于会计政策变更。又如，企业原采用双倍余额递减法计提固定资产折旧，根据固定资产使用的实际情况，企业决定改用直线法计提固定资产折旧。该事项前后采用的两种计提折旧的方法都是以历史成本作为计量基础，对该事项的会计确认和列报项目也未发生变更，只是固定资产折旧、固定资产净值等相关金额发生了变化，因此，该事项属于会计估计变更。

14.2.3 会计估计变更的会计处理

会计估计变更应采用未来适用法处理，即在会计估计变更当期及以后期间，采用新的会计估计。采用未来适用法不需要调整以前期间的估计金额，也不需要调整以前期间的报告结果。未来适用法的要求如下。

1. 如果会计估计的变更仅影响变更当期，有关估计变更的影响应于当期确认。

2. 如果会计估计的变更既影响变更当期又影响未来期间，有关估计变更的影响在当期及以后各期确认。如，固定资产的使用寿命或预计净残值的估计发生变更，将影响变更当期及资产以后使用年限内各个期间的折旧费用。这类会计估计变更，既需要在变更当期进行会计处理，也需要对以后各期进行会计处理。

会计估计变更的影响数应计入变更当期与前期相同的项目中。

任务 14.3 前期差错及其更正

14.3.1 前期差错概述

前期差错，指由于没有运用或错误运用下列两种信息，导致前期财务报表省略或错误。

1. 编报前期财务报表时预期能够取得并加以考虑的可靠信息。

2. 前期财务报告批准报出时能够取得的可靠信息。

前期差错通常包括以下三个方面：

（1）会计记录错误。如企业本期应计提折旧 50 000 000 元，但由于计算出现差错，计为 45 000 000 元。

（2）应用会计政策错误。如按照《企业会计准则第 17 号——借款费用》的规定，为购建固定资产而发生的借款费用，在固定资产达到预定可使用状态前发生的，满足一定条件时应予资本化，计入所购建固定资产的成本；在固定资产达到预定可使用状态后发生的，计入当期损益。如果企业将固定资产达到预定可使用状态后发生的借款费用，也计入该项固定资产成本，予以资本化，则属于应用会计政策错误。

（3）疏忽或曲解事实以及舞弊产生的影响。如企业销售一批商品，商品的控制权已经发生转移，商品销售收入确认条件均已满足，但企业在期末未将已实现的销售收入入账。

14.3.2 前期差错更正的账务处理

1. 不重要的前期差错的会计处理

对于不重要的前期差错，应调整发现差错当期与前期相同的项目的金额，不要求调整财务报表相关项目的期初数。属于影响损益的，应直接计入本期与上期相同的净损益项目。

2. 重要的前期差错的会计处理

对于重要的前期差错，如果能够合理确定前期差错累积影响数，应采用追溯重述法。追溯重述法指在发现前期差错时，视该项前期差错从未发生过，从而对财务报表相关项目进行调整的方法。前期差错累积影响数指前期差错发生后对差错期间每期净利润的影响数之和。

如果确定前期差错累积影响数不切实可行，可以从可追溯重述的最早期间开始调整留存收益的期初余额，并对财务报表其他相关项目的期初余额一并进行调整，也可以采用未来适用法。

重要的前期差错的调整结束后，还应调整发现年度财务报表的年初数和上年数。在编制比较财务报表时，对于比较财务报表期间的重要的前期差错，应调整该期间的净损益和其他相关项目；对于比较财务报表期间以前的重要差错，应调整比较财务报表最早期间的期初留存收益，财务报表其他相关项目的数字也应一并调整。

【情景 14-3】2021 年 12 月 31 日，甲公司发现 2020 年公司漏记一项管理用固定资产的折旧费用 400 000 元，所得税申报表中也未扣除该项费用。假定 2020 年甲公司适用所得税税率为 25%，无其他纳税调整事项。该公司按净利润的 10% 和 5% 提取法定盈余公积和任意盈余公积。假定税法允许调整应交所得税。

（1）分析前期差错的影响数

2020 年少计折旧费用 400 000 元；多计所得税费用 100 000 元（400 000×25%）；多计净利润 300 000 元；多计应交税费 100 000 元（400 000×25%）；多提法定盈余公积和任意盈余公积 30 000 元（300 000×10%）和 15 000 元（300 000×5%）。

（2）编制有关项目的调整分录

①补提折旧

借：以前年度损益调整——管理费用
         400 000
 贷：累计折旧   400 000

②调整应交所得税

借：应交税费——应交所得税 100 000
 贷：以前年度损益调整——所得税费用
         100 000

③将"以前年度损益调整"科目余额转入未分配利润

借：利润分配——未分配利润 300 000
 贷：以前年度损益调整——本年利润
         300 000

④因净利润减少，调减盈余公积

借：盈余公积——法定盈余公积 30 000
    ——任意盈余公积 15 000
 贷：利润分配——未分配利 45 000

(3) 财务报表调整和重述（财务报表略）

甲公司在列报2021年度财务报表时，应调整2020年度财务报表的相关项目。

① 资产负债表项目的调整

调减固定资产400 000元；调减应交税费100 000元；调减盈余公积45 000元，调减未分配利润268 500元。

② 利润表项目的调整

调增管理费用400 000元，调减所得税费用100 000元，调减净利润300 000元（需要对每股收益进行披露的企业应当同时调整基本每股收益和稀释每股收益）。

③ 所有者权益变动表项目的调整。

调减前期差错更正项目中盈余公积上年金额45 000元，未分配利润上年金额255 000元，所有者权益合计上年金额300 000元。

④ 财务报表附注说明。

本年度发现2020年漏记固定资产折旧400 000元，在编制2021年和2020年比较财务报表时，已对该项差错进行了更正。更正后，调减2020年净利润300 000元，调增累计折旧400 000元。

14.3.3 前期差错更正的披露

企业应当在附注中披露与前期差错更正有关的下列信息：

(1) 前期差错的性质。

(2) 各个列报前期财务报表中受影响的项目名称和更正金额。

(3) 无法进行追溯重述的，说明该事实和原因以及对前期差错开始进行更正的时点、具体更正情况。

在以后期间的财务报表中，不需要重复披露已披露的前期差错更正的信息。

项目小结

本项目主要讲述了会计政策及其变更、会计估计及其变更、前期差错及其更正。会计政策及其变更主要包括会计政策概述、会计政策变更、会计政策变更的账务处理、会计政策变更的披露；会计估计及其变更主要包括会计估计与会计估计变更、会计政策变更与会计估计变更的划分、会计估计变更的会计处理；前期差错及其更正主要包括前期差错概述、前期差错更正的账务处理、前期差错更正的披露。

思考与练习

一、单项选择题

1. 下列不属于会计估计的是（　）
A. 对应收款项估计坏账准备
B. 对存货估计存货跌价准备
C. 交易性金融资产根据期末公允价值调整
D. 在建造合同中确认收入及费用时采用完工百分比法估计完工进度

2. 下列有关会计估计变更的表述中，不正确的是（　）
A. 会计估计变更，不改变以前期间的会计估计，也不调整以前期间的报告结果
B. 企业难以对某项变更区分为会计政策变更或会计估计变更的，应当将其作为会计估计变更处理
C. 会计估计变更的当年，如企业发生重大盈利，企业应将这种变更作为重大会计差错予以更正
D. 对于会计估计变更，企业应采用未来适用法进行会计处理

3. 前期差错不包括（　）
A. 应用会计政策错误
B. 会计记录错误
C. 疏忽或曲解事实以及舞弊产生的影响
D. 变更会计政策

4. 下列关于前期差错更正的会计处理，说法不正确的是（　）
A. 确定前期差错影响数不切实可行的，必须采用未来适用法
B. 对于不重要的前期差错，应调整发现差错当期与前期相同的相关项目的金额，不要求调整财务报表相关项目的期初数
C. 对于重要的前期差错，如果能够合理确定前期差错累积影响数，应采用追溯重述法
D. 重要的前期差错的调整结束后，还应调整发现年度财务报表的年初数和上年数

5. 下列关于会计政策变更，说法不正确的是（　）
A. 会计政策的变更能够提供更可靠、更相关的会计信息
B. 本期发生的交易或者事项与以前相比具有本质差别而对其采用新的会计政策
C. 对初次发生的或重要的交易或者事项采用新的会计政策
D. 企业不能随意变更会计政策并不意味着企业的会计政策在任何情况下均不能变更

二、多项选择题

1. 会计基础包括的有（　）
A. 会计确认基础　　B. 会计计量基础
C. 会计管理基础　　D. 会计政策基础

2. 企业在会计核算中所采用的会计政策，通常应在报表附注中加以披露，需要披露的会计政策项目主要包括（　）
A. 存货的计价
B. 固定资产的初始计量
C. 外币折算
D. 投资性房地产的后续计量

3. 会计政策变更的会计处理方法有（　）
A. 权益法　　　　B. 直接转销法
C. 未来适用法　　D. 追溯调整法

4. 企业对于发生的会计政策变更，应披露的内容有（　）
A. 会计政策变更的原因
B. 当期和各个列报前期财务报表中受影响的项目名称和调整金额
C. 会计政策变更的内容、性质

D. 无法进行追溯调整的，说明该事实和原因以及开始应用变更后的会计政策的时点、具体应用等情况

5. 对于前期差错更正，企业应当在附注中披露的内容有（ ）

A. 前期差错的原因

B. 前期差错的性质

C. 各个列报前期财务报表中受影响的项目名称和更正金额

D. 无法进行追溯重述的，说明该事实和原因以及对前期差错开始进行更正的时点、具体更正情况

三、判断题

1. 会计计量基础主要包括历史成本、重置成本、可变现净值、现值和公允价值等。（ ）

2. 会计政策，指企业在会计确认、计量和报告中所采用的会计原则、会计基础和会计处理方法。（ ）

3. 会计政策变更，并不意味着以前期间的会计政策是错误的，而是由于情况发生了变化，或者掌握了新的信息、积累了更多的经验，采用新的会计政策能够更好地反映企业的财务状况、经营成果和现金流量。（ ）

4. 会计实务中，有时很难区分会计政策变更和会计估计变更。如果不易分清会计政策变更和会计估计变更，则应按会计政策变更进行处理。（ ）

5. 会计估计，指企业对结果不确定的交易或者事项以最近可利用的信息为基础所作的判断。（ ）

四、简答题

1. 什么是会计政策变更？

2. 什么是未来适用法？

项目 15 资产负债表日后事项

知识目标

◎ 掌握资产负债表日后事项概念；
◎ 掌握资产负债表日后调整事项的概念；
◎ 掌握资产负债表日后非调整事项的概念。

技能目标

◎ 掌握资产负债表日后事项的类别；
◎ 掌握资产负债表日后非调整事项的具体账务处理方法；
◎ 掌握资产负债表日后发生巨额亏损的账务处理方法。

案例导入

2021年5月，发行人A被B公司以专利侵权为由提起诉讼，B公司要求发行人A停止侵权行为并赔偿损失3 000万元。2022年年报的资产负债表日，A根据当时的信息作出会计估计，确认预计负债2 000万元。2022年2月，法院判决A停止专利侵权行为，并赔偿B公司2 000万元。2022年3月，在2022年财务报表报出前，A与B达成新的和解协议，A向B支付和解金2 800万元，协议约定B撤诉并保证未来不因该专利事项对A提起诉讼，且B对A使用相关专利无异议。

案例评析

根据资料，2022年3月的和解事项是否属于资产负债表日后调整事项？

本章导语

资产负债表日后事项，指自年度资产负债表日后至财务报表批准报出日之间发生的有利或不利事项，它包括资产负债表日后调整事项和资产负债表日后非调整事项。资产负债表日后事项是会计的核算与报告工作中容易疏忽的一个问题。虽然涉及的时间比较短但同样是企业真实财务信息的组成部分。

任务 15.1 资产负债表日后事项概述

15.1.1 资产负债表日后事项的概念

资产负债表日后事项，指资产负债表日至财务报告批准报出日之间发生的有利或不利事项。

1. 资产负债表日

资产负债表日指会计年度末和会计中期期末。中期指短于一个完整的会计年度的报告期间，包括半年度、季度和月度等。按照《会计法》规定，我国会计年度采用公历年度，即 1 月 1 日至 12 月 31 日。年度资产负债表日指每年的 12 月 31 日，中期资产负债表日指各会计中期期末。

2. 财务报告批准报出日

财务报告批准报出日是指董事会或类似机构批准财务报告报出的日期，通常是指对财务报告的内容负有法律责任的单位或个人批准财务报告对外公布的日期。

《中华人民共和国民法典》规定公司制企业的董事会有权批准对外公布财务报告，公司制企业的财务报告批准报出日指董事会批准财务报告报出的日期，而不是股东大会审议批准的日期，也不是注册会计师出具审计报告的日期。对于非公司制企业，财务报告批准报出日指经理（厂长）会议或类似机构批准财务报告报出的日期。

3. 资产负债表日后事项包括有利事项和不利事项

资产负债表日后事项包括有利事项和不利事项。资产负债表日后事项，如果属于调整事项，对有利和不利的调整事项均应进行处理，并调整报告年度或报告中期的财务报表；如果属于非调整事项，对有利和不利的非调整事项均应在年度报告或中期报告的附注中进行披露。

4. 资产负债表日后事项不是在这个特定期间内发生的全部事项

资产负债表日后事项不是在这个特定期间内发生的全部事项，而是与资产负债表日存在状况有关的事项，或虽然与资产负债表日存在状况无关，但对企业财务状况具有重大影响的事项。

15.1.2 资产负债表日后事项的分类

1. 调整事项

资产负债表日后调整事项，指对资产负债表日已经存在的情况提供了新的或进一步证据的事项。

如果资产负债表日及所属会计期间已经存在某种情况，但当时并不知道其存在或者不能知道确切结果，资产负债表日后发生的事项能够证实该情况的存在或者确切结果，则该事项属于资产负债表日后调整事项。调整事项能对资产负债表日的存在情况提供追加的证据，并会影响编制财务报表过程中的内在估计。调整事项的特点是：（1）在资产负债表日已经存在，资产负债表日后得以证实的事项；（2）对按资产负债表日存在状况编制的财务报表产生重大影响的事项。

【情景 15-1】嘉城公司因产品质量问题被客户起诉。2021 年 12 月 31 日人民法院尚未判决，考虑到客户胜诉要求赔偿的可能性较大，嘉城公司为此确认了 150 000 元的预计负债。2022 年 2 月 25 日，在嘉城公司 2021 年度财务报告对外报出之前，人民法院判决客户胜诉，要求嘉城公司支付赔偿款 55 000 元。

本例中，嘉城公司在 2021 年 12 月 31 日结账时已经知道客户胜诉的可能性较大，但不知道人民法院判决的确切结果，因此确认了 150 000 元的预计负债。2022 年 2 月 25 日人民法院判决结果为嘉城公司预计负债的存在提供了进一步的证据。此时，按照 2021 年 12 月 31 日的状况编制的财务报表所提供的信息已不能真实地反映嘉城公司的实际情况，应据此对财务报表相关项目的数字进行调整。

2. 非调整事项

资产负债表日后非调整事项，指表明资产负债表日后发生的情况的事项。非调整事项的特点是：（1）资产负债表日并未发生或存在，完全是期后才发生的事项；（2）对理解和分析财务报告有重大影响的事项。

注意：某一事项究竟是调整事项还是非调整事项，取决于该事项表明的情况在资产负债表日以前是否已经存在。如该情况在资产负债表日或之前已经存在，则属于调整事项；反之，则属于非调整事项。

【情景 15-2】债务人甲公司财务情况恶化导致债权人佳荣公司发生坏账损失。包括两种情况：（1）2021 年 12 月 31 日甲公司财务状况良好，佳荣公司预计应收账款可按时收回；甲公司一周后发生重大火灾，导致佳荣公司 50% 的应收账款无法收回。（2）2022 年 12 月 31 日佳荣公司根据掌握的资料判断，甲公司有可能破产清算，佳荣公司估计对甲公司的应收账款有 10% 无法收回，故按 10% 的比例计提坏账准备。一周后佳荣公司接到通知，甲公司已经宣告破产清算，佳荣公司估计有 70% 的债权无法收回。

本例中，（1）导致佳荣公司 2022 年度应收账款损失的因素是火灾，应收账款发生损失这一事实在资产负债表日以后才发生，因此甲公司发生火灾导致佳荣公司应收款项发生坏账的事项属于非调整事项。（2）导致佳荣公司 2021 年度应收账款无法收回的事实是甲公司财务状况恶化，该事实在资产负债表日已经存在，甲公司被宣告破产只是证实了资产负债表日财务状况恶化的情况，因此该事项属于调整事项。

3. 调整事项与非调整事项的区别

资产负债表日后发生的某一事项究竟是调整事项还是非调整事项，取决于该事项表明的情况在资产负债表日或资产负债表日以前是否已经存在。若该情况在资产负债表日或之前已经存在，则属于调整事项；反之，则属于非调整事项。这是因为，在会计期间假设下，调整事项虽然发生在资产负债表日的下一会计期间，但其指向的情况在资产负债表日已经存在，资产负债表日后所获得的证据只为资产负债表日已存在的状况提供了进一步的证据，为便于真实、公允反映企业财务状况和经营成果，需要对资产负债表日的财务报表进行调整。

任务 15.2 资产负债表日后调整事项

15.2.1 原则

企业发生的调整事项，应当调整资产负债表日的财务报表。对年度财务报告而言，由于资产负债表日后事项发生在报告年度的次年，报告年度的有关账目已经结转，特别是损益类科目在结账后已无余额，因此，年度资产负债表日后发生的调整事项，应分具体情况进行处理：

1. 涉及损益的事项，通过"以前年度损益调整"科目核算。调整增加以前年度利润或调整减少以前年度亏损的事项，记入"以前年度损益调整"科目的贷方；调整减少以前年度利润或调整增加以前年度亏损的事项，记入"以前年度损益调整"科目的借方。

涉及损益的调整事项，如果发生在该企业资产负债表日所属年度（即报告年度）所得税汇算清缴前的，应调整报告年度应纳税所得额及应纳所得税税额；发生在该企业报告年度所得税汇算清缴后的，应调整本年度（即报告年度的次年）应纳所得税税额。

由于以前年度损益调整增加的所得税费用，记入"以前年度损益调整"科目的借方，同时贷记"应交税费——应交所得税"等科目；由于以前年度损益调整减少的所得税费用，记入"以前年度损益调整"科目的贷方，同时借记"应交税费——应交所得税"等科目。

调整完成后，将"以前年度损益调整"科目的贷方或借方余额，转入"利润分配——未分配利润"科目。

2. 涉及利润分配调整的事项，直接在"利润分配——未分配利润"科目核算。

3. 不涉及损益及利润分配的事项，调整相关科目。

4. 上述账务处理完成后，还应同时调整财务报表相关项目，包括：（1）资产负债表日编制的财务报表相关项目的期末数或本年发生数。（2）当期编制的财务报表相关项目的期初数或上年数。（3）经过上述调整后，如果涉及报表附注内容的，还应当作出相应调整。

15.2.2 账务处理

资产负债表日后调整事项的具体情形有：
（1）资产负债表日后诉讼案件结案，人民法院判决证实了企业在资产负债表日已经存在现时义务，需要调整原先确认的与该诉讼案件相关的预计负债，或确认一项新负债。（2）资产负债表日后取得确凿证据，表明某项资产在资产负债表日发生了减值或者需要调整该项资产原先确认的减值金额。（3）资产负债表日后进一步确定了资产负债表日前购入资产的成本或售出资产的收入。（4）资产负债表日后发现了财务报表舞弊或差错。以资产负债表日后诉讼案件结案为例，人民法院判决证实了企业在资产负债表日已经存在现时义务，需要调整原先确认的与该诉讼案件相关的预计负债，或确认一项新负债。

【情景15-3】北京市惠达股份有限公司与北京市恒心股份有限公司签订一项销售合同，约定北京市惠达股份有限公司应在2021年8月，向北京市恒心股份有限公司销售办公桌3500件。但北京市惠达股份有限公司未按照合同发货，并致使北京市恒心股份有限公司遭受重大经济损失。2021年11月北京市恒心股份有限公司将北京市惠达股份有限公司告上法庭，要求其赔偿650 000元。2021年12月31日人民法院尚未判决，北京市惠达公司对该诉讼事项确认预计负债500 000元，未确认应收赔偿款。2022年2月8日，经人民法院判决北京市惠达股份有限公司应赔偿北京市恒心股份有限公司550 000元。双方均服从判决。判决当日，北京市惠达股份有限公司向北京恒心股份有限公司支付赔偿款550 000元。两个公司2021年所得税汇算清缴均在2022年3月10日完成（假定该项预计负债产生的损失不允许在预计时税前抵扣，只有在损失实际发生时，才允许税前扣除）。

本例中，人民法院于2022年2月8日，判决证实了北京市惠达股份有限公司和北京市恒心股份有限公司两家在资产负债表日分别存在现实赔偿义务和获赔权利，因此两家公司都应将"人民法院判决"这一事项作为调整事项进行处理。北京市惠达股份有限公司和北京市恒心股份有限公司2021年所得税汇算清缴均在2022年3月10日完成，因此应根据法院判决结果调整报告年度应纳税所得额和应纳所得税税额。

北京市惠达股份有限公司的账务处理如下。

（1）2022年3月10日，记录支付的赔款

借：以前年度损益调整
　　——营业外支出　　　　　50 000
　　贷：其他应付款
　　　　——北京市恒心股份有限公司　50 000

借：预计负债——未知诉讼　　500 000
　　贷：其他应付款　　　　　500 000

借：其他应付款　　　　　　550 000
　　贷：银行存款　　　　　　550 000

提示

资产负债表日后调整事项如果涉及货币资金收支项目，均不调整报告年度资产负债表的货币资金项目和现金流量表各项目的数字。本例中，虽然当时已经支付了赔偿款，但在调整财务报表相关数字时，只需调整上述第一笔、第二笔分录，第三笔分录应作为2022年的会计事项处理。

（2）调整递延所得税资产

借：以前年度损益调整——所得税费　125 000
　　贷：递延所得税资产　　　　125 000

提示

注意2021年末因确认预计负债500 000元时已确认相应的递延所得税资产，因此，资产负债表日后事项发生后递延所得税资产不复存在，应予转回。

（3）调整应交所得税

借：以前年度损益调整
　　——应交所得税　　　　137 500
　　贷：递延所得税资产　　137 500

（4）将"以前年度损益调整"科目余额转入未分配利润

借：利润分配——未分配利润　37 500
　　贷：以前年度损益调整　　37 500

（5）因净利润变动，调整盈余公积

借：盈余公积（37 500×10%）　3 750
　　贷：利润分配——未分配利润　3 750

①资产负债表项目的调整如下。

调减应交税费125 000元，调增其他应付款550 000元，调减预计负债500 000元，调减盈余公积3 750元，调减未分配利润37 500。

北京市惠达公司调整后的2022年资产负债表项目如表15-1所示。

②利润表项目的调整如下。

调增营业外支出50 000元，调增所得税费用12 500元，调减净利润37 500元。

北京市惠达公司调整后的2022年利润表项目如表15-2所示。

③所有者权益变动表项目的调整如下。

调减净利润41 250元，提取盈余公积项目中盈余公积一栏调减3 750元；未分配利润调减37 500元。

北京市惠达公司调整后的2022年所有者权益变动表项目如表15-3所示。

表15-1　资产负债表

负债与所有者权益					
项目	期末余额	调增	调减	调整后
应交税费	120 000	—	137 500	-17 500
其他应付款	200 000	550 000	—	750 000
预计负债	400 000	—	500 000	-100 000
盈余公积	103 750	—	3 750	100 000
未分配利润	1 037 500	—	33 750	1 003 750

表15-2 利润表

项目	本年累计	调增	调减	调整后
……				
减：营业外支出	10 000	50 000	—	60 000
……				
减：所得税费用	42 500	—	12 500	30 000
四、净利润	1 037 500	—	—	90 000

表15-3 所有者权益

项目	本年金额				上年金额
	……	盈余公积	未分配利润	所有者权益合计	
……	……	……	……	……	……
提取盈余公积		-3 750	-33 750	-37 500	
……	……	……	……	……	……

北京市恒心股份有限公司的账务处理如下。

(1) 2022年3月10日，记录收到的赔款

借：其他应收款　　　　　　　550 000
　　贷：以前年度损益调整
　　　　——营业外收入　　　550 000

借：银行存款　　　　　　　　550 000
　　贷：其他应收款
　　　　——北京市惠达股份有限公司　550 000

(2) 调整应交所得税

借：以前年度损益调整（550 000×25%）
　　　　　　　　　　　　　　137 500
　　贷：应交税费——应交所得税　137 500

(3) 将"以前年度损益调整"科目余额转入未分配利润

借：以前年度损益调整——本年利润　412 500
　　贷：利润分配——未分配利润　412 500

(4) 因净利润增加，补提盈余公积

借：利润分配——未分配利润　　41 250
　　贷：盈余公积（412 500×10%）　41 250

(5) 调整报告年度报表

①资产负债表项目的调整。

调增其他应收款550 000元，调增应交税费137 500元调增盈余公积41 250元，调增未分配利润412 500元。

北京市恒心股份有限公司调整后的2022年资产负债表项目如表15-4所示。

②利润表项目的调整。

调增营业外收入55 000元，调增所得税费用137 500元，调减净利润412 500元。

北京市恒心股份有限公司调整后的2022年利润表项目如表15-5所示。

③所有者权益变动表项目的调整。

调减净利润412 500元，提取盈余公积项目中盈余公积一栏调减3 750元；未分配利润调减371 250元。

北京市恒心股份有限公司调整后的2022年所有者权益项目如表15-6。

表 15-4 资产负债表

资产					负债和所有者权益				
项目	期末余额	调增	调减	调整后	项目	期末余额	调增	调减	调整后
……					……				
……					应交税费	20 000	137 500	—	157 500
其他应收款	300 000	550 000	—	850 000	……				
……					盈余公积	100 000	41 250	—	141 250
……					未分配利润	1 000 000	371 250	—	1 371 250

表 15-5 利润表

项目	本年累计	调增	调减	调整后
……				
加：营业外收入	120 000	550 000	—	670 000
……				
减：所得税费用	500 000	137 500	—	637 500
四、净利润	1 500 000	412 500	—	1 912 500

表 15-6 所有者权益变动表

项目	本年金额				上年金额
	……	盈余公积	未分配利润	所有者权益合计	
……	……	……	……	……	……
提取盈余公积		41 250	371 250	412 500	
……	……	……	……	……	……

任务 15.3 资产负债表日后非调整事项

15.3.1 资产负债表日后非调整事项的处理原则

资产负债表日后发生的非调整事项，是表明资产负债表日后发生的情况的事项，与资产负债表日存在状况无关，不应当调整资产负债表日的财务报表。但有的非调整事项，对财务报告使用者具有重大影响，如不加以说明，将影响财务报告使用者作出正确估计和决策。

15.3.2 资产负债表日后非调整事项的具体账务处理方法

对于资产负债表日后发生的非调整事项，应当在报表附注中披露每项重要的资产负债表日后非调整事项的性质、内容，及其对财务状况和经营成果的影响。无法作出估计的，应当说明原因。

资产负债表日后非调整事项的主要例子有：

1. 资产负债表日后发生重大诉讼、仲裁、承诺

资产负债表日后发生的重大诉讼等事项，对企业影响较大，为防止误导投资者及其他财务报告使用者，应当在财务报表附注中予以披露。

【情景15-4】甲公司是房地产的销售代理商，在买卖双方同意房地产的销售条款时确认佣金收入，佣金由卖方支付。2021年，甲公司同意替乙公司的房地产寻找买主。2021年12月10日，甲公司找到一位有意的买主丙公司，丙公司在对该房地产实地观察后，与乙公司在2021年12月30日签订了购买该房地产的合同，乙公司随即向甲公司支付了销售佣金。但在2022年1月20日，当乙公司催促丙公司履行合同时，丙公司称其在获得银行贷款方面有困难，资金不足，拒绝履行合同。2022年2月，乙公司通过法律手段起诉丙公司。2022年3月1日，丙公司同意赔偿给乙公司2 500 000元现金以使其撤回法律诉讼。假设该赔偿额对乙公司和丙公司均存在较大影响。

本例中，乙公司提起诉讼是在2022年才发生的，在2021年资产负债表日（2021年12月31日）并不存在。但由于资产负债表日后发生的重大诉讼、仲裁、承诺等事项影响较大，因此应在财务报表附注中进行相关披露，即乙公司和丙公司均应在2021年度财务报表附注中披露诉讼事项的信息。

2. 资产负债表日后资产价格、税收政策、外汇汇率发生重大变化

资产负债表日后发生的资产价格、税收政策和外汇汇率的重大变化，虽然不会影响资产负债表日财务报表相关项目的数字，但对企业资产负债表日后的财务状况和经营成果有重大影响，应当在财务报表附注中予以披露。

【情景15-5】甲公司2021年9月采用分期付款方式从英国购入某大型生产线，分3年付款，每年支付320 000英镑。甲公司在编制2021年度财务报表时已按2021年12月31日的即期汇率对该笔长期应付款进行了折算（假设2021年12月31日的汇率为1英镑兑8.56元人民币）。假设国家规定从2022年1月1日起调整人民币兑英镑的汇率，人民币兑英镑的汇率发生重大变化。

本例中，甲公司在资产负债表日（2021年12月31日）已经按规定的汇率对有关账户进行调整，因此，无论资产负债表日后汇率如何变化，均不影响资产负债表日的财务状况和经营成果。但是，如果资产负债表日后外汇汇率发生重大变化，甲公司应对由此产生的影响在财务报表附注中进行披露。

3. 资产负债表日后因自然灾害导致资产发生重大损失

自然灾害导致资产发生重大损失对企业资产负债表日后财务状况的影响较大，如果不加以披露，有可能使财务报告使用者作出错误的决策，因此应作为非调整事项在财务报表附注中进行披露。

【情景15-6】甲公司于2021年12月购入一批商品，价值12 000 000元，至2021年12月31日该批商品已全部验收入库，货款通过银行支付。2022年1月12日，甲公司所在地发生百年不遇的冰冻灾害，该批商品全部毁损。

本例中，冰冻灾害发生于2022年1月12日，属于资产负债表日后才发生或存在的事项，但对公司资产负债表日后财务状况的影响较大，甲公司应当将此事项作为非调整事项在2021年度财务报表附注中进行披露。

4. 资产负债表日后发行股票和债券以及其他巨额举债

企业在资产负债表日后发行股票、债券以及向银行或非银行金融机构举借巨额债务都是比较重大的事项，虽然这一事项与企业资产负债表日的存在状况无关，但这一事项的披露能使财务报告使用者了解与此有关的情况及其可能带来的影响，因此应当在财务报表附注中进行披露。

【情景15-7】甲公司于2022年1月20日经批准发行5年期债券16 000 000元，债券面值100元，年利率6%，公司按105元的价格发行，并于2022年3月5日结束发行。

本例中，甲公司发行债券虽然与公司资产负债表日（2021年12月31日）的存在状况无关，但这一事项的披露能使财务报告使用者了解与此有关的情况及可能带来的影响，甲公司应当将此事项作为非调整事项在2021年度财务报表附注中进行披露。

5. 资产负债表日后资本公积转增资本

资产负债表日后企业以资本公积转增资本将会改变企业的资本（或股本）结构，影响较大，应当在财务报表附注中进行披露。

【情景15-8】2022年1月甲公司经批准将85 000 000元资本公积转增资本。

本例中，甲公司于2022年1月将资本公积转增资本，属于资产负债表日后才发生的事项，但对公司资产负债表日后财务状况的影响较大，甲公司应当将此事项作为非调整事项在2021年度财务报表附注中进行披露。

6. 资产负债表日后发生巨额亏损

企业资产负债表日后发生巨额亏损将会对企业报告期以后的财务状况和经营成果产生重大影响，应当在财务报表附注中及时披露该事项，以便为投资者或其他财务报告使用者作出正确决策提供信息。

【情景15-9】甲公司于2022年1月出现巨额亏损，净利润由2021年12月的75 000 000元变为亏损5 500 000元。

本例中，甲公司出现巨额亏损发生于2022年1月，虽然属于资产负债表日后才发生的事项，但由盈利转为亏损，会对公司资产负债表日后财务状况和经营成果产生重大影响，甲公司应当将此事项作为非调整事项在2021年度财务报表附注中进行披露。

7. 资产负债表日后发生企业合并或处置子企业

企业合并或者处置子企业的行为可以影响股权结构、经营范围等，并对企业未来的生产经营活动会产生重大影响，应当在财务报表附注中进行披露。

【情景15-10】甲公司于2022年1月15日将其全资子公司丙公司出售给乙公司。

本例中，甲公司出售子公司发生于2022年1月，与公司资产负债表日（2021年12月31日）存在的状况无关，但是出售子公司可能对甲公司的股权结构、经营范围等方面产生较大影响，甲公司应当将此事项作为非调整事项在2021年度财务报表附注中进行披露。

8. 资产负债表日后，企业利润分配方案中拟分配的以及经审议批准宣告发放的股利或利润

资产负债表日后，企业利润分配方案中拟分配的以及经审议批准宣告发放的股利或利润，不

确认为资产负债表日负债，但应当在财务报表附注中单独披露。

【情景15-11】2022年1月16日，甲上市公司董事会审议通过了2021年利润分配方案，决定以公司2021年末总股本为基数，分派现金股利12 000 000元，每10股派送1元（含税），该利润分配方案于2022年4月10日经公司股东大会审议批准。

本例中，甲上市公司制订利润分配方案、拟分配或经审议批准宣告发放股利或利润的行为，并不会使公司在资产负债表日（2021年12月31日）形成现时义务，虽然发生该事项可导致公司负有支付股利或利润的义务，但支付义务在资产负债表日尚不存在，不应该调整资产负债表日的财务报告，因此，该事项为非调整事项。但由于该事项对公司资产负债表日后的财务状况有较大影响，可能导致现金较大规模流出、公司股权结构变动等，因此，为便于财务报告使用者更充分地了解相关信息，甲上市公司需要在2021年度财务报表附注中单独披露该信息。

项目小结

本项目讲述了资产负债表日后事项、资产负债表日后调整事项和资产负债表日后非调整事项。资产负债表日后事项概述主要包括资产负债表日后事项的概念、资产负债表日后事项涵盖的期间和资产负债表日后事项的分类；资产负债表日后调整事项主要包括原则和账务处理；资产负债表日后非调整事项主要包括资产负债表日后非调整事项的处理原则和资产负债表日后非调整事项的具体账务处理方法。

思考与练习

一、单项选择题

1. 资产负债表日后非调整事项不包括（　　）
A. 资产负债表日后发生重大诉讼、仲裁、承诺
B. 资产负债表日后因自然灾害导致资产发生重大损失
C. 资产负债表日后发生巨额亏损
D. 资产负债表日后发现了财务报表舞弊或差错

2. 以下关于资产负债表日后事项涵盖期间的说法正确的是（　　）
A. 年度资产负债表日至财务报告批准报出日之间发生的需要调整或说明的事项

B. 年度资产负债表日至财务报告批准报出日之间发生的所有事项

C. 年度财务报告批准报出之后发生的需要调整或说明的事项

D. 年度资产负债表日之后发生的所有事项

3. 调整事项与非调整事项的共同点是（ ）

A. 发生于资产负债日至财务报告批准报出日之间

B. 存在于资产负债表日或以前

C. 与资产负债表日的存在状况无关

D. 均对财务报告的编制产生重大影响

4. 在调整事项的账务处理中如果涉及损益调整的事项应（ ）核算

A. 通过"以前年度损益调整"科目

B. 通过有关损益类科目

C. 通过"本年利润"科目

D. 通过"利润分配——未分配利润"科目

5. 下列哪一项是资产负债表日后非调整事项的处理原则（ ）

A. 应当在报表附注中披露

B. 应当调整资产负债表日的财务报表

C. 应当调整资产负债表日的财务报表，同时在报表附注中披露

D. 不需要调整资产负债表日的财务报表，也不需要在报表附注中披露

二、多项选择题

1. 资产负债表日中期指短于一个完整的会计年度的报告期间，包括（ ）等

A. 年度　　　　　B. 半年度

C. 季度　　　　　D. 月度

2. 资产负债表日后事项一般分为（ ）

A. 资产负债表日

B. 财务报告批准报告日

C. 调整事项

D. 非调整事项

3. 资产负债表日至财务会计报告批准报出日之间发生的调整事项在进行调整处理时，下列能调整的项目是（ ）

A. 涉及现金收支的事项

B. 涉及应收账款的事项

C. 涉及所有者权益的事项

D. 涉及损益调整的事项

4. 下列关于资产负债表日后事项的表述中正确的有（ ）

A. 影响重大的资产负债表日后非调整事项应在附注中披露

B. 对资产负债表日后调整事项应当调整资产负债表日财务报表有关项目

C. 资产负债表日后事项包括资产负债表日至财务报告批准报出日之间发生的全部事项

D. 判断资产负债表日后调整事项的标准在于该事项对资产负债表日存在的情况提供了新的或进一步的证据

5. 上市公司在其年度资产负债表日后至财务会计报告批准报出日前发生的下列事项中，属于非调整事项的有（ ）

A. 因发生火灾导致存货严重损失

B. 以前年度售出商品发生退货

C. 董事会提出股票股利分配方案

D. 资产负债表日后发现了财务报表舞弊或差错

三、判断题

1. 资产负债表日后调整事项，指对资产负债表日已经存在的情况提供了新的或进一步证据的事项。（ ）

2. 资产负债表日发生巨额亏损这一事项属于调整事项。（ ）

3. 资产负债表日后发生的某一事项究竟是调

整事项还是非调整事项，取决于该事项表明的情况在资产负债表日或资产负债表日以前是否已经存在。（　）

4. 调整增加以前年度利润或调整减少以前年度亏损的事项，记入"以前年度损益调整"科目的贷方；调整减少以前年度利润或调整增加以前年度亏损的事项，记入"以前年度损益调整"科目的借方。（　）

5. 如果企业在日后期间获得可靠证据证实某项资产在资产负债表日已经发生了减损，那么企业应将其作为调整事项处理。（　）

四、简答题

1. 资产负债表日后事项指什么？

2. 什么是资产负债表日后非调整事项？

项目 16 财务报告

知识目标

◎ 掌握财务报表概念；
◎ 掌握资产负债表的概念；
◎ 掌握利润表的概念。

技能目标

◎ 掌握资产负债表的填列方法；
◎ 掌握利润表的填列方法；
◎ 掌握所有者权益变动表的填列方法。

案例导入

北京市天齐有限公司 2021 年 12 月 31 日"研发支出"科目余额为 23 000 元，其中"资本化支出"为 12000 元，"费用化支出"为 11 000 元。

案例评析

计算资产负债表中"研发费用"项目填列金额为多少。

本章导语

财务报表反映了企业一定会计期间的收入、成本、费用以及利润等多项财务指标，它可向内、向上、向外提供重要的会计信息，通过它可以进行财务分析，了解企业经营状况、资金状况以及赢利能力，为企业提供经营决策依据。

任务 16.1 财务报告概述

财务报告一般指财务报表。财务报表是财务报告的重要组成部分，是企业对外传递会计信息的主要途径。

16.1.1 财务报表的概念和分类

1. 财务报表的概念

财务报表是会计要素确认、计量的结果和综合性描述，会计准则中对会计要素确认、计量过程中所采用的各项会计政策被企业实际应用后将有助于企业可持续发展，反映企业管理层受托责任的履行情况。

2. 财务报表的分类

财务报表可以按照不同的标准进行分类。

（1）按财务报表的编报期间，可以分为中期财务报表和年度财务报表。

中期财务报表是以短于一个完整会计年度的报告期间为基础编制的财务报表，包括月报、季报和半年报等。中期财务报表至少应当包括资产负债表、利润表、现金流量表和附注，其中，中期资产负债表、利润表和现金流量表应当是完整报表，其格式和内容应当与年度财务报表一致。与年度财务报表相比，中期财务报表中的附注披露可适当简略。

（2）按财务报表编报主体，可以分为个别财务报表和合并财务报表。

个别财务报表是由企业在自身会计核算基础上编制的财务报表，它主要用以反映企业自身的财务状况、经营成果和现金流量情况。合并财务报表是以母公司和子公司组成的企业集团为会计主体，根据母公司和所属子公司的财务报表，由母公司编制的综合反映企业集团财务状况、经营成果及现金流量的财务报表。

16.1.2 财务报表

1. 遵循企业会计准则

企业应当以持续经营为基础，根据实际发生的交易和事项，按照《企业会计准则——基本准则》和其他各项会计准则的规定进行确认和计量，并在此基础上编制财务报表。企业应当在附注中对这一情况做出声明，只有遵循了企业会计准则的所有规定时，财务报表才能称为"遵循了企业会计准则"。

企业不应以附注披露代替确认和计量，不恰当的确认和计量也不能通过充分披露相关会计政策而纠正。在按照各项会计准则规定披露的信息不足以让报表使用者了解特定交易或事项对企业财务状况和经营成果的影响时，企业还应当披露其他必要信息。

2. 以持续经营为列报基础

在编制财务报表的过程中，企业管理层应当利用所有可获信息来评价企业自报告期末起至少12个月的持续经营能力。评价时需要考虑宏观政策风险、市场经营风险、企业目前或长期的盈利能力、偿债能力、财务弹性以及企业管理层改变经营政策的意向等因素。评价结果对企业持续经营的能力产生严重怀疑的，应当在附注中披露导致对持续经营能力产生重大怀疑的重要的不确定因素以及企业拟采取的改善措施。

企业如有近期获利经营的历史且有财务资源支持，则通常表明以持续经营为基础编制财务报表是合理的。企业正式决定或被迫在当期或将在下一个会计期间进行清算或停止营业的，则表明以持续经营为基础编制财务报表不再合理。在这种情况下，企业应当采用其他基础编制财务报表，并在附注中声明财务报表未以持续经营为基础编制的事实，并披露未以持续经营为基础编制的原因和财务报表编制的基础。

3. 遵循重要性原则

关于项目在财务报表中是单独列报还是合并列报，应当依据重要性原则来判断。重要性指在合理预期下，如果财务报表某项目的省略或错报会影响使用者据此作出经济决策，则该项目具有重要性。

重要性是判断项目是否单独列报的重要标准。企业在进行重要性判断时，应当根据所处环境，从项目的性质和金额大小两方面予以判断，且对各项目重要性的判断一经确定，不得随意变更。判断项目性质的重要性，应当考虑该项目的性质是否属于企业日常活动，是否对企业的财务状况和经营成果具有较大影响等；判断项目金额大小的重要性，应当考虑该项目的金额占资产总额、负债总额、所有者权益总额、营业收入总额、营业成本总额、净利润、综合收益总额等直接相关项目金额的比重或所属报表单列项目金额的比重。

性质和功能不同的项目，应当在财务报表中单独列报，但不具有重要性的项目除外。性质和功能类似的项目，其所属类别具有重要性的，应当按其类别在财务报表中单独列报。某些项目的重要性程度不足以在资产负债表、利润表、现金流量表或所有者权益变动表中单独列示，但对附注有重要性的，则应当在附注中单独披露。

4. 保证列报的一致性

财务报表的列报项目应当在各个会计期间保持一致，不得随意变更，但以下情况除外。

（1）会计准则要求改变财务报表项目的列报。

（2）企业经营业务的性质发生重大变化或对企业经营影响较大的交易或事项发生后，变更财务报表项目的列报能提供更可靠、更相关的会计信息。

5. 保证披露金额准确

财务报表项目应当以总额列报，财务报表中资产和负债项目，收入和费用项目的金额，直接计入当期利润的利得项目和损失项目的金额不能相互抵消，即不得以净额列报，但企业会计准则另有规定的除外。比如，企业欠客户的应付款不得与其他客户欠本企业的应收款相抵消，如果相互抵消就掩盖了交易的实质。

一组类似交易形成的利得和损失应当以净额列示，但具有重要性的除外。资产或负债项目按扣除备抵项目后的净额列示，不属于抵消。非日常经营活动产生的利得和损失，以同一交易形成的收益扣减相关费用后的净额列示更能反映交易的实质的，不属于抵消。

6. 遵循可比性原则

可比性是会计信息质量的一项重要质量要求，目的是使同一企业不同期间和同一期间不同企业的财务报表相互可比。

企业在列报当期财务报表时，至少应当提供所有列报项目上一可比会计期间的比较数据，以及与理解当期财务报表相关的说明，目的是向报表使用者提供对比数据，提高信息在会计期间的可比性，以反映企业财务状况、经营成果和现金流量的发展趋势，提高报表使用者的判断与决策能力。

在财务报表项目的列报确需发生变更的情况下，企业应当至少对可比期间的数据按照当期的列报要求进行调整，并在附注中披露调整的原因和性质，以及调整的各项目金额。但是，在某些情况下，对可比数据进行调整是不切实可行的，此时，应当在附注中披露不能调整的原因。不切实可行，指企业在作出所有合理努力后仍然无法采用某项会计准则的规定。

7. 财务报表表首的列报要求

财务报表一般分为表首、正表两部分，其中，在表首部分企业应当概括地说明下列基本信息：

（1）编报企业的名称，如企业名称在所属当期发生了变更的，还应明确标明；

（2）对资产负债表而言，须披露资产负债表日，而对利润表、现金流量表、所有者权益变动表而言，须披露报表涵盖的会计期间；

（3）货币名称和单位，按照我国企业会计准则的规定，企业应当以人民币作为记账本位币列报，并标明金额单位；

（4）财务报表是合并财务报表的，应当予以标明。

任务16.2 资产负债表列报

16.2.1 资产负债表的概念及内容

资产负债表是指反映企业在某一特定日期财务状况的报表。它反映企业在某一特定日期所拥有或控制的经济资源、所承担的现时义务和所有者对净资产的要求权。通过资产负债表，可以提供某一日期资产的总额及其结构，表明企业拥有或控制的资源及其分布情况，使用者可以一目了然地从资产负债表上了解企业在某一特定日期所拥有的资产总量及其结构；可以提供某一日期的负债总额及其结构表明企业未来需要用多少资产或劳务清偿债务以及清偿时间；可以反映所有者所拥有的权益；据以判断资本保值、增值的情况以及对负债的保障程度。此外。资产负债表还可以提供进行财务分析的基本资料，如将流动资产与流动负债进行比较，计算出流动比率、将速动资产与流动负债进行比较，计算出速动比率等，可以表明企业的变现能力、偿债能力和资金周转能力，从而有助于报表使用者作出经济决策。

16.2.2 资产负债表项目列报分类

1. 资产的流动性划分

资产满足下列条件之一的，应当归类为流动资产。

（1）预计在一个正常营业周期中变现、出售或耗用。这主要包括存货、应收票据、应收账款等资产。需要指出的是，变现一般针对应收票据、应收账款等而言，将资产变为现金；出售一般针对产品等存货而言，耗用一般指将存货（如原材料）转变成另一种形态（如产成品）。

（2）主要为交易目的而持有。比如一些满足《企业会计准则第22号——金融工具确认和计量》规定的持有目的是交易性的金融资产。但是，并非所有交易性金融资产均为流动资产，比如自资产负债表日起超过12个月到期且预期持有超过12个月的衍生工具应当列为非流动资产或非流动负债。

（3）预计在资产负债表日起一年内（含一年，下同）变现，比如一年内到期的债权投资。

（4）自资产负债表日起一年内，交换其他资产或清偿负债的能力不受限制的现金或现金等价物。同时，流动资产以外的资产应当归类为非流动资产。

所谓"正常营业周期"，指企业从购买用于加工的资产起至实现现金或现金等价物的期间。正常营业周期通常短于一年，在一年内有几个营业周期。但是，因生产周期较长等导致正常营业周期长于一年的，尽管相关资产往往超过一年才变现、出售或耗用，仍应当划分为流动资产。当正常营业周期不能确定时，企业应当以一年（12个月）作为正常营业周期。

2. 负债的流动性划分

流动负债的判断标准与流动资产的判断标准相类似。负债满足下列条件之一的，应当归类为流动负债。

（1）预计在一个正常营业周期中清偿。

（2）主要为交易目的而持有。

（3）自资产负债表日起一年内到期应予以清偿，例如，一年内到期的应付债券。

（4）企业无权自主地将清偿推迟至资产负债表日后一年以上。但是，企业正常营业周期中的经营性负债项目即使在资产负债表日后超过一年才予以清偿的，仍应划分为流动负债。经营性负债项目包括应付票据、应付账款、应付职工薪酬等，这些项目属于企业正常营业周期中使用的营运资金的一部分。关于可转换工具负债成分的分类还需要注意的是，负债在其对手方选择的情况下可通过发行权益进行清偿的条款与在资产负债表日负债的流动性划分无关。

此外，企业在判断负债的流动性时，需要考虑资产负债表日后事项的影响。总的判断原则是，企业在资产负债表上对债务流动和非流动的划分，应当反映在资产负债表日有效的合同安排，考虑自资产负债表日起一年内企业是否必须无条件清偿，而资产负债表日之后（即使是财务报告批准报出日前）的再融资、展期或提供宽限期等行为，与资产负债表日判断负债的流动性状况无关。具体如下。（1）对于在资产负债表日起一年内到期的负债，企业有意图且有能力自主地将清偿义务展期至资产负债表日后一年以上的，应当归类为非流动负债；不能自主地将清偿义务展期的，即使在资产负债表日后、财务报告批准报出日前签订了重新安排清偿计划的协议，该项负债在资产负债表日仍应当归类为流动负债。（2）企业在资产负债表日或之前违反了长期借款协议，导致贷款人可随时要求清偿的负债，应当归类为流动负债。但是，如果贷款人在资产负债表日或之前同意提供在资产负债表日后一年以上的宽限期，在此期限内企业能够改正违约行为，且贷款人不能要求随时清偿的，在资产负债表日的此项负债并不符合流动负债的判断标准，应当归类为非流动负债。企业的其他长期负债存在类似情况的，应当比照上述规定进行处理。

16.2.3 资产负债表的填列方法

1. 资产负债表"期末余额"栏的填列方法

资产负债表"期末余额"栏一般应根据资产、负债和所有者权益类科目的期末余额填列。

（1）根据总账科目的余额填列。"其他权益工具投资""递延所得税资产""长期待摊费用""短期借款""应付票据""持有待售负债""交易性金融负债""租赁负债""递延收益""递延所得税负债""实收资本（或股本）""其他权益工具""库存股""资本公积""其他综合收益""专项储备""盈余公积"等项目，应根据有关总账科目的余额填列。其中，自资产负债表日起一年内到期应予以清偿的租赁负债的期末账面价值，在"一年内到期的非流动负债"项目反映；"长期待摊费用"项目中摊销年限（或期限）只剩一年或不足一年的，或者预计在一年内（含一年）进行摊销的部分，仍在"长期待摊费用"项目中列示，不转入"一年内到期的非流动资产"项目；"递延收益"项目中摊销期限只剩一年或不足一年的，或预计在一年内（含一年）进行摊销的部分，不得归类为流动负债，仍在该项目中填列，不转入"一年内到期的非流动负债"项目。

有些项目则应根据几个总账科目的余额计

算填列，如"货币资金"项目，需根据"库存现金""银行存款""其他货币资金"三个总账科目余额的合计数填列；"其他应付款"项目，需根据"其他应付款""应付利息""应付股利"三个总账科目余额的合计数填列。

（2）根据明细账科目的余额分析计算填列。"研发支出"项目，应根据"研发支出"科目中所属的"资本化支出"明细科目期末余额填列；"应付账款"项目，应根据"应付账款"和"预付账款"科目所属的相关明细科目的期末贷方余额合计数填列；"预收款项"项目，应根据"预收账款"和"应收账款"科目所属各明细科目的期末贷方余额合计数填列；"交易性金融资产"项目，应根据"交易性金融资产"科目的明细科目期末余额分析填列；自资产负债表日起超过一年到期且预期持有超过一年的以公允价值计量且其变动计入当期损益的非流动金融资产，在"其他非流动金融资产"项目中填列；"其他债权投资"项目，应根据"其他债权投资"科目的明细科目余额分析填列；自资产负债表日起一年内到期的长期债权投资，在"一年内到期的非流动资产"项目中填列；购入的以公允价值计量且其变动计入其他综合收益的一年内到期的债权投资，在"其他流动资产"项目中填列；"应收款项融资"项目，应根据"应收票据""应收账款"科目的明细科目期末余额分析填列；"应交税费"项目，应根据"应交税费"科目的明细科目期末余额分析填列，其中的借方余额，应当根据其流动性在"其他流动资产"或"其他非流动资产"项目中填列；"一年内到期的非流动资产""一年内到期的非流动负债"项目，应根据有关非流动资产或负债项目的明细科目余额分析填列；"应付职工薪酬"项目，应根据"应付职工薪酬"科目的明细科目期末余额分析填列；"预计负债"项目，应根据"预计负债"科目的明细科目期末余额分析填列；"未分配利润"项目，应根据"利润分配"科目中所属的"未分配利润"明细科目期末余额填列。

（3）根据总账科目和明细账科目的余额分析计算填列。"长期借款""应付债券"项目，应分别根据"长期借款""应付债券"总账科目余额扣除"长期借款""应付债券"科目所属的明细科目中将在资产负债表日起一年内到期，且企业不能自主地将清偿义务展期的部分后的金额计算填列；"其他流动资产""其他流动负债"项目，应根据有关总账科目及有关科目的明细科目期末余额分析填列；"其他非流动负债"项目，应根据有关科目的期末余额减去将于一年内（含一年）到期偿还数后的金额填列。

（4）根据有关科目余额减去其备抵科目余额后的净额填列。"持有待售资产""长期股权投资""商誉"项目，应根据相关科目的期末余额填列，已计提减值准备的，还应扣减相应的减值准备；"在建工程"项目，应根据"在建工程"和"工程物资"科目的期末余额，扣减"在建工程减值准备"和"工程物资减值准备"科目的期末余额后的金额填列；"固定资产"项目，应根据"固定资产"和"固定资产清理"科目的期末余额，减去"累计折旧"和"固定资产减值准备"科目的期末余额后的金额填列；"无形资产""投资性房地产""生产性生物资产""油气资产"项目，应根据相关科目的期末余额扣减相关的累计折旧（或摊销、折耗）填列；已计提减值准备的，还应扣减相应的减值准备，折旧（或摊销、折耗）年限（或期限）只剩一年或不足一年的，或者预计在一年内（含一年）进行折旧（或摊销、折耗）的部分，仍在上述项目中列示，不转入"一年内到期的非流动资产"项目，采用公允价值计量的上述资产，应根据相关科目的期末余额填列；"长期应收款"项目，应根据"长期应收款"科目的期末余额，减去相应的"未实现融资收益"科目和"坏账准备"科目所属相关明细科目期末余额后的金额填列；"使用权资产"项目，应根据"使用权资产"科目的期末余额，减去"使用权资产累计折旧"和"使用权资产减值准备"科目的期末余额后的金额填列；"长期应付款"项目，应根据"长期应付款"和"专项应付款"科目的期末余额，减去相应的"未确认融资费用"科目期末余额后的金额填列。

（5）综合运用上述填列方法分析填列。

主要包括："应收票据"项目，应根据"应收票据"科目的期末余额，减去"坏账准备"科目中相关坏账准备期末余额后的金额分析填列。

"应收账款"项目，应根据"应收账款"科目的期末余额，减去"坏账准备"科目中相关坏账准备期末余额后的金额分析填列。

"其他应收款"项目，应根据"其他应收款""应收利息""应收股利"科目的期末余额合计数，减去"坏账准备"科目中相关坏账准备期末余额后的金额填列。

"预付款项"项目，应根据"预付账款"和"应付账款"科目所属各明细科目的期末借方余额合计数，减去"坏账准备"科目中相关坏账准备期末余额后的金额填列。

"债权投资"项目，应根据"债权投资"科目的相关明细科目的期末余额，减去"债权投资减值准备"科目中相关减值准备的期末余额后的金额分析填列；自资产负债表日起一年内到期的长期债权投资，在"一年内到期的非流动资产"项目中填列；购入的以摊余成本计量的一年内到期的债权投资，在"其他流动资产"项目中填列。

"合同资产"和"合同负债"项目，应根据"合同资产"科目和"合同负债"科目的明细科目期末余额分析填列；同一合同下的合同资产和合同负债应当以净额列示，其中净额为借方余额的，应当根据其流动性在"合同资产"或"其他非流动资产"项目中填列；已计提减值准备的，还应减去"合同资产减值准备"科目中相应的期末余额后的金额，其中净额为贷方余额的，应当根据其流动性在"合同负债"或"其他非流动负债"项目中填列。

"存货"项目，应根据"材料采购""原材料""发出商品""库存商品""周转材料""委托加工物资""生产成本""受托代销商品"等科目的期末余额及"合同履约成本"科目的明细科目中初始确认时摊销期限不超过一年或一个正常营业周期的期末余额合计，减去"受托代销商品款""存货跌价准备"科目期末余额，及"合同履约成本减值准备"科目中相应的期末余额后的金额填列；材料采用计划成本核算，以及库存商品采用计划成本核算或售价核算的企业，还应按加或减材料成本差异商品进销差价后的金额填列。

"其他非流动资产"项目，应根据有关科目的期末余额减去将于一年内（含一年）收回的金额，及"合同取得成本"科目和"合同履约成本"科目的明细科目中初始确认时摊销期限在一年或一个正常营业周期以上的期末余额，减去"合同取得成本减值准备"科目和"合同履约成本减值准备"科目中相应的期末余额填列。

2. 资产负债表"上年年末余额"栏的填列方法

资产负债表中的"上年年末余额"栏通常根据上年年末有关项目的期末余额填列，且与上年年末资产负债表"期末余额"栏相一致。如果企业发生了会计政策变更或前期差错更正，应当对"上年年末余额"栏中的有关项目进行相应调整。如果企业上年度资产负债表规定的项目名称和内容与本年度不一致，应当对上年年末资产负债表相关项目的名称和金额按照本年度的规定进行调整，填入"上年年末余额"栏。

任务 16.3 利润表列报

16.3.1 利润表的概念及项目列报原则和具体适用

1. 利润表的概念

利润表又称损益表、收益表，是反映企业在一定会计期间经营成果的报表。它是根据"收入－费用＝利润"的会计等式设计的，属于动态报表。

通过利润表，可以了解企业的经营成果以及盈亏形成情况，了解资本的保值增值情况，借以评价企业管理者的经营业绩；通过对不同时期报表数据的对比，对企业获利能力进行分析，借以预测企业的未来收益能力及发展趋势。

16.3.2 利润表项目列报

1. 利润表结构

常见的利润表结构主要有单步式和多步式两种。在我国，企业利润表采用的基本上是多步式结构，即通过对当期的收入、费用、支出项目按性质加以归类，按利润形成的主要环节列示一些中间性利润指标，分步计算当期净损益，便于使用者理解企业经营成果的不同来源。企业利润表对费用的列报应当按照功能进行分类，即分为从事经营业务发生的成本、管理费用、销售费用、研发费用和财务费用等，有助于使用者了解费用发生的活动领域；与此同时，为了帮助报表使用者预测企业的未来现金流量，对费用的列报还应当在附注中披露按照性质分类的补充资料，比如分为耗用的原材料、职工薪酬费用、折旧费用、摊销费用等。

利润表主要反映以下几方面的内容。

（1）营业收入，由主营业务收入和其他业务收入组成。

（2）营业利润，营业收入减去营业成本（主营业务成本、其他业务成本）、税金及附加、销售费用、管理费用、研发费用、财务费用、信用减值损失、资产减值损失，加上其他收益、投资收益、净敞口套期收益、公允价值变动收益、资产处置收益，即为营业利润。

（3）利润总额，营业利润加上营业外收入，减去营业外支出，即为利润总额。

（4）净利润，利润总额减去所得税费用，即为净利润，按照经营可持续性具体分为"持续经营净利润"和"终止经营净利润"两项。

（5）其他综合收益，具体分为"不能重分类进损益的其他综合收益"和"将重分类进损益的其他综合收益"两类，并以扣除相关所得税影响后的净额列报。

（6）综合收益总额，净利润加上其他综合收益税后净额，即为综合收益总额。

（7）每股收益，包括基本每股收益和稀释每股收益两项指标。

其中，其他综合收益，指企业根据其他会计准则规定未在当期损益中确认的各项利得和损失。其他综合收益项目分为以下两类。

（1）不能重分类进损益的其他综合收益，主要包括重新计量设定受益计划变动额、权益法下不能转损益的其他综合收益、其他权益工具投资公允价值变动、企业自身信用风险公允价值变动等。

（2）将重分类进损益的其他综合收益，主要包括权益法下可转损益的其他综合收益、其他债权投资公允价值变动、金融资产重分类计入其他综合收益的金额、其他债权投资信用减值准备、现金流量套期储备、外币财务报表折算差额。自用房地产或作为存货的房地产转换为以公允价值模式计量的投资性房地产在转换日公允价值大于账面价值部分等。

此外，为了使报表使用者通过比较不同期间利润的实现情况，判断企业经营成果的未来发展趋势，企业需要提供比较利润表，利润表还就各项目再分为"本期金额"和"上期金额"两栏。利润表具体格式见表16-1。

表 16-1　利润表

编制单位　　　　　　　　　　　　年　　月　　　　　　　　　　　　单位：元

项目	本期金额	上期金额
一、营业收入		
减：营业成本		
税金及附加		
销售费用		
管理费用		
研发费用		
财务费用		
其中：利息费用		
利息收入		
加：其他收益		
投资收益（损失以"-"号填列）		
其中：对联营企业和合营企业的投资收益		
以摊余成本计量的金融资产终止确认收益（损失以"-"号填列）		
净敞口套期收益（损失以"-"号填列）		
公允价值变动收益（损失以"-"号填列）		
信用减值损失（损失以"-"号填列）		
资产减值损失（损失以"-"号填列）		
资产处置收益（损失以"-"号填列）		
二、营业利润（亏损以"-"号填列）		
加：营业外收入		
减：营业外支出		
三、利润总额（亏损总额以"-"号填列）		
减：所得税费用		
四、净利润（净亏损以"-"号填列）		
（一）持续经营净利润（净亏损以"-"号填列）		
（二）终止经营净利润（净亏损以"-"号填列）		
五、其他综合收益的税后净额		
（一）不能重分类进损益的其他综合收益		
1. 重新计量设定受益计划变动额		
2. 权益法下不能转损益的其他综合收益		
3. 其他权益工具投资公允价值变动		
4. 企业自身信用风险公允价值变动		
……		
（二）将重分类进损益的其他综合收益		
1. 权益法下可转损益的其他综合收益		
2. 其他债权投资公允价值变动		
3. 金融资产重分类计入其他综合收益的金额		
4. 其他债权投资信用减值准备		
5. 现金流量套期储备		
6. 外币财务报表折算差额		
……		
六、综合收益总额		
七、每股收益		

续表

项目	本期金额	上期金额
（一）基本每股收益		
（二）稀释每股收益		

2. 具体填列

（1）利润表"本期金额"栏的填列方法

利润表"本期金额"栏一般应根据损益类科目和所有者权益类有关科目的发生额填列。

① "营业收入""营业成本""税金及附加""销售费用""管理费用""财务费用""其他收益""投资收益""净敞口套期收益""公允价值变动收益""信用减值损失""资产减值损失""资产处置收益""营业外收入""营业外支出""所得税费用"等项目，应根据有关损益类科目的发生额分析填列。

② "研发费用"项目，应根据"管理费用"科目下的"研发费用"明细科目的发生额，以及"管理费用"科目下的"无形资产摊销"明细科目的发生额分析填列。

③ "利息费用"和"利息收入"项目，应根据"财务费用"科目所属的相关明细科目的发生额分析填列，且这两个项目作为"财务费用"项目的其中项以正数填列。

④ "对联营企业和合营企业的投资收益"和"以摊余成本计量的金融资产终止确认收益"项目，应根据"投资收益"科目所属的相关明细科目的发生额分析填列。

⑤ "其他综合收益的税后净额"项目及其各组成部分，应根据"其他综合收益"科目及其所属明细科目的本期发生额分析填列。

⑥ "营业利润""利润总额""净利润""综合收益总额"项目，应根据本表中相关项目计算填列。

⑦ "持续经营净利润"和"终止经营净利润"项目，应根据《企业会计准则第 42 号——持有待售的非流动资产、处置组和终止经营》的相关规定分别填列。

（2）利润表"上期金额"栏的填列方法

利润表中的"上期金额"栏应根据上年同期利润表"本期金额"栏内所列数字填列。如果上年同期利润表规定的项目名称和内容与本期不一致，应对上年同期利润表各项目的名称和金额按照本期的规定进行调整，填入"上期金额"栏。

任务 16.4 所有者权益变动表列报

16.4.1 所有者权益表变动表的概念

所有者权益变动表是反映构成所有者权益各组成部分当期增减变动情况的报表。所有者权益变动表应当全面反映一定时期所有者权益变动的情况，不仅包括所有者权益总量的增减变动，还包括所有者权益增减变动的重要结构性信息，让报表使用者准确理解所有者权益增减变动的根源。

16.4.2 所有者权益变动列报的基本原则

所有者权益变动表应当反映构成所有者权益的各组成部分当期的增减变动情况。综合收益和所有者（或股东，下同）的资本交易导致的所有者权益变动，应当分别列示。与所有者的资本交易，指企业与所有者以其所有者身份进行的、导致所有者权益变动的交易。

16.4.3 所有者权益表变动列报格式及说明

1. "上年金额"栏的填列方法

所有者权益变动表"上年金额"栏内各项数字，应根据上年度所有者权益变动表"本年金额"栏内所列数字填列。如果上年度所有者权益变动表规定的各个项目的名称和内容同本年度不相一致，应对上年度所有者权益变动表各项目的名称和数字按本年度的规定进行调整，填入所有者权益变动表"上年金额"栏内。

2. "本年金额"栏的填列方法

所有者权益变动表"本年金额"栏一般应根据"实收资本（或股本）""资本公积""盈余公积""利润分配""库存股""以前年度损益调整"科目的发生额分析填列。

任务 16.5 附注

16.5.1 财务报表附注的概念

附注是合并财务报表不可或缺的组成部分，是对在资产负债表、利润表、现金流量表和所有者权益变动表等报表中列示项目的文字描述或明细资料，以及对未能在这些报表中列示的项目的说明等。

财务报表中的数字是分类与汇总后的结果，是对企业发生的经济业务的高度简化和浓缩，如果没有形成这些数字所使用的会计政策，理解这些数字所必需的披露，财务报表就不可能充分发挥效用。因此，附注与资产负债表、利润表、现金流量表、所有者权益变动表等报表具有同等的重要性，是财务报表的重要组成部分。报表使用者了解企业的财务状况、经营成果和现金流量，应当全面阅读附注。

附注披露应满足以下基本要求。

（1）附注披露的信息应是定量、定性信息的结合，从而能从量和质两个角度对企业经济事项完整地进行反映，满足信息使用者的决策需求。

（2）附注应当按照一定的结构进行系统合理的排列和分类，有顺序地披露信息。

（3）附注相关信息应当与资产负债表、利润表、现金流量表和所有者权益变动表等报表中列示的项目相互参照，以从整体上更好地理解财务报表。

16.5.2 附注应当披露的内容及顺序

企业（母公司）应当按照规定披露合并财务报表附注信息，主要包括以下内容。

（1）公司基本情况。包括公司概况、合并财务报表范围等。

（2）财务报表的编制基础。包括编制基础、持续经营等。

（3）重要会计政策及会计估计。包括遵循企业会计准则的声明、会计期间、营业周期、记账本位币、同一控制下和非同一控制下企业合并的会计处理方法、合并财务报表的编制方法等。

（4）合并财务报表项目注释。企业（母公司）应当以文字和数字描述相结合，尽可能以列表形式披露合并财务报表重要项目的构成或当期增减变动的情况，并且报表重要项目的明细金额合计，应当与报表项目金额相衔接。在披露顺序上，一般应当按照资产负债表、利润表、现金流量表、所有者权益变动表的顺序及其项目列示的顺序进行披露。

（5）合并范围的变更。包括非同一控制下企业合并增减子公司情况，同一控制下企业合并增减子公司情况等。

（6）在其他主体中的权益。包括在子公司中的权益、在子公司的所有者权益份额发生变化且仍控制子公司的交易、在合营企业或联营企业中的权益、重要的共同经营、在未纳入合并财务报表范围的结构化主体中的权益等。

（7）与金融工具相关的风险。

（8）公允价值的披露。包括以公允价值计量的资产和负债的期末公允价值、持续和非持续第一层次公允价值计量项目市价的确定依据、持续和非持续第二层次公允价值计量项目，以及采用的估值技术和重要参数的定性及定量信息、持续和非持续第三层次公允价值计量项目，采用的估值技术和重要参数的定性及定量信息、持续的第三层次公允价值计量项目，期初与期末账面价值间的调节信息和不可观察参数敏感性分析、持续的公允价值计量项目本期内发生各层级之间转换的原因及确定转换时点的政策、本期内发生的估值技术变更及变更原因、不以公允价值计量的金融资产和金融负债的公允价值情况等。

（9）关联方及关联交易。包括本企业的母公司情况、本企业的子公司情况、本企业合营和联营企业情况、其他关联方情况、关联交易情况、关联方应收应付款项、关联方承诺等。

（10）股份支付。包括股份支付总体情况、以权益结算的股份支付情况、以现金结算的股份支付情况，股份支付的修改和终止情况等。

（11）承诺及或有事项。包括重要承诺事项或有事项等。

（12）资产负债表日后事项。包括重要的非调整事项、利润分配情况、销售退回、其他资产负债表日后事项说明等。

（13）其他重要事项。包括前期会计差错更正、债务重组、资产置换、年金计划、终止经营、分部信息，以及其他对投资者决策有影响的重要交易和事项等。

（14）母公司财务报表主要项目注释。企业（母公司）应当以文字和数字描述相结合，尽可能地以列表形式披露母公司个别财务报表重要项目的构成或当期增减变动的情况，报表重要项目的明细金额合计，应当与报表项目金额相衔接。在披露顺序上，一般应当按照母公司个别资产负债表、个别利润表、个别现金流量表、个别所有者权益变动表的顺序及其项目列示的顺序进行披露。

（15）补充资料。包括当期非经常性损益明细表、净资产收益率及每股收益、境内外会计准则下会计数据差异等。

项目小结

本项目主要讲述了财务报告，即财务报表是企业对外提供的反映企业某一特定日期的财务状况和某一会计期间的经营成果、现金流量等会计信息的文件。财务会计报表由主表、附表两部分组成。其中主表包括资产负债表、利润表、所有者权益变动表和现金流量表。

思考与练习

一、单项选择题

1. （　）是财务会计报告的重要组成部分，是企业对外传递会计信息的主要途径
   A. 账簿资料　　　　B. 会计凭证
   C. 财务报表　　　　D. 财务分析报告

2. 下列资产负债表项目，可直接根据有关总账科目余额填列的是（　）
   A. 预付款项　　　　B. 短期借款
   C. 存货　　　　　　D. 应收账款

3. 下列项目中，不应在资产负债表"存货"项目下反映的是（　）
   A. 材料成本差异　　B. 发出商品
   C. 约定未来购入的存货　D. 委托加工物资

4. 下列各项中，不应列入利润表"营业收入"项目的是（　）
   A. 销售商品收入
   B. 处置固定资产净收入
   C. 提供劳务收入
   D. 让渡无形资产使用权收入

5. 下列项目中，应在所有者权益变动表中反映的是（　）
   A. 盈余公积转增股本
   B. 支付职工薪酬
   C. 赊销商品
   D. 购买商品支付的现金

二、多项选择题

1. 财务报表主要包括（　）
   A. 现金流量表
   B. 利润表
   C. 所有者权益变动表
   D. 资产负债表和报表附注

2. 财务报表的使用者包括（　）

A. 投资者　　B. 债权人
C. 管理者　　D. 政府

3. 下列各项中，可以通过资产负债表反映的有（　）
A. 某一时点的财务状况
B. 某一时点的偿债能力
C. 某一期间的经营成果
D. 某一期间的获利能力

4. 下列各项中，应列入利润表"资产减值损失"的有（　）

A. 原材料盘亏损失
B. 固定资产减值损失
C. 应收账款减值损失
D. 无形资产处置净损失

5. 下列项目中，应在所有者权益变动表中反映的有（　）
A. 净利润
B. 直接计入所有者权益的利得
C. 提取盈余公积
D. 盈余公积转增股本

三、判断题

1. 财务报表是财务报告的主要组成部分，是企业对外传递会计信息的主要途径。（　）

2. "短期借款"项目应根据"短期借款"和"应付利息"总账科目余额合计填列。（　）

3. 利润表中"税金及附加"项目包括增值税。（　）

4. 所有者权益变动表"未分配利润"栏目的本年年末余额应当与本年资产负债表"未分配利润"项目的年末余额相等。（　）

5. 资产负债表是反映企业在某一特定日期财务状况的财务报表。（　）

四、简答题

1. 什么是资产负债表？

2. 财务报表附注披露的基本要求有哪些？

REFERENCES 参考文献

[1] 陈德萍，高慧云. 财务会计 [M]. 大连：东北财经大学出版社，2021.

[2] 戴德明，林钢，赵西卜. 财务会计 [M]. 北京：中国人民大学出版社，2021.

[3] 季华，施先旺. 中级财务会计 [M]. 大连：东北财经大学出版社，2019.

[4] 谭清风，汪小华. 财务会计实务 [M]. 北京：中国财富出版社，2011.

[5] 王红娟. 财务会计 [M]. 北京：北京理工大学出版社，2011.

[6] 陆彩兰. 财务会计 [M]. 北京：中国财富出版社，2021.